本书的出版得到了黑龙江省省属高等学校基本科研业务费基础研究项目
（编号：HDYJW 201701）和黑龙江大学工商管理学科经费的资助

介入度视角下

原产地形象对顾客品牌态度的影响研究

张耘堂／著

中国财经出版传媒集团

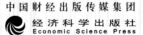

经济科学出版社
Economic Science Press

图书在版编目（CIP）数据

介入度视角下原产地形象对顾客品牌态度的影响研究/
张耘堂著. —北京：经济科学出版社，2019.6
ISBN 978 – 7 – 5218 – 0471 – 3

Ⅰ.①介⋯　Ⅱ.①张⋯　Ⅲ.①产品形象 – 影响 –
消费心理学 – 研究　Ⅳ.①F713.55

中国版本图书馆 CIP 数据核字（2019）第 074553 号

责任编辑：周国强
责任校对：王肖楠
责任印制：邱　天

介入度视角下原产地形象对顾客品牌态度的影响研究

张耘堂　著

经济科学出版社出版、发行　新华书店经销

社址：北京市海淀区阜成路甲 28 号　邮编：100142

总编部电话：010 – 88191217　发行部电话：010 – 88191522

网址：www. esp. com. cn

电子邮件：esp@ esp. com. cn

天猫网店：经济科学出版社旗舰店

网址：http：//jjkxcbs. tmall. com

固安华明印业有限公司印装

710 × 1000　16 开　14.75 印张　220000 字

2019 年 6 月第 1 版　2019 年 6 月第 1 次印刷

ISBN 978 – 7 – 5218 – 0471 – 3　定价：78.00 元

（图书出现印装问题，本社负责调换。电话：010 – 88191510）

（版权所有　侵权必究　打击盗版　举报热线：010 – 88191661

QQ：2242791300　营销中心电话：010 – 88191537

电子邮箱：dbts@ esp. com. cn）

前　　言

在国际贸易中，我国扮演的角色越来越重要。一方面，宏观上体现为进出口在国际上的体量比重越来越高；另一方面，微观上体现为，对于普通顾客，外国产品在日常生活中变得越来越常见。在这种市场背景下，产品的国家形象成为市场营销研究的重要关注点。并随着国际贸易的发展，越来越得到学界、企业界以及政府等多个层面的关注。尤其是我国作为新兴经济体的代表，以中国为研究对象的产品国家形象研究，以及我国顾客对于外国产品评价时所考虑的国家形象因素等研究，吸引了众多相关领域的国内外学者。随着跨国公司的发展，传统意义上的产品制造地正变得越来越模糊，但是，原产地效应依然以其他的方式在营销领域显现着自身独特的作用，依然需要学界开展新的更深入的研究。目前在营销学界对于原产地的研究依然过于孤立，没有很好地整合进主流营销理论中。对于原产地的研究，需要放在品牌形象这个大体系中加以展开；同时，对顾客和产品进行分门别类的研究，因消费群体而异，因产品类别而异，会带给我们更多新的发现，也更贴合顾客的实际情况。从近年的研究来看，产品介入度开始受到了从事原产地研究的学者们的关注，成为对产品和顾客有区分地进行原产地营销研究的重要开端。

本书通过对原产地效应和产品介入度的相关文献的回顾与梳理，结合产品介入度对原产地形象的影响这一研究问题，提出"介入度视角下原产地形象对品牌态度的影响机制"这一研究主题。以原产地效应的弹性模型为基础，构建了原产地形象对品牌态度的影响理论模型；通过境内外品牌对比的方式，针对具体产品类别和具体品牌对变量开展测量；在不同介入度产品下检验了原产地形象对产品属性信念、原产地形象对品牌态度的影响，并检验了产品介入度的调节作用。考察了原产地象征性价值和产品属性信念在原产地形象的影响模型中的作用。

本书分析阐释并构建了顾客对原产地形象感知的内涵及其维度；运用品牌形象理论、品牌虚拟价值理论、产品属性理论和态度三重模型理论，诠释并发展了原产地形象及其作用的内涵与形成的内在机理；设计了针对具体品牌的、能够突出原产地差异的多环节测量体系，该测量体系可以有效对比境内外品牌的顾客偏好差异，并能够将这种差异体现到假设检验的全过程中；本书通过实证研究揭示了原产地效应类概念的主要作用范围；揭示了不同介入度产品下原产地形象作用的特征与趋势。

本书将产品介入度理论与原产地形象有机结合起来，进一步丰富了原产地形象的实证视角；本书首次探讨了顾客对原产地形象感知的维度及内涵，不仅丰富了原产地形象的研究理论，而且为研究原产地效应提供了新的理论视角；本书为原产地形象的理论研究扩展了因变量范畴，并结合具体产品和介入度的差异，为原产地形象的理论研究拓宽了研究空间；本书以具体的产品和品牌为调研对象，结合产品介入度的特点，进一步丰富、充实了原产地形象作用机制的实证研究。企业可以借助本书的研究成果，完善营销策略的制定，尤其在原产地方面需要更符合顾客特征的策略；同时，对于政府层面打造城市与地区品牌形象，也可借鉴本书的研究思路。

目 录
CONTENTS

i

第1章

绪 论

1.1 研究背景与问题提出

1.1.1 研究背景

国际贸易和跨国公司的发展，使消费者所面对的商品产地越来越复杂。这种复杂性一方面丰富了消费者的选择，另一方面也使原产地成为消费者对产品选择的重要评判要素。随着这一市场趋势的不断发展，原产地效应研究在市场营销领域逐渐吸引了越来越多的学者，在国货意识、品牌形象、国家形象等诸多方面开展研究，不断揭示原产地与消费者行为的内在关系与特征。

消费者对产品产地的关注问题是20世纪60年代被提出的。当时对于中美洲地区的贸易发展问题，一些学者认为，消费者对于一些产品的评价过程受到了产品国家来源的影响，而这种影响对于贸易的发展，尤其是外贸产品的销售，带来了价格和质量以外的人们所觉察不到的隐形障碍。其中，斯库勒（Schooler）在1965年明确提出，如果消费者确实根据产品来源国来推断产品的质量等特点，并能够对消费者的最终选择产生影响，那么，企业在进行销售策略规划时，则必须考虑到来源国的影响[1]。而在这之前，人们对于国际贸易中存在障碍的认识，主要是围绕产品生产过程中所需的原材料、技术以及人力资源方面。伴随着国家间经济交往的不断发展，一方面在宏观上进出口在国际上的体量规模越来越大；另一方面对于普通消费者，外国产品在日常生活中变得越来越常见。在这种市场背景下，产品的国家形象成为市场营销研究的重要关注点。并随着国际贸易的发展，越来越得到学界、企业界以及政府等多个层面的关注。

尤其在我国，在传统文化以及历史与现实的综合作用下，随着国家的进步，民族自信心的增强带来了消费领域国货意识的增强，但同时，依然有很多消费者对外国品牌盲目崇拜。原产地不仅代表着不同档次的产品，也代表着不同的消费者情感，国家情感、面子文化、崇洋媚外等情感和心理都是原产地效应的研究中不可回避的关注点。另外，我国作为新兴经济体的代表，以中国为研究对象的产品国家形象研究，以及我国消费者对于外国产品评价时所考虑的国家形象因素等研究，吸引了众多相关领域的国内外学者。随着跨国公司的发展，传统意义上的产地（产品制造地）正变得越来越模糊，但是，原产地效应依然在营销领域发挥着自身独特的作用，依然需要开展更深入的研究。本研究正是在这一背景下开展的。

1.1.2 问题提出

伴随着原产地研究的不断发展和深入，原产地对于消费者的影响被不断地从不同的视角得到证实，也有更多的因素被证明在原产地效应中起着不可忽视的作用。但是当我们从整体上来审视原产地研究在营销领域的发展时，我们发现，原产地营销依然缺少与主流营销理论的融合；对于一些重要问题，在以往的原产地营销研究中依然没有得到足够多的重视。虽然全球经济一体化下传统意义上的产地（产品制造地）正变得越来越模糊，但是原产地效应依然以多种方式显现着其独特作用，需要学界开展更深入的研究。本研究主要围绕如下三方面内容发现并提出问题开展研究。

1. 原产地形象是品牌形象的重要组成部分

原产地形象的研究从市场营销的角度来讲，其主要作用是服务于企业的产品销售，而今天的企业营销相当程度上是在塑造品牌，在学术界或是市场实践中，我们常听到的提高质量、提升服务或口碑营销等各类营销手段，其根本目的是提升品牌形象，也就是把企业的良好名声传播出去，并且这种名声能够以品牌这样一个符号形象来代表。品牌在今天已经成为企业发展不可回避的重要组成部分。品牌对于企业，能够为产品带来附加价值，这种价值很多时候是无形的，因为品牌对于消费者而言，往往是产品特性的代表，是企业产品或服务长期积累所形成的一种口碑。加上品牌在视觉层面的直观形象，使品牌成为一种符号形象，一个品牌在消费者的意识里就是一种符号，这种符号代表着产品的质量性能等特征。企业做品牌都希望能够将品牌做到这样一种效果，并且能与竞争者相区别开来，这早已被市场营销实践者和研究人员描述成产品成功的一个关键因素。可以说，品牌形象的塑造关键在于提升其在消费者心目中的价值，品牌形象已经成为企业资产的重要组成部分。对于消费者而言，品牌的重要性更是不言而喻，品牌早已成为消费者选择产品的重要依据。以往的研究没有把原产地形象放在品牌形象这个大体系中，而是单独地去看待，使得一些研究的角度偏颇。因此，对于原产地的研究，需要放在品牌形象这个大体系中加以展开，这正是目前的研究所欠缺的，也是本书要重点突破的内容。

2. 原产地效应不是一种普遍效应

原产地效应往往并不是一种普遍效应，只在某些产品群和消费群中作用突出。在以往的研究中，对于原产地效应的普遍性问题缺乏关注，很多实证研究往往是不加区分地选择研究样本，最后得到如"国货意识""产地识别度"等与原产地相关的一系列调研结果，但实际情况很可能是选取的产品有很大一部分根本少有消费者去关注它们的原产地，或者受访者有很大一部分在日常消费中根本不关注原产地。本研究在调研中也遇到过这类问题，虽然问卷填好了，但是在之后与受访者的交流中，对方直言自己并不关心产品的产地。因此不加区分的进行调研实际上并不能反映实际情况，更不能反映原产地形象的作用效果。所以对于原产地的研究需要系统地开展有区分的研究，依据什么进行区分、区分的标准如何选取等，否则会使研究与消费者的实际行为距离较远。对于普通消费者而言，原产地往往是一种可知可不知的参考因素，而把原产地独立地作为购物的重要依据的消费者极少。这为实证调研，尤其是问卷调查带来很大问题。受访者在实际消费行为中事实上很少关注原产地，但却要面对专门针对原产地营销方面的消费者问题，并进行回答，而调研者得到的数据却用来反映或者是代表消费市场对原产地的态度，甚至以此为依据为企业提出营销建议。在这个过程中，可能存在的与实际市场状况的偏离有多大，尚不可知，但已经开始引起相关学者的关注。在原产地效应研究领域，对消费者和产品的细分，进行分门别类的研究，因消费群体而异，因产品类别而异，会带给我们更多新的发现，也更贴合消费者的实际情况，这也是本研究所要探求的。

3. 产品介入度与原产地的结合需要深入研究

从近年的研究来看，产品的介入度开始受到了从事原产地营销研究的学者们的关注，成为对产品和消费者有区分地进行原产地营销研究的重要开端，但相关研究在广度与深度上仍旧不足，总体上缺乏系统性。产品的介入度如何区分、对原产地效应的影响究竟有多大、不同介入度产品下原产地形象的作用会有什么不同等问题亟待系统地更有说服力的研究。目前的研究只是初步证明原产地效应在不同介入度产品下都有影响，都会起作用，但是没有对比研究，而在具体的原产形象作用机制中，不同介入度产品下会有什么特点和差异，这方面的研究更少见。本研究主要是在原产地形象作用机制上，来研究产品介入度给机制各环节带来的差异，为产品介入度与原产地的结合引入更多更复杂的因素，使这方面的研究更具系统性。

1.2　研究目的与意义

1.2.1　研究目的

国家间在产品贸易层面的经济交往在历史上早已长期存在，由于古代中国在经济技术文化各方面长期处于领先地位，在经济交往中，我们主要扮演着现金技术产品输出者的角色。例如英语中的 China，其英语发音源自景德镇的古代名称——昌南，当时的中国瓷器风靡欧洲皇室。对于中国而言，这是国家形象与产品的关联在历史上最为显著的例子。从产品的角度看，就如同今天的苹果手机在中国受到追捧一样。但随着中国在近代逐渐落后，并饱受侵略，一方面国家落后使得我们的产品确实处于低端行列；另一方面，近代百年的半殖民地半封建历史使得国人的民族自尊心受到严重伤害。再加上最近几年本国企业不断爆出产品质量问题，这在市场层面带来的问题是，国产品牌遭受着市场严重的不信任，消费者普遍认为国产品牌不如外国的品牌。而且在营销过程中，很多企业也在迎合消费者的这种观念，例如广告中会突出强调某种产品使用美国技术或日本技术，突出强调某种产品已风靡欧洲等。这种现象要想得到改观，从根本上讲，将是一个历史过程，是与国家振兴民族崛起相伴随的。但这并不意味着我们要对于这种崇洋媚外的现象听之任之。从民族企业营销的角度讲，企业除了要做好产品这一根本工作以外，必须面对这种市场现象，要敢于自信地推出真正的民族品牌，同时市场和社会要为民族品牌的成长提供良好环境。

由于跨国公司和国际分工的发展，今天市场上的产品已经很难清晰地区分产地。对于很多消费者而言，如果不去特别关注并搜集信息，产品的产地已经很难说清。但是这并不意味着产地不再是营销要素，因为在品牌发展的历史进程中，无论实际的生产地点或组装地点发生什么样的变化，但是在消费者意识中，依然认为某个品牌源自某个国家或地区。虽然这很可能与实际有所偏差，但这说明原产地的影响是深远的，甚至已经植根于文化中，就如同上文所提到的中国瓷器。因此，产品原产地形象不能只停留在概念本身含义层面的研究，因为今天消费者所认知的原产地已经不是产品的实际产地，这是无论市场还是学界都要面对的现实。因此，原产地形象研究需要转型，逐步走向精细化研究，即，针对具有突出的原产地形象资源的具体产品和品牌，探求原产地形象的顾客价值，也就是原产地形象在当前的市场环境下对消费者究竟有什么用，这是原产地形象这种营销因素存在的前提。

本研究主要是为实现以下四个目的：第一，在品牌形象的理论背景下，通过将原产地形象作用机制内各因素与品牌价值的结合，深入剖析，分析顾客对原产地形象及相关因素的感知维度，并进一步构建融合顾客价值的原产地形象作用机制；第二，将产品介入度理论同原产地形象作用结合，通过具体产品与品牌的实证检验，揭示产品介入度对于原产地形象作用机制各环节的影响；第三，建立针对具体品牌的、能够突出原产地差异的多环节测量体系，以有效对比境内外品牌的消费者偏好差异，并能够将这种差异体现到假设检验的全过程中；第四，通过对实证检验结果的分析，探求消费者在面对原产地、品牌、产品种类的差异时，其品牌态度的情况特点。以期为中国企业在国内甚至国际市场的营销策略选择上有所借鉴。

1.2.2　研究意义

本书将原产地形象对消费者品牌态度的影响机制作为研究问题，从产品介入度的视角，结合原产地效应弹性模型与品牌虚拟价值理论，系统地研究了原产地形象影响品牌态度的要素及相互关系；从产品介入度的视角揭示原产地形象的影响机理；构建了融合品牌虚拟价值的原产地形象对品牌态度的影响机制模型。无论从理论上还是实践上都具有重要意义。

1. 理论意义

本书将产品介入度理论与原产地形象有机结合起来，从介入度的视角检验了不同产品下和不同品牌下，原产地形象对品牌态度的影响作用过程，进一步丰富了原产地形象的理论和实证研究。

（1）有助于丰富和发展原产地效应理论。原产地效应理论常被用来解释原产地形象对消费者行为的影响。通过将品牌虚拟价值与原产地形象有机结合起来，基于品牌价值深入分析原产地形象对品牌态度的影响过程，探讨了顾客对原产地形象感知的维度划分。本书还为原产地形象的理论研究扩展了因变量范畴，将品牌态度扩展为认知性品牌态度、情感性品牌态度和品牌购买意愿。通过这样的扩展，来进一步探索原产地形象对于消费者行为的影响，具体处于一种什么样的层次和程度。结合具体产品和介入度的差异，为原产地形象的理论研究拓宽了研究空间，不仅进一步丰富和发展了原产地效应的研究理论，而且为研究原产地效应提供了新的理论视角。

（2）有助于丰富和发展产品介入度理论。产品介入度理论常被用来解释顾客购买一件产品所需的时间和精力等方面的投入，顾客对待不同产品的介入度是不同的。以产品介入度为理论基础，在不同介入度产品下，探索介入度变化对原产地形象作用带来的影响，不仅可以从品牌原产地的角度，解释产品介入度理论，还可以将产品介入度的理论研究扩展到原产地形象对顾客品牌态度影响的实证研究中。从中发现在高介入度产品和低介入度产品中，介入度的进一步变化在不同介入度产品中对相关的变量关系产生影响的差异，丰富和发展了产品介入度理论。

（3）有助于原产地效应产品分类研究的理论与方法的发展。本书以具体的产品和品牌为调研对象，结合产品介入度的特点，对产品品牌进行分类，在原产地形象研究领域，进一步丰富了产品和品牌的分类研究。本书建立针对具体品牌的、能够突出原产地差异的多环节测量体系，定量分析了众多产品品牌的各类价值感知，深化了原产地形象作用机制的构成要素研究，进一步丰富和充实了原产地形象实证研究的理论和方法。

2. 实践意义

国家形象和品牌形象往往是互相促进的，品牌可以借助母国的国家形象开拓国际市场，政府也可以借助本国在国际上的优秀品牌塑造国家形象。因此，原产地形象的研究对于企业和政府都具有重要的实践意义。

（1）有助于企业在塑造品牌形象时分析原产地形象要素。对于企业而言，面对从产品设计到组装都更多地发生于不同地点，如何利用原产地概念来提升产品品牌的市场认知度，需要结合产品特点和所面向的消费者特征进行深入分析。本研究正是以众多具体产品和具体品牌为实证测试的对象，研究成果更加贴合消费者的感知状况，更好地反映品牌和原产地在市场中的实际表现。研究思路对于企业更好地把握产品和消费者特点，借助原产地形象，制定有针对性的合适的营销策略具有重要的参考和指导作用。

（2）有助于政府开展城市营销和区域品牌塑造。对于政府而言，塑造良好的国家和地区形象，对于本土品牌在外部市场的壮大往往具有促进作用。当然，国家或地区形象往往不像品牌形象那样，可以在短时期内取得成效，因为国家和地区的形象优势无论是技术还是资源都不是短时期可以打造的。但是，如果能抓住机遇并能准确把握形象塑造的切入点，在若干年内塑造区域形象亮点是完全现实的，是对于拥有既有优势的国家或地区政府，形象的塑造更多地体现为营销的过程。尤其是中国历史文化悠久，地域广阔，各地区经济、文化都有各自显著特色，原产地效应在国内各地区间有着重要的实践价值。因此，本书的研究思路对于政府城市营销和区域品牌塑造都具有借鉴和参考作用。

1.3 原产地效应研究综述

1.3.1 相关概念的界定

原产地相关研究涉及概念众多，一些概念由于原本就有多个版本的解释，再加上市场环境的演变，变得更加模糊不清。明晰的概念是开展研究的基本前提，是学术研究的科学性与严谨性的基本保证。因此，在正式开展研究前，有必要对相关概念在本研究范畴内做出明确界定。

1. 原产地形象与原产地效应

在明确原产地形象和原产地效应的概念之前，首先要界定原产地的概念。原产地本身是国际贸易术语，但随着学科研究的相互关联日益增强，在营销学界，原产地也是影响消费者行为的重要因素。在海关合作理事会的《京都公约》中，原产地的定义为："货物原产地"是指生产或制造某一产品的国家[2]。之所以在国际贸易中存在原产地的设定，主要是为界定商品来源地，以便于海关实施相关的法律法规等贸易举措，可以说，原产地的概念是国际贸易发展的产物。因此，原产地也被称作商品的"国籍"。但在学术界，随着原产地概念被引入更多的学科领域，尤其在市场营销领域，原产地的概念需要更符合市场实际情况，面临着重新界定。原产地一般被认为是产品的制造国或组装国（用"made in"定义），随着品牌的影响日益增强，原产地在市场中越来越表现为品牌的来源地[3]。在消费者心中，原产地往往与品牌有着密不可分的关系，这种关系是市场发展逐步形成的。由于产品分工的细化，一件产品从设计到部件采购再到组装，可能都是在不同的国家完成的，传统的产地概念在营销领域，已经与市场实际情况不相符合。对于原产地形象（country-of-origin image，COOI）的概念，本书采用克里斯帝亚（Cristea）和卡帕蒂娜（Capatina）等人在 2015 年关于原产地形象研究中，对原产地形象做出的定义。该定义将原产地形象界定为：消费者根据其对一个国家或者地区的产品生产等相关情况的了解，该国或地区生产或设计的产品在消费者心目中所形成的整体形象，或者也可以阐述为消费者对于来自该国或地区的产品的整体判断，也可以称为原产地印象[4]。对于原产地效应（country-of-origin effect，COOE）的概念，本书采用费尔南达（Fernanda）和安东尼奥（Antonio）在 2015 年关于原产地作用的研究中提出的概念。该研究将原产地效应定义为：原产地形象给消费者对产品的评价及其购买决策所带来的影响[5]。一般来说，在国际市场，即使消费者对一个国家或地区没有太多的了解，即使存在很浅层的认知，这种认知往往也会给其对源自该国或地区产品的评价产生影响。

2. 品牌原产地

在营销学领域，原产地概念经历了不断演化的过程，变得越来越复杂。在国际贸易中的原产地概念基础上，不断延伸出新的概念。从产品制造地到产品设计地、组装地、部件来源地，再到品牌联系地，从单一概念逐渐演变成概念群。当然，由于国际商务实践的需要，在营销学文献中狭义的原产地通常是指产品制造地或品牌联系地，并且更多地体现为品牌联系地[6]。一方面是因为品牌已经成为商品的代号，并且能够更好地区分商品；另一方面，品牌已经成为企业和消费者都认同的营销与消费的主要关注点。因此，原产地营销也不可避免地将关注目光转移到品牌上，也就出现了品牌原产地的概念，指拥有该品牌的母公司总部所在地。但随着企业间跨国并购的出现，品牌原产地在消费者意识中也开始变得模糊。一些在消费者意识中一直是国产的品牌，可能已经被某个国外跨国公司收购。因此品牌原产地的概念就显得愈加重要，甚至一些企业还会利用品牌原产地的迷惑效应来提升品牌的知名度。

在本研究中，我们使用的是"品牌原产地"，采用的是克里希纳（Krishna）在 2015 年的研究中做出的定义，"品牌原产地"指：拥有该品牌的母公司总部所在地[7]。全球化的今天，很多产品都是由多个不同的国家和地区合作生产完成的。对于原产地，如果在概念上仅限于产品的生产地，显然已经不符合现实环境。也有研究认为品牌原产地应是指品牌的注册地[8]，但考虑到现实情况很可能有一些公司选择以离岸公司在太平洋岛国等避税地注册，致使品牌所属并不符合市场的实际认知。因此，本书所研究的原产地，是指拥有该品牌的母公司总部所在地，称为品牌原产地，即品牌的实际所属国或地区[9]。而且在现实环境中，也的确体现了这一趋势，即，品牌的原产地对于产品的代表性更强。如苹果手机，我们说是美国的产品，但它在国内就有生产线，关键是它是苹果这个公司的设计，而苹果是美国的品牌，因此就不难理解品牌原产地的重要性。我们在接下来的研究中提到的原产地均是指品牌原产地。

3. 品牌国别层面的区分

在原产地研究的相关文献中，在国家层面，对于品牌原产地的具体表述，可以说术语繁多。对于中国的，有本土品牌、国内品牌、境内品牌等说法，对于外国的，有外国品牌、海外品牌、境外品牌等名词。本书为明晰品牌原产地的界定，根据本研究的需要，采用"中国品牌"和"外国品牌"这对概念。这里需要特别强调的是，由于历史原因，在经济发展上港澳台地区长期走在内地的前面，但是在中国内地经济发展过程中港澳台地区一直扮演着重要角色。港澳台地区是中国对外开放最早也是迄今最主要的投资者，是中国承接国际产业转移最重要的推动者，也是中国进军国际市场的最重要中介与平台[10]。由于港澳台地区的品牌与内地市场早已经有了很深入的融合，因此在中国品牌的调研样本选择中，根据品牌的知名度，我们也纳入了一些港澳台品牌，作为中国品牌的重要组成部分。

4. 原产地效应研究中的产品属性信念

产品属性是营销领域研究常见的概念，托马斯（Thomas）在 2014 年关于原产地营销的研究中，对产品属性的定义是：产品本身所具有的一系列特性和一般特征，这些特性和一般特征能够满足消费者购买产品所要达到的需求[11]。产品属性一般包括两个层面的含义：一是可见的属性，包括外观、价格等；二是不可见的属性，包括产品的技术水平、品牌的知名度等[12]。而且随着产品外延的扩大，尤其是服务业的发展，不可见的属性不断增加。这就要求企业只有不断提升产品的附加值，才能在市场竞争中不被淘汰。

在原产地效应的研究中，常用"产品属性信念"代指消费者对产品的评价。阿西夫（Asif）、塔尼娅（Tanya）、玛格丽特（Margaret）在 2014 年关于原产地的研究中，将"产品属性信念"定义为：消费者对产品各个方面特征的评价，是消费者对产品所具有的各种价值的感知。这里的信念是指消费者的感知和评价[13]。虽然对这一内容的表述用产品属性评价可能更容易理解，但由于"产品属性信念"是原产地效应研究中一直以来使用的专有术语。因此，本研究仍沿用这一名词，在文中也被简称为"产品信念"。

在原产地效应中，消费者对产品属性的评价受原产地形象的影响。例如：质量、性能都属于产品属性，对于来自发达国家的产品，消费者可能会鉴于发达国家技术先进的国家形象，而对产品性能这一属性自然地产生较高的评价；对于来自发展中国家或一些贫穷国家的产品，消费者也可能会鉴于这些国家技术落后的国家形象，而对产品性能这一属性自然地产生较低的评价。

5. 产品属性范畴下的品牌原产地形象

产品属性包含的范围非常广。在原产地效应以往的研究中，由于需要把原产地形象作为研究对象，因此，在理论模型中，原产地形象往往是独立于产品属性的。也就是说，原产地形象是有别于一般产品属性的一种特殊的产品特征。但在原产地研究的"独立属性假说"理论中，认为原产地形象和其他产品属性一样，是一种独立的产品属性，既不是某种特殊的特征也不从属于其他产品属性[14]。因此，从产品属性的范畴来讲，实际上，原产地形象也是产品属性的一种。从这个角度讲，原产地效应本质上是：产品的一种属性（产品的原产地形象）对其他属性的影响。

因此，当理清了这一关系后，我们就可以在产品属性的范畴内，对原产地形象作出更为深刻的认识，开展更为本质的研究，并赋予更为贴近顾客实际行为的维度和测项。另外，消费者一般是指企业产品或服务的最终使用者，强调的是消费；而顾客是指同企业直接进行商业交易的人群，强调的是对产品的购买[15]。根据本书研究的需要，在文献回顾、特定情境和涉及专有名词的情况以外，主要选择使用"顾客"这一名词。

1.3.2　国内外原产地效应研究

同很多营销学理论一样，原产地效应的研究也源自西方。伴随着国际贸易的发展，原产地问题对消费者的影响越来越明显，引起了越来越多学者的关注，在西方逐渐成为国际营销的热点议题。随着对原产地相关问题研究的不断深入，原产地效应研究在国外已经有很多成果，而且在不同时期，也存在不同的研究重点。

1. 20 世纪 60~70 年代对原产地效应的研究

这一时期的研究主要集中在原产地效应的存在性问题上。对原产地的研究很早就已经开始，但在营销学界，最早提出原产地形象效应的学者是斯库勒（Schooler）。他早在 1965 年就对原产地形象问题采用实证调研的方法开展研究，该研究选择在中美洲国家危地马拉开展，受访者选择当地学生，调查产品选择来自同样是中南美洲的四个国家。通过考察消费者对这些来自不同国家产品的评价，发现消费者对不同来源国的产品的评价存在偏见。例如，消费者认为来自墨西哥的产品要好于来自萨尔瓦多的产品。研究显示消费者对国家的整体认知对产品评价有明显影响。据此，斯库勒（Schooler）认为，在消费者对产品评价的过程中，产品的原产地形象会产生影响，也就是说，在研究涉及的危地马拉的消费市场上，原产地形象效应是存在的[1]。到了 70 年代，营销界对原产地的研究逐步聚焦到了影响变量上。研究发现，消费者自身的诸多特质都会对原产地效应产生影响，如年龄、性别、受教育水平、民族等特征。尤其是受教育程度，对消费者对外国产品的接受程度有很显著的影响[16]。另外，原产地形象在不同产品属性间也存在显著差异，消费者对原产地相关信息的认知程度也会对产品态度产生影响[17]。

2. 20 世纪 80~90 年代对原产地效应的研究

伴随着国际贸易的发展，原产地问题对消费者的影响引起营销学者们越来越多的关注。对于原产地效应存在性问题的研究，从 20 世纪六七十年代在个别国家的证实，逐步在来自更多国家的研究中得到证实。大量关于原产地效应的研究开始出现在国际营销文献中[18,19]。1996 年，阿格沃尔（Agarwal）和克利（Sikri）[20] 在进行原产地效应领域的文献整理时发现，有相当多的研究结果已经显示国家形象对消费者的产品评价有显著影响（主要包括：Bilkey & Nes，1982[21]；Eroglu & Machleit，1989[22]；Han，1989[23]；Han & Terpstra，1988[24]；Roth & Romeo，1992[25]；Tse，1993[26]），无论是采用实证调查的方法，还是利用试验方法的研究，都证实了产品来源的国家形象对产品感知存在明显影响。比尔基（Bilkey）和内斯（Nes）[21]所做的一个研究中曾提到这样一个案例：曾经有一个波多黎各制鞋商，为了让顾客相信他的商品来自更发达的地方，他把在本地生产的鞋运到纽约后再运回来，并在广告上做足宣传，而这种办法确实提高了产品的顾客偏好。到了 20 世纪 80 年代的后期，原产地效应的研究开始涉足更复杂的领域，研究主要集中在原产地效应的作用机制上。汉（Han）在 1989 年的研究中提出了两种机制：晕轮效应和概括效应[23]。汉（Han）和特波斯特拉（Terpstra）在 1988 年的研究中，通过实证方法指出产品来源国和品牌对消费者的产品感知都会产生影响，原产地处在一个复杂的产品感知影响因素体系中[24]。这些研究所带来的影响是：一方面在理论层面，原产地（一些文献中也称为来源国）对于产品评价的影响被进一步地在更广泛和更深入的层面得到了证实；另一方面在实践层面，越来越多的相关研究成果也引起了企业营销管理者的关注。

3. 21 世纪对原产地效应的研究

进入 21 世纪以来，原产地效应研究的深度与广度不断增加。怀特（White）和加蒂夫（Cundiff）[27]在 2001 年的研究发现，消费者对产品的评价过程中，尤其是对质量评价，原产地是消费者重要的评价参考依据。同时，原产地形象也被发现在消费者购买决策中扮演重要角色。坂田（Srikatanyoo）和格诺特（Gnoth）[28]在 2002 年研究了国家形象与高等教育的理论模型，认为教育水平和国家形象存在相互促进的关系。2005 年，亚穆（Yamoah）[29]则研究了加纳的稻米市场上产品国家形象的角色和影响。同时，也有学者试图进一步完善测量国家形象的多维量表，如 2009 年夏尔玛（Vishal）等人的研究[30]，以及阿波哈拉施（Abhilash）和罗伊（Roy）[31]在 2009 年的研究。丹（Tan）和法利（Farley）[32]的研究认为，原产地作为消费者行为的重要组成部分，已经成为国际营销学界最热门的研究领域之一。伴随国际贸易和全球市场的发展，新兴经济体在国际市场中逐渐发展壮大，原产地研究吸引了学界和企业界更多的关注，充分体现了国家形象对国际营销的重要意义[33]。进入 21 世纪，学者们开始对发展中国家开展更多的相关研究，特别是对中国。中国在经历改革开放头二十年的积累，社会经济居民生活开始有了显著提高，消费者对于外国产品的认知与购买能力有了普遍提升，尤其是加入世贸组织后，中国逐步成为境外商品的重要销售市场。研究发现对于广大中国消费者，境外品牌的产品无论是从境外进口，还是在境内生产，即使这些产品来源的信息完全透明公开，消费者对同一品牌下不同来源地的产品的感知均无明显差异。这也意味着品牌的来源地对消费者的影响超过了产品的来源地。中国经济的快速发展与居民购买力的增强，使中国在全球经济体系中的地位得到持续提升。以中国为背景，研究全球市场上中国产品的"中国形象"[34]，以及我国消费者对于外国产品评价时所考虑的国家形象因素[35]，已经成为当下国际营销学者的重要研究方向。

中国营销学界对原产地效应研究的关注，始于中国加入世贸组织前后，但是在初期的研究主要停留在比较基础的理论分析和概述层面，缺乏实证。在实证方面，开展的比较多的是对消费者民族中心主义的研究。其中，学者王海忠在 2003～2005 年这几年间有多篇文章探讨中国消费者的民族中心主义倾向的问题，提出在中国消费者民族中心主义具有两面性的特征：一方面，具有消费者民族中心主义传统上本国居民偏爱本国产品的特征；另一方面，由于外国产品比本国产品有明显优势，加之在国家形象上发达国家也占有优势，形成了不少在消费市场"崇洋媚外"的消费者。另外，李东进等在 2008 年研究了美国、德国、日本、韩国的国家形象对我国消费者的影响，并建立了体现我国消费者特征的国家形象量表，研究了我国消费者对国家形象的感知，认为消费者在购买决策过程中有很多因素对国家形象的影响起到加强或削弱的作用，国家形象对购买行为的影响往往是间接的[36]。

伴随品牌研究的不断发展，原产地研究也被赋予了新的营销背景。很多新的影响因素被引入到品牌研究中，其中对于文化以及品牌附加价值的探讨，本书认为将会对原产地营销的研究具有启示作用。科特勒（Kotler）在 2002 年提到，一个品牌可以传送属性、利益、价值、文化、个性和使用者六种层次的意义给顾客，提升附加值[37]。对于一个公司的营销而言，品牌形象是关键，更好地传播品牌形象能够提升品牌的顾客认知水平，并且能与竞争者相区别开来[38,39]。品牌形象的传播已被市场营销实践者和研究人员描述成产品成功的一个关键因素[40]。现在的市场变化迅速，只有很少品牌能够持续保持强有力的市场形象，而很多品牌在市场的作用下不断更替，要想让品牌有持续的生命力，需要消费者情感以及产品性能等多个层面的组合来获市场认可[41]。王海忠和赵平在 2004 年对中国市场的美国、欧洲、日本和国产品牌形象开展了调研。测量结果显示国产品牌总体形象不如美国、欧洲和日本的品牌，但证实了品牌原产地对品牌的消费者购买意向有比较明显的影响[42]。

4. 原产地效应研究的趋势

原产地效应研究经过近三四十年的持续研究，已经取得了大量成果。但是随着国际社会和经济环境的变化，原产地效应的研究也要与时俱进，未来原产地效应研究的趋势主要表现为：

（1）在概念的定义和测量方面，原产地需要更加一致性的和清晰性的解释与规范。今天市场上消费者所认知的原产地早已不是过去的产品的产地，更多地表现为品牌的来源地，而品牌的来源地在实际市场环境中也很模糊。一些品牌在经过多次并购后，几经易手，品牌也许还是消费者心目中的那个品牌，但是已经很少有人知道究竟是谁拥有这个品牌，而品牌在消费者脑海中的那个来源地已经成为历史，这样的市场变化现象非常多。需要研究者在学术层面进行清晰地定义和规范后，再展开相关的研究。

（2）发展中国家将逐步成为原产地研究的热点。新兴经济体的发展壮大是一个曲折的过程，在"二战"后，在传统发达国家以外的经济体中，南美洲地区、东南亚地区都曾经历过经济的高速发展时期，但在政治动荡和地区以及全球经济危机的干扰下，这些地区基本都终止了迈向发达经济体的步伐。虽然中国经济增速也在放缓，但在今天的新兴经济体中依然保持着较强的成长势头。中国成功的发展模式已经成为世界范围内的关注点。正是在这种大环境的作用下，以中国为背景的原产地研究才会相应增加。

（3）在经过长期的研究积累后，原产地研究已经解决了很多基本问题，如原产地形象作用的模式，已经有了很多成熟的实证研究。在这种研究背景下，原产地研究需要更多地聚焦于具体的产品，来揭示具体产品所具有的独特的原产地效应特征。近些年来已经有很多这方面的研究，而且随着研究的深入，产品选择的种类会更多样化，品牌也会更丰富。

1.3.3 原产地形象对品牌态度的影响研究

从前文的相关概念中，对原产地效应概念的阐述可以看出，原产地效应研究的核心问题是原产地形象。也就是说，原产地给消费者留下什么样的印象，并对消费者产生什么样的影响，是原产地效应在消费市场中的主要表现形式。因此对于原产地形象的作用机制的研究，也可以称为原产地效应研究，主要研究的问题是原产地形象对顾客品牌态度的影响。目前相关研究的主要成果表现为光环效应、概括效应、首因效应、弹性模型等，其中以光环效应和概括效应最为基础，其他效应多是在光环效应和概括效应基础上发展而来，接下来本书将对这些原产地形象对品牌态度的作用机制做详细介绍。

1. 光环效应

光环效应源自心理学，是心理学研究领域的重要概念。伯塔（Berta）和达尼洛（Danilo）等人在 2008 年关于原产地的研究中，对光环效应做出的定义是，评价者对被评价事物存在某种总体的认知与印象，或者存在某一方面的认知与印象，当评价者对该事物其他方面进行评价时，这种总体的或某一方面的认知和印象会对评价产生影响[43]。光环效应也可以理解为，原有的印象对现在的评价像光环一样影响着评价者，使他们不能完全根据被评价事物本身的情况作出判断。具体如图 1 - 1 所示。光环效应的存在需要一个前提，即评价者对被评价事物的其他方面的特点不是很熟悉，使评价依据不得不选择对于该事物的总体或某个属性的认知和印象，并且依据此来推断所要评价的属性。事实上，光环效应并不是人们有意去以某种印象为依据，这个过程是不以人的意志为转移的，是人们在评价事物过程中，在潜意识中就要寻找评价依据，而以往的总体印象很直接地就扮演了评价依据的角色[44]。光环效应的问题在于会影响评价的客观性，光环效应可能对评价产生积极影响，也可能产生消极影响。

图1-1　光环效应

把光环效应放在国际市场营销中，消费者对产品的评价需要考察的要素事实上非常多。总体上可以把产品特征分为两大类属性：一类是内部属性，即，影响产品评价的内在要素，也就是产品本身的因素，如性能、款式、技术等；另一类是外部属性，即影响产品评价的外在要素，如产地、品牌形象等[45,46]。光环效应最早在20世纪80年代被引入原产地效应研究中，相关研究显示，如果消费者不能获得有关产品内部属性的信息时，一般就会依据外部属性来对产品的质量性能情况进行推断，进而对产品整体情况作出评价（Bilkey & Nes，1982）[21]。伴随国际贸易的发展，普通消费者在本国市场经常能遇到陌生的外国品牌产品。由于消费者对品牌和产品均不了解，在这种情况下，原产地就成为消费者对产品质量进行推断的依据。这个时候，原产地形象对于消费者的产品评价而言，就扮演了一种光环的角色。无论是正面的形象还是负面的影响，原产地就如同产品头上的光环一样，使产品在消费者心目中形成某种固有的先入的印象[47]。而这种印象并不是根据产品本身的质量特性的自身特征来得到的，因此也就意味着，在某种程度上会偏离产品的客观情况。同时，我们还要注意到，此时的原产地形象也是产品的一个属性。此时的光环效应表现为产品的某个突出属性（原产地形象）影响产品的其他属性评价。伴随经济全球化的不断发展，消费者接触外国品牌将会越来越多，当消费者不了解产品本身的信息时，就很有可能用原产地来推断产品在其他方面的特征，进而形成对产品的评价。因此，原产地形象的光环效应作用机制可以表述为：原产地形象能够对消费者的产品属性信念产生直接影响，如同光环一样，产品属性被消费者赋予原产地形象的光环来进行评价，得到的产品属性评价将会影响产品总体评价，相当于原产地形象间接影响产品总体评价[48]。光环效应主要发生在消费者对其不了解的产品进行评价的过程中。

2. 概括效应

概括效应也同样源自心理学。卡恩（Khan）和鲍姆博（Bamber）在2008 年关于原产地效应、品牌形象和社会地位的关系的研究中，将概括效应定义为，人们通过对零散信息的收集，形成对某个事物在某种程度上的整体认知，便于人们从整体认知中提取对自己有用的信息[49]。具体如图 1 - 2 所示。在这一过程中，也同样是人们无意中的行为，而不是为了评价某些事物特意为之。也就是说，人们在日常生活中，总是会接触很多拥有相似特征的信息，这些信息可能恰巧源于某个事物，或者它们之间存在某些联系。人们在最初接触这些信息时并不知道它们内在关联，但是人们仍然在潜意识中将这些信息组合为某种整体信息，形成了对某些事物的整体认知，当未来在外界遇到某个信息刺激点时，就会激发人的头脑去从中提取需要的信息加以利用[50]。在消费者行为中，消费者在日常采购和使用各种品牌和产品的行为中会遇到大量零散信息，这些信息在消费者头脑中自然地进行重新拼组，这一过程并不是消费者自身特意去思考的结果，而是人的大脑对信息处理的自然而然的结果，最终构成关于某些产品的整体认知，这些认知成为消费者对相关产品进行评价的依据。

图 1 - 2　概括效应

在一国的内部市场，往往会有多个国家的品牌开展竞争，源自同一国家的品牌也同样众多。此时，对于消费者而言，如果源自同一国家或地区的品牌或产品有某些相似的特征，消费者就能够从这些相似特征中提取该国或地区产品所拥有的共性特征，并形成对该原产地的总体认知，这种认知将会对未来消费者评价其他源自该产地的产品提供依据，这就是原产地效应中的概括效应[51]。例如在中国的小汽车市场，日本的汽车品牌有丰田、日产、本田。这些品牌在中国市场也存在竞争，通过在市场上的长期竞争，使得消费者对这些品牌有了一定的了解，并形成了对日本汽车的整体印象和评价。这种整体印象和评价相当于日本的原产地形象，使消费者再遇到其他的日本汽车品牌时，即使对品牌不了解，也会通过之前形成的对日本汽车的原产地形象，来推断该品牌汽车产品的质量性能等信息。甚至于对某些来自日本的工业制成品的评价也会产生影响，因为工业制成品之间都存在相似的评价要素，例如产品工业层面的工艺水平、技术水平等。因此，原产地形象的光环效应作用机制可以表述为：消费者对来自同一国家和地区的若干品牌或产品具有某种程度的印象，在此基础上，形成对该国或地区相关产品的原产地形象，并且这样的认知能够影响消费者的品牌态度[52]。概括效应主要发生在消费者对其熟悉的产品进行评价的过程中。

3. 首因效应

首因效应最早是由美国心理学家洛佩斯在 1957 年通过开展实验研究提出的。阿尔弗雷德（Alfred）和詹姆斯（James）在 2009 年的研究指出，首因效应是指接触的双方最初留给对方的印象极其重要，会给双方对彼此的判断产生重要影响[53]。具体如图 1 - 3 所示。在日常生活中有很多直接的表现，如果一个人在第一次见面时给对方留下了很好的印象，那么对未来的进一步交往会有很好的推动作用，对方也往往愿意进一步接触；相反，一个第一次见面就令对方反感的人，人们也不愿意再与之接触。首因效应也可以理解为第一印象效应。首因效应之所以能够发生，在于第一印象中人们接收的信息所发挥的作用往往最大，信息接收顺序对于信息的影响程度的作用是非常大的。这在实验心理学的研究也已经得到证实，人们总是偏向于接受之前获取的信息。前面的信息往往在大脑中更容易构成评判标准，如果后面接收的信息和前面的不一致，人们更倾向于调整后面的信息，而把前面的信息自然地作为某种参照物。在原产地效应研究中，首因效应则体现为消费者对原产地信息的处理的先后过程。消费者在与来自某个国家或地区的品牌或产品接触过程中，最初的品牌或产品体验给消费者留下的第一印象往往会有更大的影响[54]。初始的产品体验在消费者头脑中形成了对该国或地区产品的初步印象，也就是该国或地区产品在消费者心目中具有了初步的原产地形象，消费者以这种最初的印象来推断该国或地区其他产品的整体情况，形成整体认知和评价。因此，首因效应在原产地形象的作用机制中表现为两个方面：一方面是最初的产品体验会影响到这类产品原产地形象的形成；另一方面是最初形成的某类产品或品牌的原产地形象会影响到其他产品或这个国家和地区整体的原产地形象的形成[55]。

图1-3 首因效应

4. 弹性模型

对于弹性模型的理解，需要结合光环效应和概括效应，光环和概括效应中都存在效应发生的主要情形，即，消费者对产品是否熟悉。但是，尼本（Neben）与杰夫（Jaffe）在2008年的研究提出，光环效应和概括效应往往是同时存在的，据此进一步提出了弹性模型理论，认为无论产品是否被消费者了解；或者说，无论消费者对产品的熟悉程度如何，原产地形象和产品属性信念对品牌态度都存在不同程度的直接影响，原产地同时还影响消费者的产品属性信念的形成[56]。如图1-4所示。弹性模型是光环效应和概括效应的综合。光环效应只强调在低熟悉度的产品中原产地形象对产品属性的影响，然后产品属性再影响品牌态度。而弹性模型指出原产地形象是可以在对产品属性信念产生影响的同时，也能直接对品牌态度产生作用。这也意味着，产品属性信念可以不扮演中介的角色。概括效应只在高熟悉度的产品中发生作用，并且主要关系围绕于产品属性信念对原产地形象的影响，被影响的原产地形象再对品牌态度产生作用[57]。而在弹性模型理论中，原产地形象不仅受到产品属性信念的影响，同时对产品属性信念也存在影响。也就是说，弹性模型认为无论在低熟悉度还是高熟悉度产品中，光环效应和概括效应都会有不同程度的发生，两者是会同时发生的。

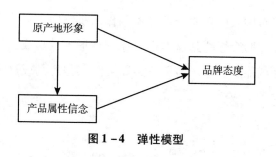

图 1 - 4　弹性模型

5. 信息详析模型（详尽可能性模型）

信息详析模型又称为详尽可能性模型，由心理学家佩蒂（Petty）和卡乔波（Cacioppo）提出。该模型强调人们在处理信息时，参与的深度将会影响人们对信息的接受程度。约翰（Johan）和布勒（Buller）在 2014 年的研究进一步指出，所谓的参与深度是指人们会在多大程度上去了解我们接触的信息，如果了解的越深入，就越容易被信息的内容或态度所说服[58]。当然，这里的前提是，信息本身具有获取人们支持和信任的正面的内在实质，而不是相反，也不是欺骗或诱导。也就是说，当人们了解得越多，就会越多地知道其正面的信息，人们也就更多地采取支持的态度。如果信息的主要获取渠道不是很畅通，人们就可能通过边缘渠道去了解，而边缘渠道又不容易接触到信息的实质内容，给人们对信息的获取造成障碍[59]。信息详细模型的主要内涵是，信息获取的主渠道是说服人们的最有效途径，并且人们接触得越多，被说服的可能性越大，如果主渠道不畅通，人们就会考虑边缘渠道，使得信息的有效传播受阻。

在原产地形象对品牌态度的影响过程中，信息详细模型表现为，当消费者去了解一件商品时，如果能够有效地获取商品的质量、性能、性价比等信息时，会使消费者的品牌态度更容易形成[60,61]。如果这些信息不容易获取，消费者则往往会通过其他渠道来推断这些信息。例如原产地，原产地信息本身并不能显示产品的实际质量、性能等信息，原产地形象只是源自对来自某个国家产品的评价的高度概括，即，消费者普遍认为来自某国的产品处于何种层次，并不是具体针对某个品牌。也就是说原产地信息属于获取产品信息的边缘渠道，但是在某些情况下会成为消费者品牌态度形成的依据，尤其在消费者无法获取或本身没有兴趣获取产品本身的信息时，原产地会成为消费者头脑潜意识中的推断依据。

6. 信息简析模型

对于信息简析模型的理解，可以结合信息详析模型。信息简析模型认为消费者有时会倾向于选择最简单的途径来形成产品评价[62]。虽然信息详析模型下，更多地获取产品本身信息有利于消费者做出准确判断，但不是任何产品都值得消费者这样做，例如一些价格低廉、频繁购买、使用简单的日用品，消费者依据消费经验或者别人的推荐就可以作出决策，消费者参与度很低，而无须专门去了解产品信息。

原产地形象对品牌态度影响的过程中，在信息简析模型中有两种表现：对于上文所述消费者参与度低的商品，往往是信息简析模型主要表现的产品领域，正因为参与度低，消费者很可能也不会去了解产品的原产地信息，在这种情况下，原产地信息不会发生作用[63]；而另一种情况是，某个产品的原产地恰巧是消费者所了解产品原产地信息，对原产地有一定程度的认知，但对该产品的其他信息了解很少，而该产品又属于消费者参与度较低的产品类型，这时原产地信息就会成为品牌态度形成的重要依据[64]。因此，相对于信息详析模型，原产地信息更有可能在信息简析模型设定的情形中发生作用。

7. 独立属性假说

产品本身包含着一系列特性，这些特性能够满足消费者购买产品所要达到的需求，我们称其为产品属性。独立属性假说是洪（Hong）和托纳（Toner）在 1989 年提出的，主张消费者将原产地当作一个独立的产品属性，使之与其他属性一起影响产品评价。该假说认为原产地既然能和其他产品属性一样对消费者的品牌态度形成产生影响，那么就有必要以独立产品属性的视角来看待原产地这一因素[65]。这与之前的理论相比，明确了原产地在产品评价和品牌态度体系中的地位，之前的研究往往是把原产地作为影响品牌态度的一种特殊影响因素，而不是产品本身的属性[66]。这一理论的提出，使原产地在营销理论层面被认可为产品在广义上的组成部分，更加突出了原产地的重要作用。

8. 消费者民族中心主义

消费者民族中心主义概念由森普（Shimp）等在 1987 年提出，在原产地效应理论体系中，注重强调消费者的观念，消费者秉持着什么样的观念来看待原产地形象同样对原产地的作用会产生影响。即使一些原产地在市场上拥有较好的形象。例如，一些消费者有很强的民族情感，并体现在消费行为与情感中，极力支持国货，虽然一些发达国家的品牌在其心目中也拥有良好形象，但在与自身民族情感的冲突中，这样的消费者选择了后者，这就是消费者民族中心主义的作用[67]。森普（Shimp）和沙玛（Sharma）同时还构建了用来测量消费者民族中心主义的量表，后来很多学者对该量表进行多次使用和测量，在多个国家开展了测量，一方面从各自研究的角度对量表进行了完善，另一方面也进一步证实了量表的有效性[68]。其中克莱因（Klein）等[69]对量表进行的改良将原 17 个问项减少到 6 个，极大简化了测量过程。另外巴特拉（Batra）等[70]直接在原产地与民族中心主义间构建了关系，指出欠发达国家的消费者会更认可品牌原产地，尤其是民族中心主义偏弱的消费者，他们对外国品牌的接受程度更高，而且外国品牌的产品对比本国产品确实有优势。

1.3.4　现有研究评述

　　光环效应与概括效应是原产地形象的两种主要作用机制。两种效应的最显著区别在于发生情景的差异：光环效应是发生在消费者低熟悉度的品牌当中，而概括效应发生在消费者高熟悉度的品牌中。对于低熟悉度的品牌，以往的研究证实消费者更倾向于通过原产地等外部因素来推断产品性能质量进而做出购买决策；而对于高熟悉度品牌，消费者则更倾向于通过产品自身的性能质量来直接做出购买决策。这也意味着，原产地形象的作用在低熟悉度品牌中表现得更为明显，相应地，光环效应则能更好地体现原产地形象的作用，而概括效应则更接近于在探讨原产地形象的影响因素，而不是作用，虽然最后的目标都是研究对消费者品牌态度的影响。但是一些研究显示，当消费者对产品的熟悉度一般时，光环效应与概括效应都能解释原产地形象的作用机制，而这种情况往往适用于大多数消费者，因为作为普通消费者，对于多数品牌的熟悉度往往也是处于一般的程度。原产地形象的另外一种主要作用机制是弹性模型，弹性模型认为，无论熟悉度如何，原产地形象和产品属性信念都会直接影响品牌态度。弹性模型在一定程度上综合了光环效应和概括效应，最符合本研究对于原产地形象对品牌态度影响的设定。

　　消费者民族中心主义是原产地研究中的重要影响因素，甚至可以说，消费者民族中心主义本身就是一种原产地效应现象，一个国家的居民往往在不同程度上都有一些民族主义情感。原产地形象本身往往就包含着国家情感，很多消费者对原产地形象的感知，也往往有国家情感因素的作用，这种情感是在日常消费过程中能够发挥怎样的作用，也是本研究关注的内容。从本书所研究的原产地形象对品牌态度的影响这一基本设定出发，弹性模型和消费者民族中心主义是原产地效应的几种机制中，与我们的研究设定最为贴合的，可以作为本研究的理论基础。

　　从以往对原产地形象的研究中可以发现，原产地形象对品牌态度的形成有重要影响。事实上，原产地概念能够从国际贸易引入到市场营销的研究中，关键在于原产地形象能够提升产品或品牌价值，也就是能让原产地的所属产品更好地被市场认可和接受，被市场认可和接受就是被消费者认可和接受，被消费者认可和接受就意味着对消费者有价值。本研究将对品牌原产地形象和产品属性信念，从品牌形象和品牌价值角度上赋予其新的结构概念，并在此基础上进一步展开研究。

根据对原产地形象研究的回顾，从总体上来看，原产地形象研究的各类模型涉及的因素比较单一，从以上的研究模型来看，无论是光环效应与概括效应，还是首因效应与独立属性假说，基本围绕着原产地形象、产品属性信念以及品牌态度这三个因素，没有进一步的深入研究，对于原产地形象也没有进一步的维度划分。

另外，不同类别的产品，由于其与原产地的关系紧密程度不同，涉及的原产地特征也不同，对应的原产地形象的作用会有很大差别。但是目前对原产地形象的研究往往将各种类型的产品混在一起进行整体调研，缺少分类研究。如何分类，依据什么标准进行分类，都需要进一步开展研究。从近年的研究来看，产品的介入度开始受到了从事原产地营销研究的学者们的关注，成为对产品和消费者有区分地进行原产地营销研究的重要开端，但相关研究在广度与深度上仍旧不足，总体上看，缺乏系统性。本研究主要是在原产地形象作用机制上，来研究产品介入度给机制各环节带来的差异，为产品介入度与原产地的结合引入更多更复杂的因素。

1.4　产品介入度研究综述

1.4.1　介入度的概念界定

介入度概念在早期研究中主要是围绕一些社会事件的公众态度问题，也就是人们是否关注以及对一些事件的关注程度问题，心理学领域最早开展了这方面的研究[71]，并逐步被引入到广告和营销领域。坎迪斯（Candace）和玛丽（Mary）在 2013 年的研究中指出，对于普通居民，在一些公共事件问题上，无论是持有支持的态度还是反对的态度，而且也无论程度如何，都受到其本人在这个事件中的是否扮演某种程度的角色影响，或者说，吸引人们持有什么样的态度以及和何种程度的态度，往往是以事件与自身的关联程度如何有密切关系[72]。两位学者在此基础上深入研究并将介入度定义为"个人对任何刺激与情境感受到的自身与其相关的程度[73]"。这个定义主要强调的是感受，也就是说，介入不一定是真正的实际行为，也可能是不可见的思想意识层面的思考。消费者对一个产品思考得越多，也同时意味着消费者与产品的相关程度越高。因为如果消费者不关心这个产品，往往意味着消费者认为该产品对自己没有价值，没有用处；而当消费者去关心一个产品的情况时，往往意味着消费者在某个方面对该产品感兴趣，自然也就带来了概念中所提到的"自身与其相关的程度"的提高。娜塔莉（Nathalie）等人在 2013 年的研究借助介入度概念解释了广告对于受众的作用[74]。消费者对广告介入程度越高，也就是对广告内容了解得越多，对广告的接受程度往往也会越高。

　　本书所研究的"介入度"主要围绕消费者行为领域进行，指消费者介入。消费者介入在英语中，一般使用 involvement，一些研究也将其译为消费者涉入、消费者卷入、消费者参与度等，指在对商品的了解过程中，消费者所投入的精力。这里需要特别指出的是，消费者介入度这一概念强调的是消费者的投入，而不是对产品的了解程度，他强调的是一个过程，而不是这一活动所带来的结果。因为一些消费者对于一些商品即使花费了很多精力来了解，但由于种种条件的限制，最后的收获并不多，但并不能因此就称该类产品为低介入度产品。按照介入度的概念，可将产品分为高介入度产品和低介入度产品，这里的区别关键在于，一些产品是否能让消费者投入更多精力去了解。所以，介入度概念中的"介入"一词在含义上实际是"消费者投入"。典型的高介入度产品如汽车、教育等；典型低介入度产品如生活日用品。

1.4.2 介入度对消费决策的影响

由于消费者介入反映的是消费者对于商品的认知过程投入，更多强调的是一个过程，因此，介入度与消费决策过程问题密切相关。在营销学领域，围绕购买决策过程模型的探索已有众多成果，本书这里选取最为常见的购买决策五阶段模型[75]，来分析购买决策和介入度的关系，五阶段模型如图 1-5 所示。

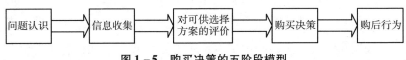

图 1-5　购买决策的五阶段模型

在五阶段模型中，第二个和第三个阶段"信息收集"和"对可供选择方案的评价"是影响消费者最终购买的主要阶段，因此也往往是商家营销的主要指向。按照这五个阶段的划分，对于低介入度产品，由于消费者往往不愿花费更多精力收集信息，而是通过使用经验以及别人推荐等一些简单有效的方法进行选择，使得商家的营销无从入手；而对于高介入度产品，消费者对于信息收集的投入越高，对于商家而言，开展营销的机会就越多，影响消费者购买决策的可能性就越大。

在上述的五阶段模型中，"对可供选择方案的评价"是最为重要的阶段。围绕该阶段也出现了一些有价值的研究，相关研究认为，对方案评价也会有决策模型提供帮助。在众多研究成果中，对应产品介入度问题，补偿性决策模型和非补偿性决策模型的研究与产品介入度的关系最为紧密[76]，本书接下来对这两个模型做出详细介绍。

在高介入度产品下，"期待—价值"模型是反映消费者决策过程的典型补偿模型[77]。所谓"补偿"是指对消费者决策的辅助。消费者对于高介入度产品的评价，往往事先经过了一系列的信息收集，对相关产品有了较多的了解和认知，这些信息在消费者头脑中形成了一个对产品的预先设定。也就是说，消费者对其需要什么样的产品有了比较清晰的设定。而且一般来说，信息掌握得越多，对期望产品设定的标准也越复杂，而在产品选择时，主要的选择目标就是和自己预先设定的产品尽可能地接近，标准越复杂，选择也就越困难，选择过程也相应变得复杂[78]。

而在低介入度产品中，消费者往往不会对产品预设期望，相应的决策过程也就更为简单。"启发性选择"模型是在这一过程中有效简化决策的模型[79]。由于消费者对低介入度产品往往不愿投入更多精力去了解产品信息，使得这类产品在采购时并不存在消费者的心理预期，消费者往往根据使用习惯、商品外观等无须投入即可获取的产品信息作出决策，这些信息成为消费者决策的"启发点"。这在实际生活中体现为，低介入度产品往往性能简单、价格便宜。一方面是由于产品简单，消费者无须花费精力去了解更多信息；另一方面是由于产品市场进入门槛低，不同品牌产品性能高度重合，对于消费者而言，根据消费经验和习惯即可做出决策，无须投入更多精力[80]。

从以上分析中，我们可以看出，在消费者决策的过程中，实际上是对信息处理的过程，介入度是消费者对信息处理方式的一种选择。高介入相当于消费者选择了对产品进行复杂的信息收集和处理，而低介入相当于消费者选择了对产品进行简单的信息收集和处理。消费者对信息收集方式的选择最终影响消费决策[81]。因此，从这个角度来理解，不同介入度的含义实际上是消费者对产品采取不同介入的信息处理方式，所谓高介入度实际上是对产品采取高介入度处理的消费者，而低介入度准确的来讲是指对产品采取低介入度处理的消费者。而在市场环境中，往往有一些产品被消费者高度介入，形成了高介入度产品，而另外一些产品往往被消费者低度介入，形成低介入度产品。在本节，通过文献梳理，需要我们明确的是，产品介入度问题与消费者行为的关系已经有成熟的研究。并且相关研究已经发现，高介入度产品下消费者在购买决策过程中面对着更为复杂的信息处理过程，体现为在五阶段模型中需要在每个阶段都发生行为，无法逾越任何一个阶段[82]。而在低介入度产品中，消费者对信息的处理极为简单，很可能在五阶段模型中，仅经过问题认知阶段和简单的信息收集阶段就进行决策，直接进入到购买行为，而无须进一步的信息处理和评价[83]。

1.4.3　介入度与购买行为

在营销学领域对于介入度的研究，另一个主要方向的研究方向是其对购买行为的影响，和消费决策强调过程相比，购买行为强调的是状态，或者说是一种态度。

（1）阿萨埃尔（Assael）对购买行为的分类。该研究结合介入度和品牌差异对购买行为进行了分类。将介入度分为高介入度和低介入度，将品牌差异分为品牌差异大和品牌差异小。分别对应有四种情形：当介入度高且品牌差异大时，消费者表现为伴随复杂评价过程的购买倾向；当介入度高且品牌差异小时，消费者表现为追求对更多品牌都有所尝试的购买倾向；当介入度低且品牌差异大时，消费者表现为追求更丰富的产品的消费倾向；当介入度低且品牌差异小时，消费者表现为追寻以往经验的购买倾向[84]，如表 1 – 1所示。四种类型的购买倾向，对于商家而言，当介入度低且品牌差异小时，是销售方最难开展营销的情形，因为很难影响到消费者的选择。而当介入度高且品牌差异大时，消费者最为需要更多的产品信息作为评价依据，这种情形下最有利于销售方开展营销。

表 1 – 1　　　　　　基于介入度和品牌差异的消费者购买行为分类

品牌差异	介入度	
	高	低
大	伴随复杂评价过程的购买	追求更丰富产品的购买
小	对更多品牌都有所尝试的购买	追寻以往经验的购买

（2）霍华德—谢思（Howard – Sheth）模型。霍华德（Howard）和谢思（Sheth）在 1991 年结合产品生命周期理论，分析消费者在不同阶段所表现的

购买行为，并构建了霍华德 – 谢思（Howard – Sheth）模型。该研究认为，当消费者决定需要购买某一类产品时，往往伴随着一个认知和学习的过程。在最初是广泛的解决问题阶段，这个时候消费者需要明确的是自己所要购买的产品大致上需要什么样的特性；随着问题的逐渐聚焦，进入到限量问题解决阶段，消费者进一步明确自身的需求，并尽可能多的搜集产品信息；最后进入到例行反应行为阶段，此时的消费者已经掌握了充分的产品信息，进入到选择决策的阶段。这一个过程是消费者度对产品介入逐步降低的过程，消费者越认为自己对产品已经很熟悉，就越不愿投入更多精力介入，而受外在公共信息影响的可能性就越大，例如品牌知名度[85]。因此，消费者介入的过程最终导致的很可能是一个从众的结果。

（3）克鲁格曼（Krugman）关于低介入度产品促销的研究。克鲁格曼（Krugman）在 1995 年研究了低介入度产品的促销问题，认为低介入度产品在促销问题上的短板关键在于其低介入的产品特征，因此，提高介入度是提升促销的有效手段。该研究提出而四种途径：一是产品定位要解决某个具体问题；二是产品定位要与消费者面临的具体需求紧密相关；三是要在前两个途径基础上提升消费者的利己情感；四是围绕前两个途径突出产品特色[80]。

（4）李国庆、周庭锐、陈淑青对购买行为的分类研究。在阿萨埃尔（Assael）的研究基础上，针对购买行为分类问题，李国庆、周庭锐、陈淑青（2006）加入了新的维度"购买决策任务类型"，并将其分为实用型和享乐型两种购买倾向，也就是消费者采购商品的使用目的[86]。加入新的维度后，再次结合介入度和品牌差异，购买行为的分类在阿萨埃尔（Assael）研究成果的基础上增加了四类：冲动性的消费倾向；具有品牌忠诚性的消费倾向；被外部因素影响的消费倾向；销售者促销作用的消费倾向。

（5）介入度与产品层次。赫尔曼（Hellman）在 2014 年的研究认为，产品对于消费者而言，包含多个层次：围绕消费者主要需求的是产品的核心利益，它提供的是产品主体功能，也是消费者购买的主要目的；然后是功能的载体，称为形式利益，包括外观结构等；最后是附加利益，也就是在主要功能的提供之外，还有没有额外的性能以及其他方面的赠与。赫尔曼（Hellman）在此基础上又将产品层次增加到五层，包括核心层、基础层、期望层、附加层以及潜在层。五层产品的提出进一步丰富和细化了之前的三层理论。对于产品的市场竞争，并不是所有产品都能涵盖这五层，但是可以确认的是，产品层次越多，消费者对该产品的感知价值就越高[87]。产品层次的划分实际上是对产品为消费者可提供的价值的划分。结合之前阿萨埃尔（Assael）的介入度和购买行为理论，我们发现，层次多的产品往往是多功能价位高的耐用产品，对于这类产品，消费者的介入度较高，而层次少的产品往往是功能单一且购买频率高的产品，消费者的介入度也较低。

通过对介入度与消费决策和购买行为关系的文献梳理，为本研究的开展奠定重要理论基础。相关成果说明，不同介入度下消费者对产品信息的处理方式和购买行为是不同的。总体来看，高介入度产品下消费者在购买决策过程中面对着更为复杂的信息处理过程，而在低介入度产品中，消费者对信息的处理极为简单。

1.4.4 现有研究评述

通过以上对产品介入度研究的回顾，我们发现，对于产品介入度的理解，主要是依据顾客在采购商品时，为了获取商品信息而在精力时间等各个方面投入的多少，同时也依据商品自身在价位、性能以及使用等方面的特征。

对于低介入度产品，主要指在对产品的了解过程中，顾客所投入的精力较少的那一类产品。按照介入度的概念，高介入度产品和低介入度产品的区别关键在于，一些产品是否能让顾客投入更多精力去了解。所以，在关于介入度的概念界定的内容，我们已经明确，介入度概念中的"介入"一词在含义上实际是"消费者投入"。低介入度产品简单来说就是顾客投入较少的产品，这里的投入也是综合性的概念，包括顾客在时间、精力上的投入，在某种程度上来说，还有金钱的投入。价位相对较高的产品可能会使顾客更加谨慎的消费，其带来的表现就是花更多的时间去了解产品的相关信息；而价位较低的产品可能会使顾客的消费状态更加随意，其带来的表现是顾客认为没必要花更多的时间去了解产品的相关信息。因此介入度较低的这类产品一般价格较低而且经常被购买，技术含量不高，顾客很容易就能直接使用，无须花费时间去学习，这使得顾客对低介入度产品的了解程度往往也较低。例如，人们经常购买的瓶装饮用水，对于顾客而言并不是陌生的产品，但是并不是因为消费者对这类产品很熟悉，就称为其为高介入度产品。关键是看顾客对产品信息获取的投入行为，投入的精力多少。瓶装水由于使用简单，购买频繁，顾客无须提前了解产品信息，就可以购买自己想要的产品，因此属于典型的低介入度产品。另外，也恰恰是由于技术含量低，使得低介入度产品的市场进入的技术门槛也很低，因此市场上的品牌繁多，一些企业利用顾客对这类产品了解较少的特点，在品牌命名上大做文章，起一些洋气的名字，但从品牌名称上一般消费者很难判断品牌的原产地。

对于高介入度产品，主要是指在对产品的了解过程中，顾客所投入的精力较多的那一类产品。这类产品往往价格相对较高，购买或使用不当会带来风险，而且往往属于耐用产品，一般顾客不会经常购买，消费频率很低。这里需要特别指出的是，介入度这一概念强调的是顾客的投入，而不是对产品的了解程度，他强调的是一个过程，而不是这一活动所带来的结果。因为一些顾客对于一些商品即使很少花费精力来获取某商品的相关信息，但由于种种原因，却对该商品很熟悉，但并不能因此就称该类产品为高介入度产品。例如，一般家庭都会购买各类家电，对于顾客而言也不是陌生的产品，但是并不是因为顾客对这类产品较熟悉或不实习，就称为其为高介入度或低介入度产品。关键是看顾客对产品信息获取的投入行为，以及投入的精力多少。家电由于操作相对复杂，价格相对较高，顾客需提前了解产品的各类信息，以保证买到的产品在质量和性能上都能经得住长期使用，因此属于典型的高介入度产品。以往的一些研究已经证实，中国的顾客在选择技术含量较高的产品时，更加倾向于购买境外知名品牌的产品。

1.5 研究内容与研究方法

1.5.1 研究的主要内容

本书通过对国内外研究现状的深入分析，并结合原产地营销研究的实际情况，确定研究的主要内容。本书将进一步揭示原产地形象对品牌态度的影响机制作为研究问题，以产品介入度作为切入点，与品牌虚拟价值相融合，通过对原产地形象作用机制的研究，分析原产地形象因素和产品属性因素对消费者品牌态度的影响。

研究内容主要包括如下几个部分：（1）通过对原产地效应和产品介入度相关文献的研究，明确主要概念和理论内容，界定主要概念范畴，为开展研究奠定基本理论基础；（2）通过对产品介入度与原产地识别度关系的实证研究，揭示不同介入度产品下原产地识别的基本特点，进一步明确产品介入度与原产地在消费者行为层面的关系；（3）基于原产地效应的弹性模型、融合品牌虚拟价值理论，建立顾客对原产地形象感知的维度及其内涵体系，构建原产地形象对品牌态度的影响模型；（4）设计针对具体品牌的、能够突出原产地差异的多环节测量体系，以有效对比境内外品牌的消费者偏好差异，并能够将这种差异体现到假设检验的全过程中；（5）根据设计的测量体系对假设模型进行变量测量，并通过回归分析对理论模型开展假设检验；（6）对检验结果进行分析和讨论，并给出理论解释，提炼具有理论价值的发现，寻求中国城市消费者面对不同原产地、不同品牌、不同种类的消费品时，其品牌态度的情况特点，为企业营销策略的选择提供借鉴。

本书的整体研究框架如图1-6所示。

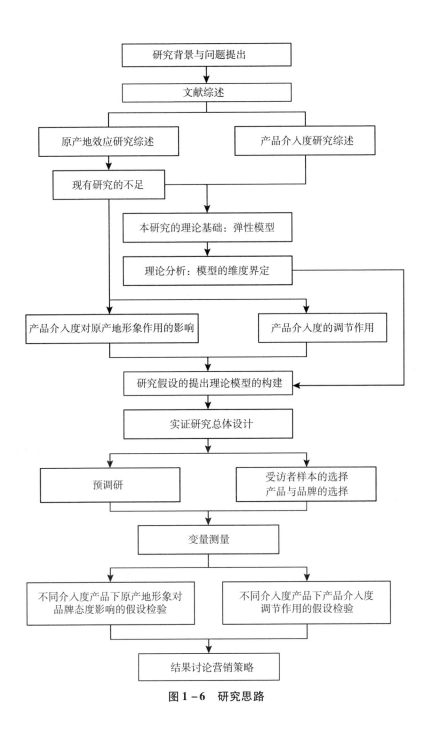

图1-6　研究思路

围绕以上研究内容和框架，本书的章节内容安排如下：

第1章是绪论，主要介绍本书的研究背景并提出问题，通过对相关研究的文献梳理，明确本文的主要研究内容、研究方法和技术路线。

第2章是原产地形象对品牌态度影响的理论模型构建，是本书的理论分析部分。以弹性模型为理论基础构建本书的理论模型。融合品牌虚拟价值理论，对原产地形象及机制内其他要素的维度进行了界定。然后根据态度三重模型，将品牌态度扩展为认知性品牌态度、情感性品牌态度以及品牌购买意愿。同时分析介入度和原产地的关系以及介入度的调节作用。最后在以上理论分析的基础上提出假设出，并完成模型的构建。

第3章是实证研究设计，是本研究为假设检验做实证准备的部分。本章首先筛选低介入度产品和高介入度产品代表性品牌，并选择受访者，然后建立针对具体品牌的、能够突出原产地差异的多环节测量体系。

第4章是原产地形象对品牌态度影响的变量测量与假设检验。利用回归分析的方法，主要通过两个方面的对比分析来完成假设检验，一是对于特定变量加入模型前和加入模型后的对比分析，二是对于低介入度产品和高介入度产品的对比分析。

第5章是产品介入度的测量与介入度调节作用的检验。根据模型的主要变量关系，分别进行介入度调节作用的检验，同时对比分析不同介入度产品下调节作用的差异，结合第4章共同揭示介入度对原产地形象作用带来的影响。

第6章是结果讨论和营销策略。针对实证检验结果体现的主要特征进行讨论分析，最后从不同介入度产品的角度、从原产地形象和品牌形象相结合的角度提出相应的营销策略。

第7章为结论。根据前面理论分析和方法以及最后对数据结果的分析，归纳和总结本书的主要成果和创新点，并对未来研究的探索提出建议。

1.5.2　研究方法与技术路线

为提升对研究内容分析的科学性和准确性，本书通过多种传统经典研究方法的结合运用，来突破难点解决问题完成相关研究。

（1）文献分析。文献分析是比较常见的研究方法，对前人的研究成果进行整理和分析有助于为新的研究奠定基础。本书除了对原产地效应和介入度相关文献进行整理外，在模型构建过程中，还涉及多个重要的理论依据，通过与研究内容的结合，来完善本书的模型架构。

（2）逻辑推演。逻辑推演是指从一个思想（概念或命题）推移或过渡到另一个思想（概念或命题）的逻辑活动。包括由一个概念过渡到另一个概念的逻辑推演（如概念的概括、限定、概念的定义、划分等）和由一个或一些命题到另一个或另一些命题的推演（如各种直接推理、间接推理以及论证等）。本书在对模型维度界定的过程中，运用了逻辑推演的方法进行理论推导，提出新的变量维度。

（3）问卷调查。本书实证研究的主要方法是问卷调查，总体上分三个阶段开展：首先基于文献梳理和理论分析，构造各变量的维度及测项，形成初步的问卷；然后通过小样本测试，结合贴合原产地研究的需求，再次筛选变量和测项得到正式问卷；最后是大样本的问卷发放，通过 SPSS 20.0 处理数据。

本书的技术路线如图 1 - 7 所示。

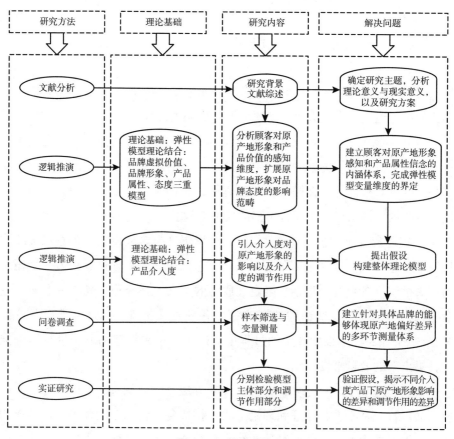

图 1-7　技术路线

第 2 章

原产地形象对品牌态度影响的
理论模型构建

2.1 品牌原产地形象的维度界定

2.1.1 品牌虚拟价值范畴下的品牌原产地形象

相对于品牌有形价值，品牌虚拟价值对于顾客而言是无形的，是不可视的，而在消费行为领域，所谓不可视的实际上就是消费者心理，是顾客的心理需求。林左鸣教授对虚拟价值的阐释：从顾客需求的角度出发，主要为满足人们的心理需求；而这种心理需求满足的在目前的最高表现形式就是虚拟经济，流通的商品是非物质形式的，表现最为显著的是在金融领域，如股票、期货、各种衍生金融产品等[88]。林左鸣指出，从时间和空间属性的角度来看，虚拟价值的时间属性表现更为明显[88]。学者黄劲松曾经以手机品牌为调研对象，开展顾客品牌偏好的实证研究，研究结果显示，品牌有形价值对顾客购买意愿的直接影响是很有限的，影响顾客购买意愿的主要是品牌的虚拟价值，品牌的有形价值往往是通过虚拟价值间接对行为产生作用[89]。对于品牌的顾客心理需求，学术研究领域把品牌价值总体上分为三类：功能性价值、象征性价值和体验性价值。功能性强调产品对于顾客最基本的也是最初的价值所在，即自身的功能和用处；象征性则表现为顾客将品牌看作某种象征，可能是个性也可能是社会地位；体验性则是指顾客的一种心理体验，这种体验发生于顾客在使用某品牌产品的过程中，可以看作是产品使用价值或上文已经提到的品牌功能性价值的一种延伸。从以上对三类价值的阐释来看，象征性价值和体验性价值属于消费者心理的表现，从品牌虚拟价值的概念来看，象征性和体验性价值属于品牌的虚拟价值。

一般来说，高档品牌的虚拟价值会远远超过一般品牌，从这个角度讲，前文我们所探讨的高介入度产品对应的品牌具有更多的高档品牌的特征，因此，我们可以认为高介入度产品的品牌虚拟价值往往也会高于低介入度产品，这在之后的原产地形象层面研究结果中值得关注。同时，我们还要注意到，品牌虚拟价值已经逐渐演变成为一种文化，正如其具有明显的时间属性一样，文化是历史上的积累和形成的。但在今天的网络时代，时间似乎都在加速运行，任何事物的传播都可以快速实现，文化的形成也没有过去那么漫长。品牌虚拟价值发挥作用的空间越来越大，在消费行为中的重要作用也会越来越大。

因此，本书认为，品牌形象是品牌虚拟价值的重要组成部分，而对于与原产地关系密切的产品而言，品牌原产地形象则是其品牌形象的重要组成部分。因此，品牌原产地形象实际上是品牌的一种虚拟价值。这种虚拟价值从根本上来讲，来自消费者的评价。对于产品而言，它之所以有价值，在于其对消费者有用，而"有用"实际上就是消费者对该产品的评价。基于这种评价，产品就有了自身的价值。而虚拟价值也是同样的道理。品牌原产地形象能够成为品牌的一种虚拟价值，从表面上讲，品牌原产地形象对于一个品牌而言，本身具有价值，而这种价值从根本上说，在于品牌原产地形象对于消费者有用。这种有用并不是直接体现在生活中的使用操作上，它不是一种实体的工具，而是一种评价。形象，本质上讲是一种评价。而这种评价对消费者有什么用呢？它的用处在于，它可以成为消费者评价和选择产品或品牌的重要参考，是一种依据。也就是说，品牌原产地形象能够影响消费者对产品或品牌的评价。在以往的研究中，这种影响也得到了多次证实，品牌原产地形象对于品牌评价的影响是确实存在的，而这就直接地体现了品牌原产地形象的价值。本书在这里所要强调的是，品牌原产地形象的本质是一种价值，是品牌虚拟价值的重要组成部分，对于与原产地关系密切的产品而言，其作用更为重要，品牌原产地形象对其而言也更具有价值。因此，本书对品牌原产地形象的维度界定将结合原产地形象的相关研究，依据品牌价值的相关维度进行分析界定。

2.1.2 顾客对品牌原产地形象的感知

本节将从品牌虚拟价值维度入手来探讨品牌原产地形象的维度，在上文中根据对品牌价值的划分，提出了功能性价值、象征性价值和体验性价值这三个维度，通过分析我们发现象征性价值和体验性价值是明显的品牌虚拟价值。在这里，我们再从另一个角度来分析品牌的顾客价值。首先用两个维度来描述产品品牌：第一个维度是品牌的外在可视，也就是说，顾客对品牌的产品消费是能够看得见摸得着的。外在可视程度越高，对于顾客而言，品牌的使用彰显可能性就越大，对外界的自我表现的可能性就越大。在这种情况下，更有可能演变为一种顾客感知的社会价值。相对而言，外在可视程度越低，就更有可能突出顾客感知的自我价值。第二个维度是品牌的差异性，品牌之间的差异同样也可以分为两类，一种是外在的，另一种是内在的，品牌的外在差异就是产品的视觉表现，而品牌的内在差异则主要表现为使用体验。通过以上对品牌虚拟价值维度进行的解析，我们发现，无论是外在可视性还是差异性，外在的社会价值与外在差异实际上属于一类价值，而内在的自我价值和内在差异在阐释上我们发现也是高度相似的。因此本书认为品牌的内在性和外在性是品牌虚拟价值的两个基本维度。这种划分和象征性价值与体验性价值的划分在本质上也是相通的。例如，当顾客拥有某品牌手机时，是否感觉很有面子，这种顾客感知就属于品牌的社会价值或象征性价值；而当顾客感觉到是否享受某品牌手机的某种使用体验时，这种顾客感知就属于品牌的自我价值或体验性价值。

从顾客对原产地形象的感知来看，偏好境外品牌的顾客是因为在其判断意识中，境外品牌拥有很强的象征性和社会的外在表现性，如高品位的象征、象征其社会地位等。当然，境外品牌的吸引力根本上来讲是因为质量和性能过硬，对于消费者而言是高质量和高性能的感知，也就是说原产地形象对于顾客而言，一方面可以象征高品质的产品，另一方面也可以象征品牌使用者的社会地位。另外，还有研究提到的关系价值和权利价值，认为也是虚拟价值，但是这两个价值则是从企业的视角来定义的，也就是品牌给企业带来的价值，与本文从消费者视角探讨的品牌给顾客带来的价值相比，研究的角度不同，不予采用。至此，对于原产地形象的维度界定，我们总体上确定了两个维度，简单来说，一个是品牌原产地对产品本身特性的象征，集中体现为对产品本身的感知；另一个是品牌原产地对社交情感的象征，主要表现为在情感层面的感知。因此，本研究对于品牌原产地形象的感知，主要围绕产品和情感这两个方面来界定维度，即顾客对原产地在产品层面的感知，以及顾客对原产地在情感层面的感知。本书将这两个维度命名为"源自产品的原产地形象感知"和"源自情感的原产地形象感知"，在后文的论述中也被简称为"产品产地感知"和"情感产地感知"。并从这两类感知入手在接下来的研究中做进一步分析。

2.1.3　顾客对原产地形象在产品层面的感知

消费者可以根据其对一个国家或者地区的产品生产等相关情况的了解，来形成对该国或地区生产或设计的产品的整体印象。因此，原产地形象对于顾客而言具有象征性，其象征的是来自该原产地的品牌可能具有的质量性能等产品特征。因此，对于原产地形象在产品层面的感知的界定，我们主要参考品牌的象征性价值，并结合品牌原产地形象作出进一步选择。品牌象征性价值一般是顾客所感知的品牌自身的含义以及所代表的事物，关键在于顾客的感知，对同一品牌对于不同的顾客也会有不同的象征性价值[90]。现有研究从不同角度探讨了品牌象征价值的构成。巴特（Bhat）和雷迪（Reddy）在1998年的研究认为品牌象征性价值可以分为声望的现实和个性的表达[91]。维涅龙（Vigneron）和约翰逊（Johnson）在1999年的研究认为，象征性价值更多地体现在有显著社会声望的品牌上，声望品牌能够体现顾客个性、地位甚至是所在群体[92]。并且这种象征性建立在品牌产品的特色基础上，也就是说，品牌能够成为顾客在生活中自己的象征，在于品牌产品拥有顾客所需要表现的某种特征。从产品的角度讲，品牌的象征性并不是象征顾客自身的特征，而是反映产品的特征；而顾客选择某个品牌，正是因为该品牌所代表的产品特征符合顾客自身的需要，这种需要可能是单纯对于高知名度品牌的追求，也可能是对某些品牌所具有独特产品特性的需求。所以，顾客对品牌形象的感知，从产品层面而言，既可能是基于大众评价的市场知名度的感知，也可能是基于个人需求的个人偏好的感知。奎兹（Vazquez）在2001年对声望品牌开展了进一步研究，认为普通品牌也具有体现个性、识别和地位的价值[93]。这意味着前文中所提到的品牌市场知名度会体现在各个层次的品牌中，即使普通品牌也会由于原产地的不同在市场崇呈现不同的品牌，甚至一些普通品牌很善于搭原产地的"顺风车"。一些在发达国家并不知名的品牌，利用发达国家的原产地形象优势，也和一些知名品牌一样打入到发展中国家市场，这就是原产地形象给企业品牌塑造带来的影响。另外，鲍尔（Bauer）等在2004年的研究也将象征性价值分为两类：体现社会关系的外部性价值，以及体现顾客个体的内部价值[94]。关于品牌象征性价值维度的很多研究，都是将顾客对品牌形象的感知分为社会层面与个人层面[95,96]。从以上的理论分析中可以发现，品牌的象征性价值是顾客所感知到的品牌形象，这种品牌形象集中体现为对产品品质和顾客需求的契合。而顾客的需求从品牌形象的象征性角度来看，一方面是产品品牌的社会整体知名度能否满足顾客对产品档次的需求；另一方面是品牌下的具体产品，其本身的品质和功能能否满足顾客个人的需求。

从产品本身的角度而言，质量和性能越高的产品，其在市场上的顾客评价也越高，品牌声望是建立在高市场评价基础上。但是对于产品的特性，不同的顾客会有不同的需求。例如对于手机，一些顾客特别追捧照相功能，即使牺牲掉其他一些性质，也会购买照相功能突出的手机品牌，那么这类品牌的象征性则体现在对其产品独特功能的代表上。相应的，在品牌原产地形象方面，也存在这种特征。不同原产地的品牌的产品往往有其自身的特征。例如化妆品，韩国和法国是市场知名的化妆品原产地，如果顾客从社会形象感知的角度来看，韩国化妆品和法国化妆品的一些品牌都可能被给予较高的评价，不同顾客的感知可能会有一些差异，但在整体上会反映出市场的评价趋势。但是从顾客个人的需求来讲，一些顾客可能更倾向于韩国或法国，因为顾客会根据自身的使用，或者通过了解这两个原产地在化妆品方面呈现的产品特征，来选取适合自己的产品，这就属于顾客基于个人偏好对原产地形象的感知。因此，本书对于顾客对原产地形象在产品层面的感知，在理论分析的基础上，将其划分为"社会形象感知"和"个人偏好感知"。本书界定的顾客对原产地的"社会形象感知"是指：顾客对产品的品牌原产地所具有的社会知名度的感知，这种社会知名度源自产品质量性能等产品自身特征，这些产品特征使品牌及其产地在市场上拥有不同的知名度，但是这些产品特征不一定符合顾客的个人需求。顾客对原产地的"个人偏好感知"是指：顾客依据个人对产品质量性能等产品自身特征的需求，产生的对品牌原产地形象的感知，这种原产地形象源自品牌所具有的符合顾客个人需求的一些产品特征。

2.1.4 顾客对原产地形象在情感层面的感知

情感因素是顾客对品牌形象感知的重要组成部分，在品牌形象和品牌价值的研究中，众多研究将情感因素列为品牌价值和消费体验的重要维度。谢恩（Sheth）等在1991年的研究提出消费体验包含五类效用，具体是认知性的、功能性的、社会性的、情感性的和情境性的效用[97]。平克（Pinker）在1997年在心理认知领域的研究提出，心理认知可以分为四部分，包括感官层面的感知、逻辑层面的感知、情感层面的感知和社会关系层面的感知[98]。之后罗伯特（Robert）等人的研究对该研究提出了不足，认为平克（Pinker）

的四分法还应该包括实践层面的感知，罗伯特（Robert）等人认为实践和体验是心理认知的主要推动力[99]。迈斯维克（Mathwick）在 2001 年根据品牌内外部价值的相关研究，把体验价值划分成愉悦性情感、外观的美化、付出收获和全过程的服务[100]。班尼特（Bennett）等在 2005 年的研究认为顾客品牌体验的内容主要有两部分，一是外部信息的获取，二是内部价值的感知[101]。马什卡雷尼亚什（Mascarenhas）等在 2006 年的研究认为品牌体验可以分为三个维度，包括产品实体构成、产品情感融入与品牌价值彰显[102]。特布朗（Terblanche）和博肖夫（Boshoff）在 2006 年将品牌体验放在对零售业背景下展开研究，提出品牌体验包括商品价值、营业环境、商品多样性、与顾客交互、售后服务[103]。吴水龙等（2009）的研究认为，品牌体验是顾客的综合体验，这种综合体验很多时候并不能被清晰地划分为若干类别，而是顾客在与品牌的相互作用下逐渐积累而形成的体验[104]。张振兴和边雅静（2011）提出品牌体验分为五个维度，分别是感官体验、情感体验、思考体验、关系体验和道德体验[105]。张红明（2013）的研究认为品牌体验可以分为感官、情感、成就、精神和心灵体验[106]。郑（Jounga）和崔（Choib）在 2016 年的研究认为品牌体验是顾客被品牌激发的主观反应，主要反应表现为认知、感官、情感与行为[107]。依据以上文献的研究，品牌体验普遍被认为具有感官体验、情感体验、认知体验、关系体验和行动体验等维度。当然本研究并没有设定以顾客一定使用某品牌为研究前提，也就是说顾客并没有体验，但是会有体验预期，那么我们发现这种预期在品牌上始终无法离开情感，情感是顾客对品牌不可缺少的重要感知。那么，顾客对原产地形象的感知，一方面，反映在产品上，品牌原产地往往代表着产品的质量性能；另一方面，也反映着顾客的国家情感。例如对于消费者民族中心主义的研究，实际上就是爱国主义情感在消费领域的表现。

在顾客对品牌原产地形象的感知中，国家情感是重要组成部分。在影响消费者的国家情感因素的研究中，消费者民族中心主义是典型的消费者国家情感倾向。消费者民族中心主义（consumer ethnocentrism tendency，CET）的概念是森普（Shimp）在 1984 年首次在消费者研究领域提出的，在当时的市场环境下，国际贸易的迅速发展使得普通消费者很容易在日常消费行为中接触到不同国家的商品，进口商品已经开始影响到最发达国家居民的日常生活，影响到本国企业的效益，甚至引起全社会的关注。20 世纪 80 年代日本商品冲击美国市场，是消费者民族中心主义概念提出所处的时代背景。森普（Shimp）和沙玛（Sharma）在 1987 年对消费者民族中心主义的进一步研究中，以美国消费者为实证对象，发现有较强民族中心主义倾向的美国居民认为购买进口产品是错误的，他们认为这会损害本国企业和经济，带来本国居民的失业，是不爱国的表现；而民族中心主义倾向较低的居民认为，购买商品只会依据自身的需求决定，而基本不会考虑产品的来源国。作为一种文化现象，民族中心主义长期存在于社会中，并在不同时期有不同程度的表现，在和平发展社会经济繁荣时期往往表现得缓和，而在社会动荡经济下滑时期则往往表现得激烈。顾客对原产地形象在情感层面的感知，除了国家情感，还存在社交层面的情感，很多顾客在消费领域明显地表现出"崇洋媚外"心理，这类消费者很多可能并不是没有爱国情感，而是在消费领域并不表现。他们更重视的是产品档次所代表的社会身份和地位，本质上是一种虚荣心，或者说是一种"面子文化"。在对品牌评价的研究中，身份与地位等社会关系维度在品牌象征价值中被普遍关注。崔楠和王长征（2010）的研究将将自我划分为个人、社会、关系和集体自我四个维度[90]。如表 2 - 1 所示。

表 2 - 1 自我呈现的层次

自我概念	自我定义焦点	自我评价的基础	社会动机
个人的	个人	特质、价值观、态度	自我利益：如个人成就感
社会的	角色	角色规范	自我利益：如个人的声望、地位
关系的	关系	重视他人评价和反应	他人利益：如他人的自尊、荣誉
集体的	群体	群体原型	集体利益：如成员福利、去个性化

资料来源：崔楠、王长征，2010。

对于自我呈现的维度划分，从品牌原产地形象的角度来看，如果原产地形象对顾客的决策有影响，那么这种影响在现实生活中可能体现为：来自发达国家或地区的品牌能代表消费者的偏好与个性；消费者可能认为来自发达国家或地区的品牌也能够显示社会地位；社会形象和个人形象都会直接影响到关系形象，这取决于消费者在当时是否处于某种关系中，例如在某种关系中，消费者通过使用或赠送高知名度的境外品牌可以使某种社会关系融洽。这些都属于顾客对社交的需求。

因此，本书对于顾客对原产地形象在情感层面的感知，在以上理论分析的基础上，将其划分为"国家情感感知"和"社交情感感知"。来自消费者所在国的品牌可能引起消费者的爱国情感、民族或地区中心主义情感，同时，消费者往往认为来自发达国家的品牌能够显示社会地位，赢得到社会尊重。本书界定的顾客对原产地的"国家情感感知"是指：顾客对产品的品牌原产地所具有的国别或地区层面的情感的感知，这种情感感知主要源自爱国主义情感、故乡情感、历史情怀等社会人文因素。顾客对原产地的"社交情感感知"是指：顾客对产品的品牌原产地所具有的社会地位和身份象征性的感知，是中国社会传统文化中"面子文化"的表现。

2.2 产品信念的维度界定

2.2.1 产品属性的分类

原产地形象作用机制的研究无法回避产品属性信念的作用，甚至在独立属性假说中，原产地形象本身也是一种产品属性。为了全面地探讨原产地形象作用机制中的顾客感知价值问题，有必要从原产地研究的视角明确界定产品属性信念的维度。产品属性信念是指顾客对产品各类属性的评价，也就是对产品各方面特性的评价，本书进一步将其简化称为"产品信念"。那么顾客对产品的评价，按照上文对原产地形象感知的维度划分思路，我们可以发现，顾客对产品的评价实际上也主要围绕两个方面进行，一个是产品本身的价值，另一个是产品情感层面的价值。可见，这种对产品的评价可以从顾客感知价值理论入手进行分析。而对于产品和情感的这种划分，本书在这里首先主要从产品属性分类的相关理论进行分析。

（1）内在、外在、表现和抽象属性分类。产品属性分类理论比较有代表性的是马克佩里的属性分类，其在《战略营销管理》书中梳理了以往的研究成果，认为产品属性可划分为：内在属性、外在属性、表现属性和抽象属性[108]。外在属性主要强调的是品牌、包装和价格等方面；产品的内在属性是指物理层面的构成；表现属性是顾客使用产品的过程和所要达到的目的；抽象属性则超出了产品本身的范畴，一般是指顾客的意愿以及可能的使用情境。

（2）卡诺图。卡诺瑞基·卡诺教授对产品属性的研究成果对本书有较大的指导意义，本研究在对产品属性顾客感知价值的界定上，在大的方向上积极参考了卡诺图的整体构念。卡诺图引入了三个产品属性和两个评价指标。三个产品属性是：基础属性、性能属性和愉悦属性。两个评价指标：一个是消费者满意度，产品能为消费者带来的满意程度；另一个是产品的市场竞争表现，这种竞争表现是相对于其他与其有竞争关系的同类产品而言的。产品竞争卡诺图的具体形式如图2－1所示。

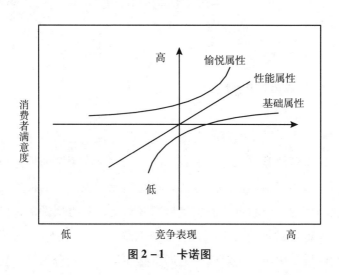

图 2－1　卡诺图

在图 2－1 中，产品属性主要包括基础属性、性能属性和愉悦属性。从图中可以看出，基础属性是产品所具备的基本功能，是产品参与市场竞争的前提条件，但是基础属性在市场竞争中相对于其他产品而言做得再好，也不会给消费者带来较高的满意度；而性能属性则是产品在竞争中取得优势的必备条件，性能属性在产品竞争中的所取得的优势能够换来消费者相同程度的满意度；最后是愉悦属性，我们发现，愉悦属性在产品竞争中即使不能带来和其他产品的显著差异并取得显著优势，但是能够显著提升顾客的满意度，这对于在市场竞争中争取顾客具有关键作用，对于具有创新精神的企业而言，提供了获取竞争优势的机会。

（3）基于顾客需求满足程度的产品属性分类。从上文对卡诺图的解析来看，产品属性的分类从顾客的角度而言，实际上是从为了满足顾客不同层次的需求为标准进行的分类，这也很好地解释了市场上的顾客行为，因为消费市场发展到今天，绝大多数的产品都是能够满足基础属性的，顾客在评价产品时，一方面在追求性能，另一方面也有品牌情感因素的作用，实际上就是前文所说的愉悦属性。道林（Dowling）根据卡诺图的分类进一步提出，产品属性可以分为：基本属性、差异属性和显著特性[109]。这里的基本属性和基础属性含义相似，实产品属性中层次较低的部分；差异属性则是企业获取竞争优势的关键，也就是产品和竞争产品之间在各方面所存在的差异；最后是显著属性，强调顾客对产品产生的情感，这是产品与顾客交互的直接体现，也就是说，产品能否得到顾客的情感偏好。该划分方法和卡诺图高度相似，体现了卡诺图的产品属性分类逐步得到更多学者的认可。

从以上对产品属性的分析中可以发现，从取得顾客满意的角度，可以分为反映产品基本功能的属性、反映产品突出性能的属性、反映取得顾客情感的属性。而产品的基本功能和突出性能实际上都属于产品功能。因此，产品属性可以主要分为围绕产品功能的属性和围绕顾客情感的属性。

2.2.2　顾客对产品价值的感知

产品信念是顾客对产品的评价，这种评价是建立在顾客对产品各方面特征感知的基础上的，多扎（Doja）、霍斯利（Horsley）、桑普森（Sampson）在 2014 年关于原产地的研究中，将"产品属性信念"定义为：消费者对产品各方面特征的评价，是消费者对产品所具有的各种价值的感知。本书根据该定义，将产品信念具体解释为顾客对产品价值的感知。所以，对于产品信念的维度界定，我们主要依据顾客对产品各方面特征的感知进行划分，也就是顾客对产品的价值感知。在这部分的理论分析中，主要是结合顾客感知价值的相关理论进行分析。顾客感知价值是顾客对产品的一种反应，顾客能够感知到产品有哪些价值，是以产品属性为基础的，顾客能够感受到的某种价值是往往以该产品具有相关的属性为前提的。当我们进一步回顾顾客价值构成的有关研究，我们会发现，顾客感知价值的构成与产品属性的分类极为相似，有些甚至是一一对应的，这就为我们研究顾客对产品的价值感知奠定了理论基础。

20 世纪 90 年代的研究已经开始凸显顾客价值的理性和感性这两个层面。谢恩（Sheth）等人在 1991 年的研究将顾客价值划分为功能性、社会性、条件性、尝新性和情绪性价值[97]。这种划分观点整体上是把顾客价值分成两类，一类是强调产品的使用、务实的理性的价值；另一类是强调产品所带来的购买和使用情感，是感性的价值。巴宾（Babin）等人在 1994 年的研究进一步指出，顾客在购物过程中实际上在追求两种价值，一个是实用价值，另一个是享乐价值[110]。霍尔布鲁克（Holbrook）在 1996 年和 1999 年的研究提出依据两个标准对顾客价值进行划分：一是产品给顾客带来的价值是外在表现的还是内在隐藏的；二是顾客自身对产品所带来价值的评价，是依据这种产品价值对自我实用的贡献，还是依据这种产品价值对社会关系的贡献，倾向前者的顾客在意的是自身的直接感受，与他人无关，如产品的使用带来工作效率提升或使自己更舒适等，倾向后者的顾客在意的是别人对自己的感受，或者是在别人的影响下自己的感受，如社会地位或对别人的帮助等[111,112]。具体如表 2 - 2 所示。

表 2 - 2　　　　　　　　　　　　　顾客价值的分类

项目		外在	内在
自我导向	主动	效率（投入产出/效用、便利性）	游乐（享乐/乐趣）
	被动	卓越性（品质、绩效表现、财务价值/安全）	美感（舒适、美丽/象征）
他人导向	主动	地位（成功、形象管理）	伦理（美德、道德/帮助、预约他人）
	被动	尊敬（名誉、物质主义、拥有）	心灵（忠诚、沉迷）

　　21 世纪的研究则从在传统的购物环境中逐步引入网络环境中。派因（Pine）和吉尔摩（Gillmore）在 2003 年的研究将顾客价值划分为三类，强调顾客的主动或被动性，包括：首先是产品给顾客带来趣味性，对顾客的感染性很强；其次是产品给顾客带来的认知价值，无须顾客主动学习，是顾客对产品的了解和学习使用的过程，当然这一过程的学习成本越低越好；最后是产品对顾客的吸引力，能否让顾客产生沉浸于产品或品牌所营造的消费或使用情境中的感觉，也是一种品牌情感的产生[113]。帕拉苏拉曼（Parasuraman）和格雷瓦尔（Grewal）在 2006 年的研究则从顾客对产品从获取到使用的过程这一角度，对感知价值进行划分，按照顺序依次是基于价格的获得价值，基于获取产品的情感所带来的处理价值，这里强调的是基于性价比和顾客获取新产品时的感受，然后是使用价值，最后是产品生命终结时的赎回价值[114]。斯威尼（Sweeney）和苏塔（Soutar）在 2008 年的研究则从产品的价值构成对顾客价值进行了分类：产品首先要具有货币价值和品质价值，这是基本的，是指产品要具备的价格表现和使用功能；然后是情感价值，产品给顾客带来的情感；最后是社会价值，产品为顾客带来的在社会人际关系层面的提升[115]。艾米（Eighmey）在 2010 年的研究主要针对互联网环境下的顾客价值，互联网的介入提升了传统顾客价值中的产品信息获取和顾客互动要素的

地位，信息价值、信用价值和互动价值成为重要的顾客感知价值[116]。汉（Han）等人在 2013 年的研究则认为，虽然互联网带来了新的消费环境和平台，但是基本的顾客价值并没有发生变化，即使是网络顾客，其所面对的各种顾客价值，依然可以分为两类：一是产品内容价值，其包含的内容越来越广泛；二是在产品购买过程中顾客的感知利益，简单来说是结果性的价值和过程性的价值，这也是一般行为所要达到目的所包含的基本要素，一为过程，二为结果[117]。迈斯维克（Mathwick）等人在 2014 年的研究则主要聚焦互联网环境给顾客带来的情感层面的价值和服务价值，并将互联网环境下的顾客价值分为四类，包括趣味价值、美感价值、顾客回报以及服务[118]。从以上研究可以看出，对顾客感知价值的研究越来越多地关注顾客情感层面的感知，也就是前文提到的对反映取得顾客情感的产品属性的价值感知。

另外，在这里还要特别指出的是，本书研究的消费群体并不限定为网络或非网络顾客。虽然互联网在今天是我们要特别关注的消费环境，但是互联网已经深入融合到消费者的消费行为中，我们甚至很难完全将其剥离。一方面是因为网络购物已经成为消费的重要途径；另一方面是因为互联网为消费者提供了大量产品信息。很多顾客选择线上查信息，线下购买。互联网使消费者对于产品的了解，包括对于品牌原产地的了解，比过去要容易得多，互联网在很大程度上缩小了商家与消费者之间的信息不对称。而原产地效应发生的最直接推动因素是原产地信息的传播，也就是消费者对原产地能否认知。因此，互联网可以将消费者对原产地信息认知的缺失降到最小。网络顾客比过去的传统顾客掌握了更多的产品信息，他们所能获得的信息广度和深度是过去不可想象的。当以往的研究认为原产地在某些情况下能够像光环一样为消费者做出选择决策时，今天的消费者通过互联网所掌握的信息可能使他们更加理性，而且线下消费者也可能通过线上获取信息再进行线下消费。总之，无论是线上消费还是线下消费，互联网已经成为今天消费者一种普通且普遍的获取信息的方式。因此本书不单独将互联网作为独立的消费环境来看。

根据以上的分析，本书对顾客感知价值首先进行两个层面的分类，一个围绕顾客认知层面，另一个围绕顾客情感层面[119]。接下来进一步借鉴两种思想来完善顾客价值的划分。首先是消费者行为领域的方法—目的链思想，方法—目的链强调实现所期望的结果所需的方式和过程[120,121]。据此，认知性价值可进一步分为结果性价值和程序性价值。但由于本研究并不涉及具体的购物流程，所以不考虑程序性价值。根据以上分析，本研究将顾客对产品的价值感知分为：对产品结果性价值的感知和对产品情感性价值的感知。相应的，产品信念的维度则界定为产品的"结果性价值"和"情感性价值"。这种划分同时也考虑到之前对原产地形象感知的划分，同样采用将对产品本身的感知和情感感知相区分的划分思路。因为对于没有使用的产品，顾客也会对产品产生评价，实际上是对使用结果的预期，其中"结果性价值"是指顾客对消费行为所带来的结果的感知和评价或对结果的预期，一般是指产品和服务能否令人满意。"情感性价值"则是强调消费过程和结果给顾客带来的心理层面的满足，以及情感层面的愉悦与享受。

2.3　品牌态度的维度界定

在消费者行为领域，当顾客对某品牌的态度在接纳或者拒绝方面都显示出不容妥协的姿态时，我们称其为品牌坚持，这种现象是品牌态度在顾客方面比较极端的表现。实际上，对于很多品牌，几乎任何顾客都是存在不同程度的品牌态度，只不过大多数的理性顾客表现得不那么明显，一般顾客都是从需求出发，追求性价比和产品质量。品牌态度是顾客对品牌所代表的产品或服务的整体评价，也是顾客对某品牌满足自身需要与目标能力的综合评价，是顾客对所期望获得的价值最终能否实现的一种评价。因此，品牌态度不仅与顾客的评判标准和品牌的整体状况有关，也和顾客需求紧密相关。总之，态度的内涵绝不是模糊的，而是一个清晰的综合性的概念，其不仅是表现人们对事物的一种行为意向，而且是认知、情感与意愿的融合。

从近些年的研究来看，学者们基本是在围绕认知、情感和行为意向这三个维度开展研究，即使出现新的界定和名词，也基本没有离开这三个维度所界定的范畴。郭国庆和杨学成等（2007）的研究对态度的定义是一种评价，综合了感受和行为倾向，并且被人们长期持有[122]。吴江霖和戴健林等（2004）对态度的研究也采用认知、情感和行为倾向的三维度构成[123]。胡晓红（2009）的研究认为品牌态度的形成主要依赖于顾客所掌握的有关该品牌的信息和知识，这类信息和知识持有的越多，越容易形成符合自身需求的品牌评价，并形成顾客自己的品牌态度[124]。柴俊武（2007）的研究则关注了大企业集团下的子母品牌群的问题，该研究认为品牌态度主要源于顾客对母品牌产品品质的认知和情感[125]。例如，我们熟知的微软品牌，旗下还拥有 Windows 操作系统、Office 办公软件、Surface 平板电脑等知名的子品牌。袁兵等人（2009）认为态度由信息、支持与反对的意见和行为倾向构成，品牌态度最初是顾客的产品消费经验与情感带来的对品牌的评价，这种评价会直接影响顾客的购买意愿，并和购买意愿一同形成品牌态度[126]。田虹和袁海霞（2013）明确将顾客的品牌态度分为认知性品牌态度、情感性品牌态度与品牌购买意愿[127]，这也是本书将采用的三个名词。苏淞和黄劲松（2013）的研究对顾客品牌态度也进行了相类似的划分，包括对品牌的积极认知或消极认知、品牌带来的情绪变化以及消费行为上的倾向[128]。总之，从品牌态度维度构成的研究现状来看，基本都是围绕认知、情感和行为意向这三个维度在开展研究。

本书以认知、情感和行为意向这三个维度为基础来界定顾客品牌态度的维度，如图 2 - 2 所示。

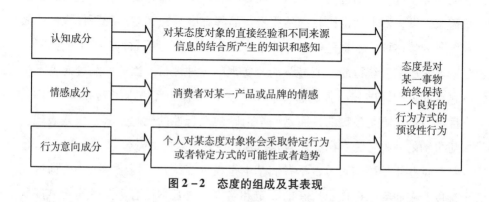

图 2 - 2　态度的组成及其表现

因此，本书在开展品牌原产地形象对顾客品牌态度产生的影响研究时，涉及的品牌态度维度的构建问题，也将采用这三个维度开展进一步研究，并在本节将本书涉及的顾客品牌态度维度的命名确定为：认知性品牌态度、情感性品牌态度和品牌购买意愿，由这三个维度构成，本书在原产地形象的研究中引入多维度的态度因变量，有利于进一步深入考察原产地形象对顾客品牌态度的影响。

2.4　原产地形象对品牌态度的影响机理分析与假设提出

2.4.1　不同介入度产品下原产地形象对产品信念的影响

对于原产地形象与产品属性信念的关系。上文的分析已经指出，原产地形象事实上属于一种品牌形象，是品牌形象的重要组成部分，从这一角度来分析，品牌形象的提升能够对顾客产品评价的提升起到正向促进作用，这是品牌形象领域学术研究和市场实践已经证实了的。基于这一基本关系，本研究认为原产地形象对于产品属性信念的影响也是正向的。

另外，这里需要特别强调，与介入度相似的一个概念是熟悉度，根据保罗（Paul）和克莱芒蒂娜（Clementine）的研究，产品熟悉度作为消费者经验的表现，实际上属于一种产品知识，而且是以经验为基础的产品知识[129]。伊莎贝尔（Isabel）和路易莎（Luisa）进一步指出，客观熟悉度反映的是消费者对产品接触历史的长期经验；而主观熟悉度则是这一过程中形成的偏见[130]。也就是说，当消费者错误地认为自己对某个产品很熟悉，而实际上他所掌握的信息并不充分和真实。而消费者介入度这一概念强调的是消费者的投入，而不是对产品的了解程度，他强调的是一个过程，而不是这一活动所带来的结果。因为一些消费者对于一些商品即使花费了很多精力来了解，但由于种种条件的限制，最后的收获并不多，但并不能因此就称该类产品为低介入度产品。

　　一般来讲，高介入度产品相对于低介入度产品而言，往往价格相对较高，购买或使用不当会带来风险，而且高介入度产品往往属于耐用产品，顾客一般不会经常购买，消费频率很低[131]。中国消费者在高技术含量的产品上，更青睐发达国家的品牌，说明消费者认为原产地能够反映产品的质量性能等产品自身的特征。以往的一些研究已经证实，中国的顾客在选择技术含量较高的产品时，更加倾向于购买境外知名品牌的产品[132]。因此，对于很多顾客而言，不同的原产地代表着产品的不同质量和性能层次。这正体现了原产地形象与顾客产品信念的直接关系。而本书所说的顾客对于原产地形象在产品层面的感知，分为"社会形象感知"和"个人偏好感知"。"社会形象感知"是指顾客对原产地的社会知名度的感知，并且这种知名度主要来自产品自身的质量性能，而"个人偏好感知"则是指顾客对原产地的个人喜好，并且这种喜好的依据也来自产品自身的质量性能。因此，本书所提的在产品层面的感知主要来自产品自身的特征，那么，顾客所感知到的原产地形象也自然会作用于产品的评价，也就是本书所说的产品信念。

　　因此，根据以上分析作出假设：

　　H1：顾客对原产地形象在产品层面的感知正向影响其产品信念，并且在高介入度产品中的影响更加显著。

　　而顾客对于原产地形象在情感层面的感知，在上一章的理论分析中本书也指出，情感层面主要包含国家情感和社交情感，对于国家情感，目前在原产地营销领域的研究，主要是消费者民族中心主义。民族中心主义体现的是人们的一种态度，一个群体将自身视为所处环境的中心，对于和本群体之外的交往，常常带有否定、排斥和贬低对方的态度[133]。伴随研究的深入，传统的民族中心主义从在国家和族群层面的表现，逐渐在更广泛的社会层面上得到学术界的关注。正如上文对民族中心主义的概念阐述中所提到的是自身为所处环境中心的群体，这样的群体不仅表现在国家民族层面，也表现在社会各个层面上以及群体文化上，民族中心主义事实上在社会各类群体中广泛存在[134,135]。其中也包括消费者群体，对于民族中心主义与消费者行为的关系，较早的研究集中表现为对来源国效应的研究[136]。相关研究认为来自不同国家或地区的产品，会逐渐地让消费者对这些国家或地区产生刻板印象，会预判性地认为来自某些国家或地区的产品应该具有一些特征，判断依据来自自身的长期消费，或者是已经形成的社会舆论环境，这种刻板印象会成为顾客购买决策的依据[137]。以往的一些研究认为，具有较高的民族中心主义倾向的顾客会更加偏爱本国商品[138]。同时，中国消费者民族中心主义也呈现了特殊之处，即，消费者民族中心主义的两面性，一方面存在本国人青睐本国商品的"国货意识"特征，另一方面也存在本国人青睐外国商品的"崇洋媚外"特征。较强的"国货意识"，尤其在本国品牌并不强势的发展中国家，可以说是明显的国家情感在消费领域的表现，本书称其为顾客对于原产地形象的"国家情感感知"；而消费者对于外国商品的青睐，实际上主要体现的是消费者的个人情感。从情感上来讲，两个品牌，一个来自中国，一个来自发达国家，即使质量性能完全相同，那些选择外国品牌的消费者并不是在国家情感上厌恶本国，而是认为发达国家的品牌更有档次，知名度更高，是一种身份的象征。所以说是一种人际情感在消费领域的表现，本书称其为顾客对于原产地形象的"人际情感感知"。所以说，一些研究认为国家情感对产品评价在国内存在负向的影响，实际上并不是这样，负向影响中的国家情感很可能不是国家情感，而仅仅是个人情感，而只不过以产品产地偏好的形式体现出来。因此情感对于产品评价的影响依然是正向的，无论是国家情感还是人际情感，对于原产地形象的情感感知的提升，都会增强消费者对产品的信念。

因此，根据以上分析作出假设：

H2：顾客对原产地形象在情感层面的感知正向影响其产品信念，并且在高介入度产品中的影响更加显著。

2.4.2　不同介入度产品下原产地形象对品牌态度的影响

对于品牌原产地形象给品牌态度带来的影响，以及产品属性信念对品牌态度影响的问题上，根据弹性模型，原产地形象和产品属性信念都会对品牌态度产生直接影响。根据独立属性假说，原产地形象事实上相当于产品的一种属性，因此，弹性模型所阐释的关系相当于原产地形象这一产品属性和其他产品属性共同对品牌态度产生影响。无论是原产地形象，还是如产品质量、性价比等其他产品属性，顾客对产品在某个方面的特性给予积极的评价，将会对顾客的品牌整体态度带来更为积极的影响。顾客对原产地形象在产品层面的感知，主要反映的是，原产地形象对产品本身特性具有一定的代表性和象征性，而对这种代表性和象征性，顾客能够感知得到。并且通过在前文的分析，本书认为这种感知可以分为"社会形象感知"和"个人偏好感知"。"社会形象感知"是指顾客对原产地的社会知名度的感知，并且这种知名度主要来自产品自身的质量性能，例如，在家用车市场，"日系车"往往被认为节油，"德系车"往往被认为安全性高，在"社会形象感知"的评价中，对于日系品牌汽车和德系品牌汽车而言，日本和德国的汽车品牌原产地形象可能都会得到比较高的评价，因为两者都有其独特突出特点，并且都是世界知名的汽车品牌原产国。而"个人偏好感知"则是指顾客对原产地的个人喜好，并且这种喜好的依据也来自产品自身的质量性能。在"个人偏好感知"的评价中，仍以日系和德系车品牌为例，如果顾客特别注重汽车的安全性，那么日系车的节油特性对这类顾客就没有吸引力，相应地，日本的汽车品牌原产地形象可能会得到比较低的评价。所以，通过以上对原产地形象产品层面感知的阐释，我们发现，在产品层面，对原产地形象的感知实际上是对产品本身特性的间接反映。我们知道，原产地形象和产品信念对品牌态度都具有直接的正向影响，因此，本书认为，顾客对原产地形象在产品层面的感知同样对品牌态度会产生正向影响。由于在高介入度产品中，顾客的原产地识别程度较高，顾客对原产地信息有比较多的了解，因此，原产地形象在高介入度产品中更容易产生影响，而且对于品牌态度的形成，品牌原产地概念本身就反映了品牌和产地之间的紧密关系，当顾客知悉原产地时，如果原产地是发达国家或地区，往往使顾客对相应品牌在最初认知时就产生了较高的评价。这在高介入度产品中，由于原产地的顾客认知度高，会表现得更加明显。

因此，根据以上分析作出假设：

H3：顾客对原产地形象在产品层面的感知正向影响其品牌态度，并且在高介入度产品中的影响更加显著。

顾客对原产地形象在情感层面的感知，根据以往的研究我们发现，一方面反映的是顾客对于国家的偏好，例如一些消费者有明显的"国货意识"，在民族情感驱动下特别支持国货，也有一些消费者特别喜爱进口货，认为发达国家的商品会使自己在日常社交中显得更有身份和档次。因此，顾客对原产地形象在情感层面的感知主要反映的是顾客的国家情感和社交需求。本书称之为"国家情感感知"和"社交需求感知"。

原产地形象所存在的顾客对国家或民族情感层面的反映，在现有研究中，比较集中体现为对消费者民族中心主义（CET）的研究。消费者民族中心主义已经被营销学界普遍认为是消费者具有的一种稳定的个人心理特质，并在相当程度上成为一些国家和地区普遍具有的社会文化。CET 对购买行为的影响已经得到了营销学界的普遍关注，并产生了较多的研究成果。萨夫兰（Supphellen）和李坦伯格（Rittenburg）在 2001 年[139]开展了对 CET 与消费者产品信息处理过程关系的研究，该研究以波兰消费者为实证研究对象，以波兰为本国市场，来自波兰以外的其他国家的品牌作为调研产品，探索 CET 倾向不同的消费者不同的品牌信息处理过程。该研究发现，如果把品牌信息的层次由上到下分为三个层次，依次是，最顶层的信息是外国相关品牌的整体信息，再往下是特定的某个国家品牌（外国）的整体信息，最底层是特定的某个国家品牌（外国）的部分或特定产品属性的信息。这个层次划分由上到下体现的是消费者对外国产品由一般到个别的认知。萨夫兰（Supphellen）和格朗豪格（Grønhaug）在 2003 年[140]进一步完善了这一信息处理过程，并构建了 CET 与国外品牌信息处理过程图，如图 2－3 所示。

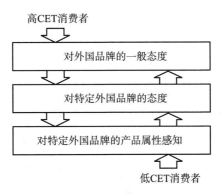

图 2 - 3　CET 与国外品牌信息处理过程

　　该研究的结果显示：CET 倾向较高的消费者一般是从上到下处理品牌信息，这类消费者在接触具体的品牌前，在其认知层面就已经形成了对外国品牌的态度和预判，然后再去处理品牌的具体信息。这种信息处理过程使得拥有较差的原产地形象的品牌，在最初的顾客选择中往往就会被剔除；而拥有较好的原产地形象的品牌即使在产品本身的质量性能上并不具有特别优势，也会得益于原产地优势，而赢得这类消费者的青睐。CET 较低的消费者的品牌信息处理过程正相反，这类消费者是从下往上处理品牌信息，在选择品牌时，首先关注的是产品本身所具有的特征，也就是产品的各类属性，如价格、质量、性能等信息，通过这些产品本身的信息形成基本的品牌态度，而原产地只是在进一步了解品牌时所获取的辅助信息。CET 较低的消费者也可能会形成对原产地的整体认知，但是这一过程是基于具体产品属性的感知逐渐形成的，当然，这一过程也可能是低 CET 的消费者逐渐演变成为高 CET 的消费者。当成为了高 CET 的消费者之后，其对品牌的判断则会同样依据从上到下的信息处理过程，因为此时的消费者在经历了一段时间的具体品牌的消费后，更加坚信其对某个原产地品牌的整体判断，这种信念的形成使得新兴经济体的品牌很难获得外部市场的认同，而且 CET 也存在扩散效应、社会舆论的影响、消费者口碑的影响，使得拥有了原产地形象优势的品牌能够长期利用这种优势，而尚不具备较高原产地形象的品牌则很难建立这种优势。对于消费者民族中心主义与顾客信息处理过程的关系研究显示，消费者民族中心主义容易成为品牌光环，使顾客在真正了解品牌前就做出基本判断，使得品牌对顾客的吸引力更加依赖原产地形象，使原产地形象和顾客品牌态度间的关系变得更加密切。

众多关于消费者民族中心主义的研究都表明，民族中心主义倾向对消费者的国内外品牌购买意愿具有显著的影响[141,142,143]。因此，通过以上分析我们发现，消费者民族中心主义同样具有明显的光环效应，高 CET 的消费者特别在意品牌的国别，因此我们认为顾客对原产地形象在国家情感层面的感知会正向影响其品牌态度。另外，消费者民族中心主义还具有两面性，一方面是对国内品牌的青睐，另一方面也存在对国外品牌的青睐，也被称为"外国中心主义"，这类顾客往往会过分地追捧国外品牌，过分贬低国内品牌，并在心理上以使用国外品牌作为身份和社会地位的象征。而且这种在消费领域存在的"崇洋媚外"的心理在广大消费者中普遍存在，使用发达国家的品牌或者原产地知名度高的品牌会让使用者在日常社交中更有"面子"。"面子文化"是中华民族传统文化的重要组成部分，并且已经渗透到国人的日常行为习惯中，极大地影响着国人的社会生活。因此，顾客对原产地形象在社交需求层面的感知也会正向影响其品牌态度。而由于在高介入度产品中，原产地的顾客认知度高，因此这种影响也会表现得更加明显。

因此，根据以上分析作出假设：

H4：顾客对原产地形象在情感层面的感知正向影响其品牌态度，并且在高介入度产品中的影响更加显著。

2.5 介入度对原产地形象的影响机理分析与假设提出

2.5.1 产品介入度对原产地形象与产品信念关系的调节作用

产品介入度对于顾客的消费决策具有重要影响。不同介入度的含义实际上是顾客对产品采取不同介入的信息处理方式，所谓高介入度实际上是指顾客对产品采取高介入度处理，而低介入度准确的来讲是指顾客对产品采取低介入度处理。而在市场环境中，有一些产品往往被顾客高度介入，形成了高介入度产品，而另外一些产品往往被顾客低度介入，形成低介入度产品。

在低介入度产品中，由于顾客对产品的介入程度较低，顾客对产品各方面的情况了解较少。根据潘煜、朱凌和刘丹在2012年的研究，发现顾客对于低介入度产品的品牌原产地的了解十分有限，企业有可能利用品牌名称蒙蔽顾客；但消费者在低介入度产品方面拥有丰富的消费经验。因此，产品本身的特性信息和品牌原产地这样的产品外部特征信息对顾客的影响较小，顾客很少去考虑这些因素，而是主要依赖消费经验做出选择。同时，在低介入度产品中，不同产品的介入度也是不同的，只是总体上介入度偏低，但是每位顾客的介入程度是不同的。因此，本书认为，在低介入度产品方面，随着顾客对产品介入程度的提高，顾客对产品的了解也会越多，这其中包括对原产地的了解也会相应地增加，使得原产地的影响增大。也就是说，在低介入度产品中，在顾客普遍不关心原产地的背景下，产品介入度一旦提高带来的对原产地了解的增加，往往会给顾客增加了一种推断产品的重要依据。在第1章已经提到，原产地具有明显的光环效应，使顾客依赖原产地给予产品评价，使原产地对顾客产品评价的影响显著增加。

因此，在低介入度产品中，由于顾客对产品原产地信息了解较少，产品介入度提高，顾客对产品本身信息了解增加的同时，对原产地信息的了解就会越多。而对于低介入度产品，顾客往往更依赖消费经验进行判断，原产地信息对于顾客而言，充当了间接消费经验的角色。原产地知名度越高，或者原产地是更加发达的国家或地区，对于顾客而言，都可能意味着更高的产品品质。因此，在低介入度产品中，介入度越高的顾客，对原产地信息的了解就越多，原产地的光环效应作用就会越明显，原产地形象对产品信念的影响就会越大。

因此，根据以上分析作出假设：

H5：在低介入度产品中，产品的介入度对原产地形象与产品信念的关系具有正向调节作用。

而在高介入度产品中，由于顾客对产品的介入程度较高，顾客对产品各方面的情况了解较多。根据朱凌、高丽和潘煜在 2013 年的研究，发现顾客对于高介入度产品的品牌原产地有比较清楚的了解，由于高介入度产品普遍价格较高，购买后会长期使用，顾客不会经常购买，因此选购后顾客所承担的风险也较高，如果顾客没能细致地了解产品，很可能会发生在承担了较高的价格后却没有得到预期的价值，并长期承受着产品给使用体验带来的缺失。因此，对于高介入度产品，顾客往往会在购买前了解该产品不同品牌方方面面的信息，其中也会包括原产地信息。而且品牌原产地信息作为一种比较容易获取的信息，在高介入度产品中，顾客对原产地的识别程度也往往比较高。同时，在高介入度产品中，不同产品的介入度也是不同的，只是总体上介入度偏高。在这种情况下，如果顾客进一步提升对产品的介入程度，深入了解产品的信息，对于顾客对产品信息了解程度的提升，往往会更加集中于产品本身的各类信息，获取更详细的关于产品本身特性的信息是顾客所更加期望的。而对于原产地信息，由于其属于产品外在特征的信息，并不能反映产品具体的特性，因此顾客对于原产地的关注，往往会止步于某个阶段。一般而言，当顾客在了解某个产品时，在得知该产品产地，并了解了该产地在生产这一类产品方面是强势还是弱势或者是水平一般后，不会再深入了解更多。因为这些基本的原产地信息对于顾客选购商品而言，在原产地方面已经足够，而更重要的是产品本身特性的信息。正是由于顾客在高介入度产品选购时存在的这种特征，会使顾客在提升对产品介入程度，以获取更多产品信息的同时，对原产地的关注会下降，原产地对最终顾客购买决策的影响会减小。

因此，本书认为，在高介入度产品方面，随着顾客对产品介入程度的提高，顾客对产品的了解也会越多，但对原产地的了解不会进一步增加。也就是说，在高介入度产品中，顾客对产品产地识别程度高，顾客对原产地信息普遍了解，在顾客普遍关心原产地的背景下，产品介入度的提高带来的对产品信息了解的增加，往往会给顾客增加更多推断产品性能的信息。原产地原本的光环效应会减弱，使顾客依赖原产地给予产品评价的需求下降，使产品本身信息对顾客产品评价的影响显著增加，原产地形象对产品信念的影响变小。

因此，根据以上分析作出假设：

H6：在高介入度产品中，产品的介入度对原产地形象与产品信念的关系具有负向调节作用。

2.5.2　产品介入度对原产地形象与品牌态度关系的调节作用

根据上文的一系列分析，我们知道，产品介入度的提升，在低介入度产品中，会显著提升原产地形象的作用。同时，我们也知道，原产地形象对于产品信念和品牌态度都有直接的影响。

对于介入度对品牌态度的影响，根据第 1 章对阿萨埃尔（Assael）的研究的阐释，可以发现：在低介入度产品中，顾客在品牌评价过程中，会在尝试了更多的产品使用体验，或者追寻以往的消费经验后才会做出。这意味着，在品牌态度形成的过程中，一些产品外在信息，如原产地信息很难发挥作用。因为对于顾客而言，品牌态度意味着对该品牌要在喜好和购买方面做出最终选择，而产品信念仅是对产品本身特性的评价。因此，一般来说，顾客在品牌态度形成过程中会更为谨慎。在顾客对原产地信息了解较少的低介入度产品中，原产地形象的影响会较小。也就是说，在低介入度产品中，原产地形象对品牌态度的影响往往是很小的。

但是即使在低介入度产品中，也存在介入程度不同的产品和品牌，因为每位顾客的介入程度是不同的。对于低介入度产品中介入度相对较高的产品，伴随着的往往是对原产地信息和其他产品信息了解的相应增加，使原产地的影响增大。也就是说，在低介入度产品中，在顾客普遍不了解原产地的背景下，产品介入度一旦提高带来的对原产地了解的增加，往往会给顾客增加了一种品牌态度形成的重要依据。原产地具有的光环效应同样会对品牌态度的形成产生重要影响，使原产地形象对顾客品牌态度的影响显著提升。

因此，根据以上分析作出假设：

H7：在低介入度产品中，产品的介入度对原产地形象与品牌态度的关系具有正向调节作用。

对于高介入度产品，根据阿萨埃尔（Assael）的研究，消费者在品牌态度的形成过程中，会有更加复杂的评价过程，会对其掌握的各类信息进行对比和考虑。如果品牌之间的产品差异较小，消费者可能会倾向尝试以前没有使用过的品牌。例如手机，如果一些顾客购买时总会选择中高端产品，并且每部手机都会使用三四年，这类顾客很可能将手机定位为高介入度产品。但是由于手机产品同质化越来越严重，基本功能产品之间没有差异，一些独特功能往往对于大众顾客而言可有可无。因此，很多顾客每次换手机都可能会尝试以前没用过的品牌，但是顾客对这些产品并不是不了解，而是很熟悉，并且清楚地知道这些产品的主要功能没有显著差异，都能满足需要，这是其能够更换品牌的依据。在这种情形下，品牌原产地形象的影响变得很小，因为顾客对于高介入度产品的品牌原产地有比较清楚的了解。

在这种情况下，如果顾客进一步提升对产品的介入程度，深入了解产品的信息，对于顾客对产品信息了解程度的提升，往往会更加集中于产品本身的各类信息，获取更详细的关于产品本身特性的信息是顾客所更加期望的。这使得顾客品牌态度的形成更加依赖于产品本身的信息，而对原产地信息的需求会越来越小。因此，本书认为，在高介入度产品方面，由于顾客已经对原产地信息有比较清楚的认知，随着对产品介入程度的提高，顾客对原产地的了解不会进一步增加，对品牌的了解会更集中于产品本身的信息，原产地原本的光环效应会减弱，使顾客依赖原产地形成品牌态度的需求下降，使产品本身信息对品牌态度的影响显著增加，原产地形象对品牌态度的影响变小。

因此，根据以上分析作出假设：

H8：在高介入度产品中，产品的介入度对原产地形象与品牌态度的关系具有负向调节作用。

2.6　理论模型构建

　　根据以上理论分析，本研究的整体理论模型初步形成，以原产地效应的弹性模型为基础，在对原产地形象和产品信念进行维度界定后，依据态度维度划分的相关研究，对原产地形象作用机制内的品牌态度内涵构成进行了扩展，并引入产品介入度作为调节变量，整体理论模型如图 2 - 4 所示。结合假设对模型的具体解释如下：

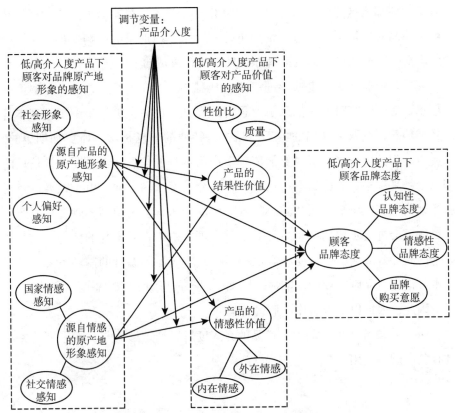

图 2 - 4　原产地形象对品牌态度影响的理论模型

根据假设 H1 和 H2 的设定：顾客对原产地形象在产品和情感层面的感知正向影响其产品信念，并且在高介入度产品中的影响更加显著。在模型中体现为"源自产品的原产地形象感知"和"源自情感的原产地形象感知"分别对"产品的结果性价值"和"产品的情感性价值"的影响。

根据假设 H3 和 H4 的设定：顾客对原产地形象在产品和情感层面的感知正向影响其品牌态度，并且在高介入度产品中的影响更加显著。在模型中体现为"源自产品的原产地形象感知"和"源自情感的原产地形象感知"分别对"顾客品牌态度"的影响。

根据假设 H5 和 H6 的设定：在低介入度产品中，产品的介入度对原产地形象与产品信念的关系具有正向调节作用；在高介入度产品中，产品的介入度对原产地形象与产品信念的关系具有负向调节作用。在模型中体现为"调节变量：产品介入度"分别对"源自产品的原产地形象感知"和"产品的结果性价值"的关系、"源自产品的原产地形象感知"和"产品的情感性价值"的关系、"源自情感的原产地形象感知"和"产品的结果性价值"的关系、"源自情感的原产地形象感知"和"产品的情感性价值"的关系的调节作用。

根据假设 H7 和 H8 的设定：在低介入度产品中，介入度对原产地形象与品牌态度的关系具有正向调节作用；在高介入度产品中，产品的介入度对原产地形象与品牌态度的关系具有负向调节作用。在模型中体现为"调节变量：产品介入度"分别对"源自产品的原产地形象感知"和"顾客品牌态度"的关系、"源自情感的原产地形象感知"和"顾客品牌态度"的关系的调节作用。

根据弹性模型和有关品牌态度的研究，顾客对产品本身的感知对品牌态度有着显著的影响，因此在模型中"产品的结果性价值"和"产品的情感性价值"对"顾客品牌态度"的影响是已被证实存在的，在本书的假设中不再提出。

2.7　本 章 小 结

　　本章整体上明确了研究的各变量的主要维度，并在此基础上提出研究假设并构建了理论模型，是研究的理论核心部分。本章首先明确机制构建的基本关系选择，作为本书理论模型构建的理论基础。然后通过对品牌虚拟价值理论、产品属性理论、方法—目的链理论和信息系统领域的 TAM 模型理论的分析，明确了原产地形象及机制内其他要素的维度。然后根据态度维度划分的相关研究，对品牌态度维度进行扩展。分析了介入度对原产地形象的作用带来的影响，在提出假设的过程中，进一步分析了介入度可能为假设检验带来的差异，为在模型构建和后文假设检验中引入介入度奠定基础。并在研究假设的提出过程中，进一步分析了产品介入度对于原产地形象与一些变量关系的调节作用，并将产品介入度设定为理论模型的调节变量。最后在以上理论分析的基础上，根据原产地形象弹性模型的变量间基本关系提出假设，并完成理论模型的构建。

第 3 章

实证研究设计

3.1　实证研究总体设计

由于采用对具体品牌的测量，为了使研究具有说服力，选择了 10 类产品、140 个品牌、1092 份样本参与数据分析。对变量的测量要求受访者要对每一个品牌都要回答问题，为使问题尽可能简短，使受访者有耐心答完问卷的同时又能保证质量，我们尽可能用最简单直接的问题测量变量，让消费者一看就明白，而避免使用多个相似的问题反复测量一个变量。另外，在问卷中品牌的原产地和商标均会显示给消费者。这也意味着我们默认受访者知道这些品牌的原产地，以实现在有限的样本内对更多的品牌进行测量的目的。图 3 - 1 为假设检验前的实证研究总体路线图。在具体的变量测量方法上，本书采用了庄贵军、周南和周连喜于 2006 年在《管理世界》发表的《国货意识、品牌特性与消费者本土品牌偏好》中使用的方法[150]，具体如下：

受访者需要对所有被测品牌分别给出本研究涉及的各类感知和品牌态度方面的判断并打分，测量采用李克特（Likert）式 7 级量表。本研究对每位受访者在每一类产品中的品牌打分都要进行排序，再将每类产品中的中国和外国品牌按照排序配对选出，即，中国第一的品牌和外国第一的配成一对，第

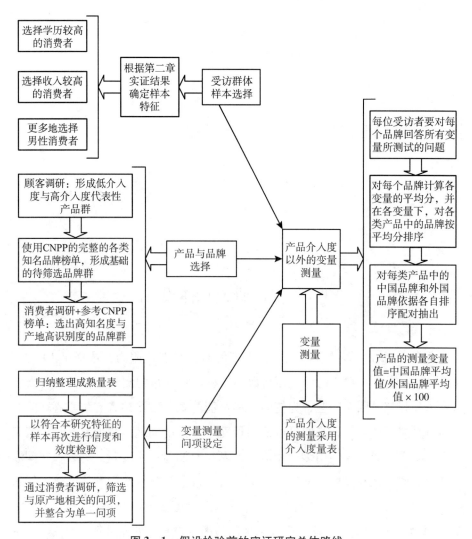

图 3 – 1　假设检验前的实证研究总体路线

二的和第二的配成一对。根据下文列出的品牌情况，以小型车为例，虽然品牌总数有 19 个，但中国品牌 5 个，外国品牌 14 个，所以只能配出 5 对。然后分别计算每一类产品中被抽出的中国品牌和外国品牌在各个测量变量上的平均得分，再用中国品牌的平均分除以外国品牌的平均分乘以 100，得到该受访者对该类产品的某个测量变量的值。如果把本研究测量的各类变量看作一种对品牌某方面的喜爱程度，本研究各类变量的实际含义是：相对于外国品牌，受访者对中国品牌的偏爱程度。因为依次抽出的品牌都是受访者选择的最喜爱的品牌，如果测量数值大于 100，说明受访者对最喜爱的中国品牌更偏爱，反之则说明受访者更偏爱外国品牌。为了掌握受访者对各类产品中国、外国品牌的总体评价，本研究在得到每位受访者的测量值的同时，还将分别计算每类产品下的各个品牌的平均值，之后再进行排序并如上文所述方法配对抽出，分别计算每一类产品中被抽出的中国品牌和外国品牌在各个测量变量上的平均得分，再用中国品牌的平均分除以外国品牌的平均分乘以 100，得到该类产品在某个测量变量上的值，反映的是被测试顾客群体的整体判断情况。

3.2 对于顾客特征选择的预调研

3.2.1 影响原产地识别的顾客特征分析

品牌是消费者选择商品的重要依据，而如何选择品牌，同样有很多参考因素，其中品牌原产地是选择因素之一，因为在消费者心目中，一些产地往往代表着高品质的产品。而品牌原产地在市场中能够发挥这种营销层面的作用的关键在于其能引起消费者的反应，这种反应的基本表现首先是消费者对原产地的识别，这是原产地能够在消费者群体中发挥作用的前提。品牌原产地在前文中我们定义为品牌所属母公司总部所在地，但是考虑到品牌收购的发生，市场中有不少品牌的原产地认知在消费者那里是模糊的；另外，不少企业还通过给品牌起一个洋气的名字来提升品牌在消费者感官中的价值，加剧了品牌原产地认知在市场中的模糊性。这也意味着，在实证调研中，对于原产地的识别，即使消费者事实上并不知道某品牌的原产地，但通过品牌名称也会做出某种判断，这和日常消费时的状态是相似的。品牌原产地识别在日常消费状态下也并不是一种刻意的辨别，一般消费者如果不对原产地有特别的要求，不会在商品采购时以原产地为首要选择标准，很多时候是一种条件反射。例如，国内知名服饰品牌——美特斯·邦威，很多消费者误认为其是外国品牌。这种条件反射更确切地说，实际上是一种产地联想，即，在提到某品牌名称时，消费者是否能想到某个产地，进而使得该产地对消费者的决策产生影响。因此，品牌原产地的识别关系到品牌在消费者感官中的价值，一些企业恰恰利用这一点开展品牌营销，通过品牌名称在产地信息方面误导消费者。尤其是当消费者对于所采购的商品了解很少时，很容易被误导。从本研究的产品介入度的角度来讲，低介入度产品的产地识别错误率很可能会较高，因为消费者对其了解得不多。原产地的识别对于顾客而言，往往建立在对产品信息比较深入了解的基础上，因此与顾客个人素质以及顾客所处的市场产品的丰富性等特征紧密相关。

为保证在未来正式测量时的样本选择的可靠性，样本将尽可能多地选择原产地识别度较高的顾客，以尽可能少地出现对原产地形象毫不关心的顾客来回答各类与原产地紧密相关的消费问题而带来的问卷的无效性。本节将开展不同介入度产品下，顾客特征与产地识别关系的研究，作为本书的预调研环节。根据前文的讨论，依据介入度概念，本书将产品划分为低介入度与高介入度产品；在受访者方面，我们选择的顾客基本特征包括教育、收入、年龄和性别。

（1）顾客对于低介入度产品的品牌原产地识别水平。对于原产地效应在低介入度产品下存在的条件，营销学界主要有两类观点：一种观点认为由于顾客对于低介入度产品了解信息的投入较少，所以顾客对这类商品更多地依赖产品外界信息，例如原产地信息；另一种观点认为低介入度产品正是由于顾客对其相关信息获取的不足，因此对其原产地信息同样了解不足，介入程度越低，对于包括原产地信息在内的产品各类相关信息了解得也越少[144]。根据对顾客的实际消费行为的观察，本书认为恩洛戈鲁（Eroglu）等[145]的观点更适合中国情境，即，产品介入水平越低，顾客越不在意原产地信息，原产地效应就更弱。另外，对发达国家顾客的相关研究显示顾客对原产地了解也是很有限的[146,147,148,149]。而对于中国顾客的研究也同样显示市场存在明显的原产地困惑[150,151]。

（2）顾客对于高介入度产品的品牌原产地识别水平。对于高介入度产品，顾客由于投入了更多的精力来了解产品相关信息，那么对产品各类信息的了解程度也会随之增加，这里就包括原产地信息。高介入度产品普遍的高技术含量、高操作复杂度特征也提高了顾客了解高介入度产品品牌原产地信息的动机。由此，本研究认为在中国，对于高介入度产品，不管是中国品牌，还是外国品牌，总体上来说，顾客都会比较清楚。

（3）收入。研究发现高收入的顾客对外国产品更有好感，一些研究已经证实，收入较高的顾客对原产地信息了解得更多[152,153,154]。这可能是由于高收入群体对于高介入度产品关注得更多，而高介入度产品的特征之一就是价位较高，同时高介入度产品往往需要消费者投入更多的精力来了解产品信息。另外高收入群体也可能会更多通过外国品牌的购买来表现更高的社会地位，这对其品牌原产地的辨识度也提出了更高的要求。而低收入群体对产品的性价比关注得更多，一些象征性的产品信息可能不会去关注。例如，品牌原产地的信息，对于很多低收入群体而言，没有更多明显的实用价值，所以关注得会比较少。

（4）教育。一些研究认为，学历较高的顾客对外国品牌会更加青睐[155,156]。萨米（Samiee）等[146]的研究针对美国顾客的调查显示，高学历群体对品牌原产地信息了解得更多也更准确。但在中国，有研究发现学历和外国品牌喜好的关系是呈倒 U 型的，即，随着学历的提高，对外国品牌的喜好程度会先增强后下降[143]。但总体而言，由于高学历群体知识面更广，对信息的获取渠道和持有量也更多，因此，教育程度较高的群体一般对原产地信息了解得也更多。

（5）年龄。在有关市场消费特征变化的研究中，年龄一直是重要的研究指标[157]。在有关原产地的研究中，认为年龄越大，对原产地的关注会减少，对原产地信息的掌握也随之下降[158]。但是萨米（Samiee）等[146]的研究指出年龄与原产地信息的掌握程度虽然呈现负向关系，但两者相关性很弱。另外对于中国顾客的研究也显示出年龄与境外品牌的负向关系[143]。这可能是由于年轻群体对外国品牌的认知度更高，而年龄较高的群体消费观会更加务实，对于象征性特征突出的品牌产地信息往往不会给予很多关注。

（6）性别。在有关市场消费特征变化的研究中，性别也一直是重要的研究指标[157]，认知模式会因性别而有不同[159]，性别也是顾客心理活动的重要影响因素[160,161]。在原产地方面的研究显示，女性顾客往往更喜爱或更为关注外国品牌[152]，虽然在实际消费行为中可能更多地选择了本土品牌。而男性对外国产品往往会持有某种偏见[153]。萨米（Samiee）等[146]对美国顾客的研究显示，男性比女性对外国品牌的产地有更多的了解，而女性则对本土品牌的产地了解得更多。本研究据此认为，中国顾客也有类似的特征，尤其是男性顾客对电子产品以及汽车等有更浓厚的兴趣，而这类产品往往技术含量高，价位高，多属于高介入度产品。因此对于高介入度产品，男性顾客对原产地信息了解得会更多；而对于低介入度产品，总体上说，性别的差异也依然存在。

3.2.2　预调研设计与调研产品的选择

本书在这里使用问卷调查搜集数据，并通过参考 CNPP 品牌数据研究中心的研究成果和调研，选择调研产品类型和具体品牌。调查问卷完成后首先将开展一次小样本预测试，进一步修正问卷后再进行样本扩大后的测试。数据分析使用 SPSS 20.0 统计软件，通过相关分析检验假设。问卷分为 3 个部分：低介入度产品品牌原产地的识别、高介入度产品品牌原产地的识别，以及受访者的个人信息。在广泛参考了相关文献的研究，并通过以专家为受访者进一步明确具体的产品选择。在选择受访专家时，要求是在高校长期从事营销和品牌管理领域的研究，并在与本研究的相关领域有高水平文章发表，并且是博士生导师，拥有指导博士生开展与本书相关研究的经验，能够对本书调研产品的选择提供有价值的建议。最后在导师的帮助下，选择了 3 位分别来自中国人民大学、中央财经大学和北京师范大学的经济管理学院教授。

同时，在这三所高校，分别选择营销学 3 名博士生，总计选择了 9 名博士生，让他们选出低介入度和高介入度的代表性产品。本研究提供的待筛选产品是 CNPP 的商品分类目录（详见附录 2），该分类目录相对于国家统计局的产品分类目录更贴合市场商品分类情况。在综合了专家和博士生的调查结果后，对低介入度代表性产品的选择为饮用水、牙膏、洗发水、运动鞋和休闲装，对高介入度代表性产品的选择为平板电视、台式电脑、洗衣机、冰箱和小型车。在于调研阶段，本书选择了牙膏、运动鞋、洗衣机和电视机。这四类产品都是家庭生活的必需品，使用频率高，更为普通消费者所熟知，可以说，这几种产品在家庭生活中具有代表性。对于介入度的测量，本书将在正式调研中选择扎克科沃斯克（Zaichkowsky）在 1994 年开发的量表[162]。银成钺和于洪彦（2008）关于介入度的研究也采用扎克科沃斯克（Zaichkowsky）1994 年的量表[163]，两位学者的研究认为该量表是对早期介入度量表的精简，问题的减少有效地回避了题目不明确、不易填答等缺点。对于介入度的测量，本书将在第 5 章做详细阐述。

由于每一类商品中在市场上都有海量品牌，具体的品牌选择我们参考了 CNPP 品牌数据研究中心（http：//www. maigoo. com/）公布的各类产品的十大品牌，CNPP 品牌数据研究中心是互联网企业 Maigoo Inc 旗下非商业性非营利性独立进行市场分析科学研究的部门，旨在为 Maigoo Inc 提供海量科学数据，以便更好地为企业、政府和消费者服务。在学术研究方面，CNPP 也和多所高校、科研单位合作，其研究成果受到了政府部门、学术机构以及社会组织团体的重视。因此，本书认为 CNPP 品牌数据研究中心的品牌研究成果是可以支持我们的研究的。同时，考虑到顾客日常消费时，商标图案会给消费者更直观的印象，一些顾客也许不十分清楚品牌名称，但是对商标图案会有较深的印象，因此，我们在后续调查问卷中也附带了商标图案，方便受访者做出选择。具体品牌详见表 3 – 1、表 3 – 2。

表 3 - 1　　　　　2015 年中国牙膏和运动鞋十大品牌及其品牌原产地

序号	牙膏			运动鞋		
	品牌	商标	品牌原产地	品牌	商标	品牌原产地
1	高露洁	高露洁 Colgate	美国	耐克	NIKE	美国
2	佳洁士	佳洁士 Crest	美国	阿迪达斯	adidas	德国
3	黑人	黑人牙膏	中国	安踏	ANTA	中国
4	云南白药	云南白药	中国	李宁	LI-NING	中国
5	三笑	三笑 SANXIAO	美国	特步	X特步	中国
6	中华	中華 ZHONG HUA	中国	361 度	361°	中国
7	丽齿健	Glister 丽齿健	美国	匹克	PEAK	中国
8	舒客	舒客+	中国	新百伦	new balance	美国
9	舒适达	舒适达	英国	彪马	PUMA	德国
10	竹盐	竹盐	韩国	乔丹	乔丹	中国

资料来源：CNPP 品牌数据研究中心。

表 3 – 2　　　　2015 年中国平板电视和洗衣机十大品牌及其品牌原产地

序号	平板电视			洗衣机		
	品牌	商标	品牌原产地	品牌	商标	品牌原产地
1	海信	Hisense	中国	海尔	Haier	中国
2	创维	Skyworth 创维	中国	西门子	SIEMENS	德国
3	三星	SAMSUNG	韩国	小天鹅	小天鹅	中国
4	TCL	TCL	中国	松下	Panasonic 松下电器	日本
5	索尼	SONY make.believe	日本	三洋	SANYO 三洋	日本
6	乐视	乐视	中国	LG	LG Life's Good	韩国
7	LG	LG Life's Good	韩国	三星	SAMSUNG	韩国
8	夏普	SHARP 夏普	日本	惠而浦	Whirlpool 惠而浦	日本
9	长虹	长虹 CHANGHONG	中国	美的	美的 Midea	中国
10	康佳	KONKA 康佳	中国	博世	BOSCH	德国

资料来源：CNPP 品牌数据研究中心。

　　每种代表产品根据 CNPP 品牌数据研究中心选择了市场知名度前十名的品牌。这些品牌基本囊括了市场上的主流品牌。本书对中国还是国外品牌定义为持有品牌的母公司总部是否位于中国，而在国际市场上，广大发展中国家的民族企业走向国际市场并成为知名品牌的不多见。在中国市场，无论对于顾客还是实际的市场环境，绝大多数外国品牌基本都来自发达国家，这是市场的实际情况。因此本书在这里选择的国外品牌都是来自发达国家的品牌。

品牌原产地识别调查问卷采用二维表格，横向要求受访者回答对所列品牌是否熟知，纵向列出品牌名称。选择的低介入度产品的中国品牌为 10 个，国外品牌为 10 个。选择高介入度产品的中国品牌为 9 个，外国品牌为 11 个。不管熟悉与否都要选择品牌原产地，并各自给出 7 个选项：低介入度产品的 1~5 选项分别是德国、韩国、美国、英国、中国，高介入度产品的 1~5 选项分别为德国、韩国、日本、英国、中国，顺序均按汉语拼音排序；第 6 选项都是"该国没有列出"；第 7 选项则均为"不知道"。另外，为给予接受调研的顾客直观感觉，我们把每个品牌的商标图案都放在品牌名称后面，因为很多高知名度的品牌，其商标图案甚至比其品牌名称有更高的识别度。问卷最后是个人信息收集，要求受访者填写性别、出生年份、家庭月平均收入和最高学历。

3.2.3　实施调查

本书在该阶段的问卷发放选择在北京实施，主要考虑到以下几方面：(1) 从候选受访者特征的角度来看，北京作为超大型城市，聚集了两千余万常住人口（北京市统计局 2016 年 1 月发布数据显示：2015 年末北京常住人口为 2170.5 万人），消费群体多样化突出，特征丰富，包含的社会阶层广泛，在中国比较有代表性，问卷调查比较容易获得样本特征丰富的数据。(2) 从候选品牌特征的角度来看，北京同时也是最复杂的城市消费市场之一，吸引了国内外不同层次的大量品牌进驻。很多知名品牌在北京都建立了自己的专营点，在品牌营销方面投入巨大，使得北京顾客对各类品牌拥有相对较高的熟悉度。这一消费市场特征对于数据搜集而言，很好地减少了受访者因为对品牌认知度不高而带来的问卷填写效果不好的问题。

在正式问卷发放时，首先保证受访者性别均衡，其次是年龄的多样化，另外通过选择不同档次的居民区和商业聚集区，来提升受访者样本收入的多样化。预调研正式问卷发放工作是在 2015 年 6 月初开展的，包括本人在内，在导师的安排下，从课题团队选择 2 位博士生和 3 位硕士生，一共 6 人，3 男 3 女，男女搭配 2 人一组，每组包括 1 位博士生和 1 位硕士生，分为 3 个小组，分别在北京各城区地铁、医院、银行、居民小区等地发放问卷。为在问卷发放过程中体现本次测量的规范性，最主要是给予受访者一种直观感受，让他们感觉到在接受正规的调研访问，而不是随意的街边营销让受访者感到反感，我们要求团队成员着装正式，言谈举止礼貌规范，为此我们做了充分的准备，并在校内进行了排练。另外，在调研过程中，我们尽可能选择在地铁、医院、银行、居民小区处于等候和休息的人员，保证填写人有充分的时间和精力用于问卷中。在实际发放问卷时，在银行排队等候的人群中能有一定程度的配合，而在地铁以及医院中，人们往往处于焦急和烦躁的等待情绪中，配合填写问卷的人极少，另外在居民小区中一般是在傍晚，晚饭后的休息时间，小区内也有一些受访者能够配合。我们对于团队成员工作量也提出了具体要求，要求每组每天达到不低于 20 份问卷发放的工作量，为提高团队成员工作的积极性，每天提前完成计划工作量的小组即可自由活动，超出计划工作量的小组以增加劳务费的形式作为奖励。为提高填写质量和问卷的吸引力，团队为每位填写者准备了小礼物。虽然团队为此做了相当多的准备，但实际效果并不理想，连续工作 7 天，总计收集有效问卷 206 份，平均每组每天不足 10 份。这一经历使我们认识到，要想得到数量可观并且质量较高的问卷，街边随机发放在实际调研中的效果并不好。因此，在接下来的调研中，笔者跟导师联系到了若干所单位，采用集体发放、固定时间回收的方式。问卷发放的单位与发放数量为：北京×× 大学 60 份（不面向在校学生）、中国×× 大学 60 份（不面向在校学生）、北京某中医医院 30 份、航天×院某所 40 份、航天×院某所 40 份、北京市某局 40 份、某电力公司 40 份、某区供电公司 30 份，总计 340 份。问卷在 2015 年 6 月中旬邮寄发出，两周后寄回，问卷的回收率是 100%，再加上之前随机发放的 206 份，在累计 546 份问卷中，去掉填写不合要求以及不完整的问卷，回收有效问卷 520 份，有效比例达到95.2%，样本分布如表3-3所示。

表3-3　　　　　　　　　　　　　　样本分布

项目	级别	样本数量（人）	所占比例（%）
性别	男	269	51.7
	女	251	48.3
年龄段	20~24岁	83	16
	25~34岁	163	31.3
	35~44岁	182	35
	45~54岁	66	12.7
	55~64岁	26	5
教育水平	初中及以下	15	2.9
	高中	89	17.1
	大专	169	32.5
	大学	212	40.8
	硕士及以上	35	6.7
家庭月均收入	5000元及以下	11	2.1
	5001~10000元	28	5.4
	10001~15000元	93	17.9
	15001~20000元	199	38.3
	20001~25000元	178	32.1
	25000元以上	22	4.2

3.2.4　品牌原产地识别准确度的具体衡量方法

本研究借鉴了萨米（Samiee）等对品牌原产地识别准确度的测量方法，即：

品牌原产地识别度得分＝原产地的正确回答数/品牌总数×100%

顾客的品牌原产地识别准确度得分最低为0%，最高为100%。

本书所选用的 20 个低介入度产品品牌和 20 个高介入度产品品牌，通过最初的筛选和预调研，已经确保尽可能都是顾客在各超市商店常见的。但是在正式调研中依然可能会遇到一些受访者对某些品牌不熟知。对于这种情况的可能出现，本研究认为既要保证被调查品牌的多样化，又要保证受访样本的多样化，在实际操作中很难做到所选择的品牌恰好都是每位受访者都熟知的品牌。如果为每位受访者量身定制问卷，又失去统一的评价标准。因此，在问卷调查中，本研究要求受访者不能因不熟悉某品牌而跳过。所以，本研究在该阶段的调研中，受访者对于低介入度和高介入度产品的品牌原产地识别准确度得分，都是以全部 20 个品牌为基础的。考虑到受访者不熟知某品牌却选对产地的可能性很低，因为 7 个选项中有 5 个是国家选项，意味着猜中的可能性仅为 1/5，所以，最后带来的偏差不会对结果带来较大影响。总的来说，最后得到的品牌原产地识别准确度分数很可能会比实际水平要低，原因是首先我们选择的品牌都是市场知名度较高的，而在顾客实际的消费环境中，品牌构成会更加复杂。通过综合考虑，可以认为这里的品牌原产地识别准确度的分数，基本能够代表顾客对品牌原产地的总体了解程度。

对于问卷信度的检验，本研究通过北京某高校 36 名在校学生进行小样本测试，两个月后再进行一次测试，算出两次测试中每位学生的得分，通过 SPSS 20.0 软件进行 ANOVA 分析，得到结果 $P = 0.109 > 0.05$，显示出两次测试结果无明显差异，说明本书的品牌原产地识别准确度测试具有较高的信度。

为了便于使用统计软件进行检验，对于变量的量化工作做出特别设定：受教育程度的测量通过类别变量进行，用标号代表学历，从数字 1 到 5 学历逐步增加，数字 1 代表初中及以下，数字 5 代表硕士及以上；收入同样以选项标号来测量，从数字 1 到 6 收入逐步增加，数字 1 代表 5000 元及以下，数字 6 代表 25000 元及以上；性别也是以选项标号来表示，数字 1 代表男性，数字 2 代表女性；年龄则是以受访者实际年龄来表示，实际年龄通过填写的出生年份来计算。

3.2.5 测量结果

本研究使用 SPSS 20.0 对数据进行相关分析，检验受访者的性别、年龄、教育水平和收入与原产地识别度的关系，对于低介入度产品的测量结果如表 3 - 4 所示。

表 3 - 4　　低介入度产品下各变量间的相关性及各自得分均值与标准差

变量	性别	年龄	教育	收入	中国品牌产地识别度	外国品牌产地识别度
性别	1					
年龄	0.056	1				
教育	− 0.159 **	− 0.347 **	1			
收入	0.023	− 0.087	0.187 **	1		
中国品牌产地识别度	− 0.024	− 0.129 **	0.357 **	0.318 **	1	
外国品牌产地识别度	0.037	− 0.147 **	0.484 **	0.330 **	0.571 **	1
均值	1.580	39.160	3.908	5.190	0.497	0.226
标准差	0.498	11.667	1.317	1.554	0.331	0.199

注：＊表示 $P < 0.05$（双尾检验）；＊＊表示 $P < 0.01$（双尾检验）。

从表 3 - 4 中可以看出，首先看识别度，在低介入度产品下，中国品牌产地识别度的均值达到 0.497，而外国品牌产地识别度的均值仅为 0.226，这里的识别度剔除了对品牌不熟悉的受访者。可以说，总体看受访者对低介入度产品品牌的产地了解有限；然后看性别，同中国和外国品牌的相关性均不显著；之后是年龄，同中国和外国品牌均是负相关，虽然显著，但相关性很低；再之后是教育和收入，同中国和外国品牌均为显著正相关，相关性总体上为中等相关。

对于高介入度产品的测量结果如表 3 - 5 所示。

表 3 - 5 高介入度产品下各变量间的相关性及各自得分均值与标准差

变量	性别	年龄	教育	收入	中国品牌产地识别度	外国品牌产地识别度
性别	1					
年龄	0.056	1				
教育	- 0.159 **	- 0.347 **	1			
收入	0.023	- 0.087	0.187 **	1		
中国品牌产地识别度	- 0.114 **	- 0.131 *	0.488 **	0.394 **	1	
外国品牌产地识别度	- 0.175 **	- 0.112 *	0.529 **	0.377 **	0.671 **	1
均值	1.580	39.160	3.908	5.190	0.782	0.729
标准差	0.498	11.667	1.317	1.554	0.318	0.204

注：∗ 表示 $P < 0.05$（双尾检验）；∗∗ 表示 $P < 0.01$（双尾检验）。

从表 3 - 5 中可以看出，首先看识别度，在低介入度产品下，中国品牌产地识别度的均值达到 0.782，而外国品牌产地识别度的均值也达到了 0.729，可以说，受访者对高介入度产品品牌的产地有较多得了解；然后看性别，同中国和外国品牌的相关性显著，但相关系数太低；之后是年龄，虽然显著，但同样是相关性很低；再之后是教育，同中国和外国品牌均为显著正相关，其中对中国品牌为中等相关，对外国品牌达到了强相关；最后是收入，也达到了中等相关。

根据以上测量结果，本研究对低介入度产品下高原产地识别的顾客特征作出如下总结：

（1）对于低介入度产品，中国城市顾客对其品牌原产地了解是很有限的。

（2）对于低介入度产品，在中国城市顾客中，经济收入越高，消费者对原产地的识别越高。

（3）对于低介入度产品，在中国城市顾客中，教育程度越高，消费者对原产地识别的程度越高。

（4）年龄对原产地的识别影响不明显。

（5）对于低介入度产品，在中国城市顾客中，男性的原产地识别度高于女性。

根据以上测量结果，本研究对高介入度产品下高原产地识别的顾客特征作出如下总结：

（1）对于高介入度产品，中国城市顾客对其品牌原产地有比较多的了解。

（2）对于高介入度产品，经济收入影响不明显。

（3）对于高介入度产品，在中国城市顾客中，教育程度越高，消费者对原产地识别的程度越高。

（4）年龄对原产地的识别影响不明显。

（5）对于高介入度产品，在中国城市顾客中，男性的原产地识别度高于女性。

本节进一步证实了介入度对于原产地形象研究存在的影响。对于不同介入度的产品，顾客的原产地识别程度是不同的。这意味着，顾客对不同介入度的产品对其原产地的关注程度不同。这也意味着，产品介入度的不同，其原产地形象在顾客决策过程中发挥作用的程度很可能也是不同的。为了进一步开展研究，我们已在第2章构建了一个相对于前人研究更为详细的原产地形象影响品牌态度的理论模型，以进一步考察介入度对原产地形象研究带来的影响。同时，在即将进行正式测量时的样本选择将参考本节的实证结果，样本将尽可能多地选择原产地识别度较高的顾客，以保证尽可能少地出现对原产地形象毫不关心的顾客来回答各类与原产地紧密相关的消费问题，而带来的问卷的无效性。

3.3 产品与样本的选择

3.3.1 产品与品牌的选择

本研究对产品与品牌的选择，主要经过两个阶段的筛选：首先是通过专家访谈和小样本的顾客调研，初步形成一个低介入度产品和高介入度产品的代表性产品群；然后参考 CNPP 的知名品牌榜单，形成一份基础的待筛选品牌群，再进行一轮顾客调研，通过受访者对这些品牌的知名程度和产地识别程度的评分，选出最后参与正式问卷调查的品牌群。具体过程如下：

（1）低介入度与高介入度代表性产品群的筛选。对于产品群的筛选，这一工作在 3.2.2 小节开展预调研时已经完成。首先通过对 3.2.2 小节中选择的 3 位专家的问卷调查，然后又对 9 名博士生再进行调查，在综合了专家和博士生的调查结果后，从众多产品类别中选出低介入度和高介入度的代表性产品。对低介入度代表性产品的选择为饮用水、牙膏、洗发水、运动鞋和休闲装，对高介入度代表性产品的选择为平板电视、台式电脑、洗衣机、冰箱和小型车。

（2）低介入度与高介入度代表性产品品牌群的筛选。对于品牌群的筛选，笔者综合了 CNPP 的各类知名品牌榜单，形成基础的待筛选品牌群。问卷发放工作是在 2015 年 9 月开展的，问卷发放的对象选择是在哈尔滨工业大学学习的 MBA 和 EMBA 学员，通过导师利用上课的机会问卷发放下去，一周后上课回收，累计发放问卷 106 份，问卷的回收率是 100% 的。问卷的形式是让受访者对给出的品牌在知名程度和产地识别程度上选择 1 ~ 7 进行打分。对于产地识别这一问题，我们直接让受访者对品牌打分以减少填问卷的时间，而不是像第 2 章那样让受访者对产地进行选择。因为后面的数据分析不涉及产地识别度，我们旨在保证最后选择的参与正式问卷调查的品牌中尽可能地没有冷门品牌。另外,对于汽车品牌的选择,同时还参考了2015年度各大品牌汽车在大陆市场的销量排行,以及在ZDC调研中心里的品牌关注度排名。综合以上的调研结果和信息后,本研究选择了总计10类产品140个品牌。其中,低介入度产品5类,包含69个品牌;高介入度产品5类,包含71个品牌,具体如表3-6、表3-7、表3-8和表3-9所示。

表3-6 　　　　　　　　　　选择的低介入度产品品牌数

低介入度	饮用水	牙膏	洗发水	运动鞋	休闲装	总计
中国	11	6	7	6	13	43
外国	3	7	10	4	2	26

表3-7 　　　　　　　　　　选择的高介入度产品品牌数

高介入度	平板电视	台式电脑	洗衣机	冰箱	小型车	总计
中国	6	10	6	8	5	35
外国	4	3	7	8	14	36

表3-8 　　　　　　　　　　选择的低介入度产品品牌

饮用水		牙膏		洗发水		运动鞋		休闲装	
品牌	原产地	品牌	原产地	品牌	原产地	品牌	原产地	品牌	原产地
西藏冰川	中国	高露洁	美国	海飞丝	美国	耐克	美国	美特斯·邦威	中国
昆仑山	中国	佳洁士	美国	潘婷	美国	阿迪达斯	德国	森马	中国
恒大冰泉	中国	黑人	中国	清扬	英国	安踏	中国	以纯	中国
农夫山泉	中国	云南白药	中国	沙宣	英国	李宁	中国	真维斯	中国香港
益力	法国	三笑	美国	欧莱雅	法国	特步	中国	杰克琼斯	丹麦
百岁山	中国	中华	中国	多芬	美国	361度	中国	优衣库	日本
怡宝	中国	丽齿健	美国	飘柔	美国	匹克	中国	班尼路	中国香港
雀巢	法国	舒客	中国	施华蔻	德国	新百伦	美国	唐狮	中国

续表

饮用水		牙膏		洗发水		运动鞋		休闲装	
品牌	原产地	品牌	原产地	品牌	原产地	品牌	原产地	品牌	原产地
屈臣氏	中国香港	舒适达	英国	力士	美国	彪马	德国	佐丹奴	中国香港
康师傅	中国台湾	竹盐	韩国	水之密语	日本	乔丹	中国	卡宾	中国
娃哈哈	中国	狮王	日本	霸王	中国			爱登堡	中国香港
统一	中国台湾	冷酸灵	中国	拉芳	中国			太平鸟	中国
冰露	美国	两面针	中国	迪彩	中国			八哥	中国
乐百氏	中国			蒂花之秀	中国			江南布衣	中国
				好迪	中国			虎豹	中国
				舒蕾	中国				
				索芙特	中国				

表 3 – 9   **选择的高介入度产品品牌**

平板电视		台式电脑		洗衣机		冰箱		小型车	
品牌	原产地	品牌	原产地	品牌	原产地	品牌	原产地	品牌	原产地
海信	中国	联想	中国	海尔	中国	海尔	中国	丰田	日本
创维	中国	戴尔	美国	西门子	德国	西门子	德国	大众	德国
三星	韩国	惠普	美国	小天鹅	中国	三星	韩国	现代	韩国
TCL	中国	华硕	中国台湾	松下	日本	美菱	中国	日产	日本
索尼	日本	苹果	美国	三洋	日本	容声	中国	别克	美国
乐视	中国	宏碁	中国台湾	LG	韩国	美的	中国	本田	日本
LG	韩国	神舟	中国	三星	韩国	松下	日本	福特	美国
夏普	日本	清华同方	中国	惠而浦	日本	海信	中国	雪弗兰	美国
长虹	中国	海尔	中国	美的	中国	LG	韩国	起亚	韩国
康佳	中国	ThinkCentre	中国	博世	德国	卡萨帝	中国	长城	中国
		明基	中国台湾	荣事达	中国	新飞	中国	奇瑞	中国
		方正	中国	威力	中国	博世	德国	吉利	中国
		长城	中国	小鸭	中国	惠而浦	日本	比亚迪	中国

续表

平板电视		台式电脑		洗衣机		冰箱		小型车	
品牌	原产地	品牌	原产地	品牌	原产地	品牌	原产地	品牌	原产地
						伊莱克斯	瑞典	奥迪	德国
						日立	日本	马自达	日本
						澳柯玛	中国	标致	法国
								雪铁龙	法国
								中华	中国
								斯柯达	德国

3.3.2 受访者样本的选择

根据预调研结果，本研究将尽可能选取原产地识别度高可能性的样本参与测量。本研究的问卷发放工作在 2015 年下半年展开，城市选取参考了来自各城市 2015 年政府工作报告中的城镇人均可支配收入数据。因此，表 3 - 10 的数据为 2014 年的数据。

表 3 - 10　　　2014 年中国 31 个省会级城市城镇人均可支配收入排名

排名	省级行政区	省会级城市	城镇人均可支配收入（元）
1	上海	上海	47710
2	浙江	杭州	44632
3	北京	北京	43910
4	广东	广州	42955
5	江苏	南京	42568
6	山东	济南	38763
7	湖南	长沙	36826
8	陕西	西安	36100
9	内蒙古	呼和浩特	34723

续表

排名	省级行政区	省会级城市	城镇人均可支配收入（元）
10	辽宁	沈阳	34223
11	湖北	武汉	33270
12	四川	成都	32665
13	福建	福州	32451
14	天津	天津	31506
15	云南	昆明	31295
16	安徽	合肥	29348
17	河南	郑州	29095
18	江西	南昌	29091
19	黑龙江	哈尔滨	28816
20	吉林	长春	27298
21	广西	南宁	27075
22	海南	海口	26530
23	宁夏	银川	26118
24	河北	石家庄	26071
25	山西	太原	25768
26	重庆	重庆	25147
27	贵州	贵阳	24961
28	新疆	乌鲁木齐	23755
29	西藏	拉萨	23350
30	甘肃	兰州	23259
31	青海	西宁	21291

注：灰色底纹为选取的问卷发放城市。
资料来源：2015 年各城市政府工作报告。

根据城镇人均可支配收入排名，考虑到收入要具有明显差异，以及调研资源的最大化，本研究选择的问卷发放城市为哈尔滨、沈阳、北京。从表3-10中可以看到，这三座城市的城镇人均可支配收入分别处于高水平、中高水平和中等水平，这使得调研样本能够反映不同收入水平的城市消费环境。另外，由于本书的研究团队同时还承担北京多个院所企业绩效研究项目，因此，哈尔滨和北京拥有丰富的资源可以保证大量问卷的有效发放和回收。同时，中国社科院和社科文献出版社联合发布的蓝皮书《2016中国社会形势分析与预测》显示，北京的中等收入群体年收入为25.6万元。此数据对于收入层次划分有重要的参考作用。另外，考虑到多数受访者很可能不会计入工资以外的其他收入，回收的数据很可能体现的是工资水平层面的收入。因此，以下表格中对收入的中高低层次的划分可能会比我们在实际生活中所感知的收入水平要低。

本研究总计在这3个城市的60个居民社区发放问卷1500份，主要选择高收入人群集中的中高档小区。正式调研中，本研究每个城市发放500份问卷，为提高问卷回收率，依然采用当面填写当面回收的方式，3座城市问卷的回收率均达到了100%。问卷发放工作在2015年10月开展，由于正式问卷工作量较大，团队包括本人在内，在导师的安排下，从课题团队选择3位博士生和4位硕士生，一共8人，4男4女，男女搭配2人一组，每组包括1位博士生和1位硕士生，分为4个小组，依次在哈尔滨、沈阳和北京开展工作。每个城市均选择了20个中高档居民小区，每个小组负责5个小区，每个城市累计5天工作，每天完成1个小区，每个小区收集25份问卷。为在问卷发放过程中体现本次测量的规范性，最主要是给予受访者一种直观感受，让他们感觉到在接受正规的调研访问，而不是随意的街边营销让受访者感到反感，我们要求团队成员着装正式，言谈举止礼貌规范，为此我们做了充分的准备，由于和预调研相比，又有新的成员加入团队，我们依旧在校内先进行了排练。本次调研主要选择在中高档居民小区，并事先和物业部门取得联系并征得同意。由于10月份气温较低，小区内傍晚休息散步的人群很少，能够配合的人也不多。因此，我们在导师的帮助下，事先和各个小区物业部门充分沟通，采用家庭走访的形式，每个小区随机选择25户。为保证住户家中有人，在

10 月和 11 月总计选择 3 个双休日，由物业人员带领走访家庭开展调研。计划累计工作 5 天，如果 5 天的工作量未达标，则在第三个周末增加一天来补充。实际过程中，5 天时间基本完成任务，最后一天有少量补充，总体上取得了较好的效果。为提高团队成员工作的积极性，每天提前完成计划工作量的小组即可自由活动，超出计划工作量的小组以增加劳务费的形式作为奖励。为提高填写质量和问卷的吸引力，团队为每户家庭准备了小礼物。样本统计的具体情况如下：

1. 哈尔滨的样本统计情况

哈尔滨收集 500 份问卷，剔除无效问卷 54 份，有效回收 446 份，有效回收率 89.2%，如表 3-11 所示。剔除掉大学本科学历以下以及较低收入的样本 105 份。最后参与假设检验的哈尔滨样本数为 341 份。

表 3-11 哈尔滨样本分布（446 份）

项目	级别	样本数量（人）	所占比例（%）
性别	男	327	73.32
	女	119	26.68
年龄段	20~24 岁	39	8.74
	25~34 岁	98	21.97
	35~44 岁	147	32.96
	45~54 岁	118	26.46
	55~64 岁	44	9.87
教育水平	初中及以下	12	2.69
	高中	21	4.71
	大专	52	11.66
	大学	292	65.47
	硕士及以上	69	15.47

项目	级别	样本数量（人）	所占比例（%）
家庭月均收入	5000 元及以下	12	2.69
	5001～8000 元	40	8.97
	8001～10000 元	218	48.88
	10001～15000 元	89	19.96
	15001～20000 元	58	13.00
	20000 元以上	29	6.50

注：灰色底纹为不参与假设检验的样本。

2. 沈阳的样本统计情况

沈阳收集 500 份问卷，剔除无效问卷 51 份，有效回收 449 份，有效回收率 89.8%，如表 3-12 所示。剔除掉大学本科学历以下以及较低收入的样本85 份，最后参与假设检验的沈阳样本数为 364 份。

表 3-12 　　　　　　　　沈阳样本分布（449 份）

项目	级别	样本数量（人）	所占比例（%）
性别	男	325	72.38
	女	124	27.62
年龄段	20～24 岁	33	7.35
	25～34 岁	94	20.94
	35～44 岁	155	34.52
	45～54 岁	126	28.06
	55～64 岁	41	9.13
教育水平	初中及以下	9	2.00
	高中	18	4.01
	大专	47	10.47
	大学	303	67.48
	硕士及以上	72	16.04

续表

项目	级别	样本数量（人）	所占比例（%）
家庭月均收入	7000 元及以下	14	3.12
	7001～12000 元	43	9.58
	12001～15000 元	226	50.33
	15001～20000 元	87	19.38
	20001～25000 元	56	12.47
	25000 元以上	23	5.12

注：灰色底纹为不参与假设检验的样本。

3. 北京的样本统计情况

北京收集 500 份问卷，剔除无效问卷 41 份，有效回收 459 份，有效回收率 91.8%，如表 3 - 13 所示。剔除掉大学本科学历以下以及较低收入的样本72 份，最后参与假设检验的北京样本数为 387 份。

表 3 - 13　　　　　　　　　　北京样本分布（459 份）

项目	级别	样本数量（人）	所占比例（%）
性别	男	334	72.77
	女	125	27.23
年龄段	20～24 岁	35	7.63
	25～34 岁	97	21.13
	35～44 岁	158	34.42
	45～54 岁	127	27.67
	55～64 岁	42	9.15
教育水平	初中及以下	7	1.52
	高中	21	4.58
	大专	32	6.97
	大学	314	68.41
	硕士及以上	85	18.52

项目	级别	样本数量（人）	所占比例（%）
家庭月均收入	10000 元及以下	8	1.74
	10001～15000 元	19	4.14
	15001～20000 元	31	6.76
	20001～25000 元	271	59.04
	25001～30000 元	103	22.44
	30000 元以上	27	5.88

注：灰色底纹为不参与假设检验的样本。

4. 最后选择的样本统计情况

首先对表 3 - 11、表 3 - 12 和表 3 - 13 的数据做出如下说明。剔除的样本包括三种情况：学历低但收入不低、收入低但学历不低、学历收入都低。因此表 3 - 11、表 3 - 12 和表 3 - 13 中，学历和收入各自的剔除样本数都不会超过剔除的总样本数。因为灰色底纹显示的学历低的样本中未包括学历高但收入低的样本，而以灰色底纹显示的收入低的样本中也未包括收入高而学历低的样本。而学历和收入灰色底纹的数据直接相加后一般会超过剔除的总样本数，且超出的即为学历收入都低的样本数。这里对此做出以上解释，以免误解。

最后，1500 份正式问卷发放后回收的有效样本总数 1354 份，有效回收率为 90.27%。剔除掉大学本科学历以下以及较低收入的样本，最后参与假设检验的样本数为 1092 份，占问卷发放总数的 72.80%，占问卷有效回收总数的 80.65%。样本分布情况如表 3 - 14 所示。从表中可以看出，男性比例为 72.99%，总体上符合实证设计中提出的更多地选择男性消费者的要求。

表 3 - 14　　　　　　　参与假设检验的整体样本分布（1092 份）

项目	级别	样本数量（人）	所占比例（%）
性别	男	797	72.99
	女	295	27.01
年龄段	20 ~ 24 岁	72	6.59
	25 ~ 34 岁	196	17.95
	35 ~ 44 岁	427	39.10
	45 ~ 54 岁	303	27.75
	55 ~ 64 岁	94	8.61
教育水平	大学	883	80.86
	硕士及以上	209	19.14
家庭月均收入	8001 ~ 12000 元	236	21.61
	12001 ~ 15000 元	245	22.44
	15001 ~ 20000 元	134	12.27
	20001 ~ 25000 元	338	30.95
	25000 元以上	139	12.73

3.4　顾客对原产地形象感知量表的设计

3.4.1　产品层面的感知

顾客对原产地形象在产品层面的感知主要包括社会形象感知和个人偏好感知。对原产地社会形象感知的测量，本书主要依据崔楠和王长征（2010）[90]设计的量表（如表 3 - 15 所示），量表含 4 个维度、13 个题项。并再次通过在哈尔滨工业大学组织的 200 人规模的信度与效度测量，测量在哈尔滨工业大学教室和实验室随机选择 200 名学生，包括 100 名 MBA 学员与 EMBA 学员，50 名硕士生和 50 名博士生，测量问卷是当面填写，填完后及时回收。本次测量还包括其他变量量表的信度与效度测量，具体过程如下，后文不再赘述。

表 3－15　　　　　　　　　　　品牌象征价值量表信度与效度检测

量表	条目	alpha	因子载荷	变异量解释度（％）	KMO 值	Bartlett 球形鉴定显著性
关系形象	该品牌可以被用来表达友谊		0.904			
	该品牌可以被用来表达爱情		0.917			
	该品牌可以被用来表达亲情	0.926	0.925	77.2	0.571	0.000
	该品牌可以增进与他人的亲密关系		0.813			
社会形象	该品牌有较高的社会知名度		0.899			
	追求生活品质的人群常常使用该品牌	0.917	0.929	81.5	0.622	0.000
	该品牌是高品质产品的象征		0.918			
集体形象	该品牌常用来表现消费者是某群体的一员		0.896			
	该品牌可以表达对某个群体的认同	0.911	0.913	71.9	0.608	0.000
	该品牌可以被看作是某个群体的象征		0.886			
个人形象	该品牌常常反映了它的消费者的个性		0.921			
	该品牌产品有自身的特色	0.934	0.945	83.6	0.725	0.000
	该品牌产品特色能与顾客需求相契合		0.886			

测量在 2015 年 9 月进行，包括笔者在内，在导师的安排下，从课题团队选择 1 位博士生和 2 位硕士生，一共 4 人，2 人一组，每组包括 1 位博士生和

1 位硕士生，分为 2 个小组，先在哈尔滨工业大学科学园发放问卷 3 天，然后 4 人到哈尔滨工业大学一校区管理学院实验室和寝室发放问卷 2 天。要求每组每天达到不低于 20 份问卷发放的工作量。为提高团队成员工作的积极性，每天超出计划工作量的小组以增加劳务费的形式作为奖励。为提高填写质量和问卷的吸引力，团队为每位填写者准备了小礼物。团队在哈尔滨工业大学科学园连续工作 3 天收集 122 份问卷，在哈尔滨工业大学一校区管理学院实验室和寝室连续工作 2 天收集 78 份问卷，总计收集 200 份问卷。由于我们没有采用集体发放回收的方式，而是随机选择受访者，当面填写，填完后及时回收，所以问卷的回收率是 100% 的。我们的问题是："曾有某个品牌让我感觉到_____"。采用 7 点测量法，结果显示具有良好的信度和效度。

从表 3 - 15 可以看出，在 alpha 值方面，关系形象为 0.926、社会形象为 0.917、集体形象为 0.911、个人形象为 0.934，均在 0.9 以上。4 类量表下，各自测项的因子载荷也较高。其中，在关系形象中，关于友谊、爱情和亲情的表达的测项都在 0.9 以上；在社会形象中，关于生活品质和产品品质的象征的测项在 0.9 以上；在集体形象中，关于群体认同的测项达到了 0.9 以上；在个人形象中，关于消费者个性和产品特色的测项达到了 0.9 以上。当然，各测项的因子载荷都在 0.8 以上。综合各项指标结果显示具有良好的信度和效度。本书第 4 章会以此为基础筛选出原产地形象测量所需的产品感知测项。

3.4.2　情感层面的感知

本研究对各变量的测量将尽可能地使用成熟量表，一方面保证了测量的有效性，另一方面可以把更多精力和笔墨着重在最后的结果分析上。为了保证量表能够紧密围绕原产地问题，我们在原量表的基础上对词语的使用进行了小组讨论，再进一步确定题项的语言呈现方式，题项的表述采用了简化的方式，以便于受访者能够轻松回答，而不被烦琐的语句困扰影响问卷填写效果。顾客对原产地形象在情感层面的感知的测量主要参考品牌象征和体验的相关量表，主要参考布兰克丝（Brakus）等人[164]和迈斯维克（Mathwick）等人[165]研究设计的量表，并再次经过我们组织的200人规模的检验，我们的问题是："曾有某个品牌，我对其产品的使用会_____"。采用7点测量法，结果显示各量表依然具有良好的信度和效度，见表3-16。

表3-16　　　　　　　　　　品牌体验价值量表信度与效度检测

量表	条目	alpha	因子载荷	变异量解释度（%）	KMO值	Bartlett球形鉴定显著性
感官体验	给我深刻的感官印象	0.817	0.803	73.7	0.674	0.000
	具有有趣的感官方式		0.818			
	感官具有吸引力		0.714			
情感体验	能够诱发某种情感	0.902	0.803	82.5	0.814	0.000
	具有某种强烈的情感		0.877			
	代表着有情感的品牌		0.861			
认知体验	能够使我进行大量的思考	0.803	0.607	74.9	0.705	0.000
	使我思考		0.616			
	能够激发好奇心，提高解决问题的能力		0.709			
关系体验	使我有实现自我的感觉	0.923	0.842	81.4	0.803	0.000
	使我受到良好的社会尊重		0.795			
	给我一种成就感		0.871			
行动体验	使用该产地的品牌投入了亲身活动	0.831	0.646	69.2	0.591	0.000
	给予亲身的体验		0.701			
	让我亲身体验新活动		0.655			

从表3-16可以看出，在alpha值方面，感官体验为0.817、情感体验为0.902、认知体验为0.803、关系体验为0.923、行动体验为0.831，均在0.8以上。4类量表下，各自测项的因子载荷也较高。其中，在感官体验中，感官印象和方式都在0.8以上；在情感体验中，各测项均在0.8以上；关系体验中，实现自我和成就感达到了0.8以上。综合各项指标结果显示具有良好

的信度和效度。本书第 4 章会以此为基础筛选出原产地形象测量所需的情感
感知测项。

3.5　顾客对产品价值感知量表的归纳与开发

本研究的量表开发是在归纳了一些著名学者相关文献基础上实现的。目
前，对感知价值的测量体系众多，有单维量表也有多维量表，与顾客情感面
相关的测量题项越来越多。事实上，顾客感知价值正越来越多地偏向于情感
面。一方面感知价值本身就包含着情感因素；另一方面厂商营销越来越重视
激发顾客的情感。本研究在梳理相关实证文献的基础上，整理出主要的测量
题项研究成果，如表 3 - 17 所示。

表 3 - 17　　　　　　　　　　有关顾客感知价值的测量

学者	实证背景	维度	具体维度与问项摘要
Babin et al.[110]	传统环境 B2C	多维	(1) 效用价值：必须/不必须，有效/无效，功能性/无功能性，实用/不实用…… (2) 享乐价值：沉闷/激动，不高兴/高兴的，无趣/有趣，放松/毛骨悚然，令人厌烦/令人感兴趣
Lapierre et al.[166]	传统环境 B2C	单维	(1) Very bad value——excellent value (2) Very bad buy——excellent buy
Cronin et al.[167]	传统环境 B2C	单维	(1) 总的来说，对我的价值是…… (2) 与我付出的相比，该公司满足我需求的总体能力是……
Haemoon[168]	传统环境 B2C	单维	(1) 与价格相比，这家公司的产品和服务是…… (2) 我感觉，花这些钱值 (3) 这家公司提供了有价值的产品和服务……

续表

学者	实证背景	维度	具体维度与问项摘要
Sweeney & Soutar[115]	传统环境 B2C 耐用品	多维	（1）品质/绩效价值：质量一致性，制造精良，绩效一致…… （2）情绪价值：让我享受，使我想去使用它，给我快乐…… （3）货币性价格价值：价格合理，价有所值，质量好…… （4）社会价值：使我感觉被别人接受，让我被社会接受……
Yang et al.[169]	网络银行	单维	（1）该公司提供了有吸引力的产品/服务 （2）同样的产品该公司的收费很公平 （3）该公司提供了更多的免费服务 （4）较之我付出的，该公司比别的公司为我提供更好的价值
Mathwick et al.[118]	网络零售业	多维	（1）美感吸引：某网站的产品展示有吸引力…… （2）娱乐价值：我认为某网站是很令人娱乐的…… （3）逃避现实：从某网站购物能使我远离一切…… （4）内在享乐：在某网站上还享受了购物的乐趣…… （5）效率：从某网站购物时管理时间的一种高效方式…… （6）经济价值：某网站的产品有好的经济价值…… （7）卓越：我认为某网站是商品提供专家……
Harris & Goode[170]	网络零售业	单维	（1）较之付出的金钱，该网站产品有卓越的价值 （2）该网站服务有卓越的价值 （3）较之付出的金钱，我对从该网站得到的价值感到快乐 （4）从该网站购买的商品付出的每一分钱都值
王永贵等[171]	传统环境证券服务业	多维	（1）功能价值：公司总是提供优异的顾客服务…… （2）情感价值：本公司的品牌/服务是顾客喜欢的…… （3）社会价值：与本公司交易使人对顾客产生好的印象…… （4）感知利失：本公司的品牌/服务价格不太合理……

续表

学者	实证背景	维度	具体维度与问项摘要
王高[172]	传统环境 手机行业	多维	(1) 感知利益 (2) 感知功能 (3) 感知可靠性 (4) 感知服务 (5) 感知品牌 (6) 感知成本（价格）
董大海等[173]	传统环境	单维	产品性能、质量、服务、费用等总体价值评价
于春玲等[174]	传统环境 B2C	多维	(1) 品牌功能性价值：您认为这个品牌质量如何？…… (2) 品牌象征性价值：该品牌的风格符合您的品位个性吗？…… (3) 品牌体验性价值：该品牌能引发情感方面的联想吗？……

表 3 – 17 整理的各位学者的研究成果涵盖了国内外各种研究情境，本书要生成的量表一方面要积极参考这些研究成果，另一方面也要注意到由于研究情境和具体的研究对象的差异。表 3 – 17 中的研究成果对于实证背景的划分总体上分为两类，一是与互联网完全无关的传统消费环境，二是完全在网络上进行采购商品。而本书所设定的互联网消费环境，既有线上获取信息线上购买，也包括线上获取信息线下购买。因此也就需要我们对以往的成果做进一步的筛选。本研究首先选择 3 名营销学博士生，对这 3 名博士生的要求是，从网络获取商品信息是日常消费的主要信息获取渠道。然后请他们以表3 – 17 中的题项为基础，从中归纳出本研究在第三章定义的结果性、程序性和情感性价值的测量题项。然后将博士生整理的结果再请上文 3.2.2 小节和3.3.1 小节中提到的 3 位营销学教授分别进行再次归纳，结果如表 3 – 18所示。

表 3 – 18　　　　　　　　　　互联网环境下的顾客感知价值的测量

研究构面	测量题项	依据文献
结果性价值	掌握信息和知识	Pine & Gillmore[113]
	产品质量与性能	Babin et al.[110]、Mathwick et al.[118]、Pantoja et al.[175]
	购买到需要的商品	Babin et al.[110]、Sweeney & Soutar[115]、于春玲等[176]
	服务有卓越的价值	Cronin et al.[167]、Harris & Goode[170]
	产品价有所值	Sweeney & Soutar[115]、Mathwick et al.[118]、董大海等[173]
	交易经济划算	Sweeney & Soutar[115]、Mathwick et al.[118]、王永贵等[171]
程序性价值	购物过程简单	Jalilvanda et al.[176]、Kim et al.[177]
	购物便利	Jalilvanda et al.[176]、Kim et al.[177]
	掌控购买行为	Jalilvanda et al.[176]、Kim et al.[177]
	高效率的购买方式	Jalilvanda et al.[176]、Kim et al.[177]
情感性价值	精神振奋	Babin et al.[110]、Mathwick et al.[118]
	忘我	Mathwick et al.[118]
	有趣	Babin et al.[110]、Mathwick et al.[118]
	愉快	Sweeney & Soutar[115]、Mathwick et al.[118]
	享受	Sweeney & Soutar[115]、Mathwick et al.[118]
	没有压力，放松	Babin et al.[110]、Sweeney & Soutar[115]、王永贵等[171]
	被他人或社会认可	Sweeney & Soutar[115]、王永贵等[171]

接下来我们对该量表进行信度和效度检验，同之前的 200 人规模的调研一起进行了测试，我们的问题是："网购或从网上获取商品信息会使我感到_____"，采用 7 点测量法。结果如表 3 – 19 所示。我们发现，结果性价值中的"服务有卓越的价值"以及情感性价值中的"精神振奋"和"忘我"的 Cronbanch Alpha 系数偏低，虽然根据农纳利（Nunnally）在 1967 年提出的标准建议，只有当 Cronbanch Alpha 系数低于 0.35，才表示信度较低不应该使

用，但对于系数低于 0.4 的这三个条目，我们还是给予其剔除处理。

表 3 - 19　　　　　　　　　　顾客感知价值量表信度与效度检测

量表	条目	alpha	因子载荷	变异量解释度（%）	KMO 值	Bartlett 球形鉴定显著性
结果性价值	掌握信息和知识	0.828	0.605	73.6	0.613	0.000
	产品质量性能有保证		0.712			
	购买到需要的商品		0.643			
	服务有卓越的价值		0.393			
	产品价有所值		0.723			
	交易经济划算		0.639			
程序性价值	购物过程简单	0.877	0.729	81.9	0.761	0.000
	购物便利		0.785			
	掌控购买行为		0.733			
	高效率的购买方式		0.792			
情感性价值	精神振奋	0.841	0.371	78.9	0.636	0.000
	忘我		0.389			
	有趣		0.601			
	愉快		0.636			
	享受		0.618			
	没有压力，放松		0.607			
	被他人或社会认可		0.719			

3.6　顾客品牌态度量表的设计

本书在第 3 章通过一系列的分析，已经在理论上完成了品牌态度维度的构建，并将顾客品牌态度划分为：认知性品牌态度、情感性品牌态度和品牌购买意愿。营销学界对顾客品牌态度的测量，主要采用语义差别的方法建构量表以开展研究。科克斯（Cox）等在 1987 年的研究对顾客品牌态度的测量使用的是 9 级量表，并使用好或不好、喜欢或不喜欢、令人愉悦或不愉悦供受访者选择[178]。米塔尔（Mittal）在 1990 年的研究则在量表中使用好或不好、喜欢或不喜欢、合心意或不合心意对顾客品牌态度进行测量[179]。洛（Low）和兰姆（Lamb）在 2000 年的研究采用了类似的测量选项，并认为顾客品牌态度是综合反映品牌各方面因素联合的维度[180]。吉（Jee）等在 2013 年和玛丽亚（Maria）等在 2014 年的研究对顾客品牌态度的测量使用的是 4 题项 7 级量表，具体为是否喜欢某品牌，某品牌是否令人愉悦，某品牌好不好，质量高或低[181,182]。玄（Hyun）等在 2015 年的研究则集中在顾客品牌态度和顾客满意间的关系，对品牌态度的测量则采用 2 题项 5 级量表，具体为非常支持或非常不支持、非常喜欢或非常不喜欢[183]。国内学者在这方面也取得了较多的研究成果。学者柴俊武（2007）对顾客品牌态度的研究聚焦于其和品牌信任的关系，提出顾客品牌态度可以划分为品牌认知和品牌情感，对其测量使用 6 题项和 7 级量表[184]。姚杰（2009）的研究也认为认知和情感是态度的主要影响因素，并将研究聚焦于消费者对广告的态度，对态度的测量使用 5 级量表 5 题项进行测量[185]。田虹和袁海霞（2013）的研究充分地回顾了以往的品牌态度研究成果，并通过归纳总结认为，经典的态度三重模型依然扮演着学界对品牌态度划分的主要依据的角色，据此将品牌态度划分为认知、情感和行为意愿三个维度，通过 5级量表 9 个题项开展测量[127]。

从以上研究可以看出，对于品牌态度的测量，学者们普遍认为不应是单维的，应该是由多个维度构成的。在前文的分析中，我们已经决定以经典的态度三重模型为理论基础对消费者品牌态度进行研究。再次通过研究以上多位学者设计的具体测量题项，并进一步参考近年的研究成果，结合态度三重模型，本研究设计的顾客品牌态度量表初步整理后如表 3 – 20所示。

表 3 – 20　　　　　　　　　　　顾客品牌态度量表

名称	指标	来源
认知性品牌态度	该产品很好 该产品物有所值 该产品令人满意	Maria Pagla（2014）[182]； Eun Sook（2014）[186]……
情感性品牌态度	喜欢该产品 信赖该产品 在同类产品中对其有强烈的兴趣	Myers（2013）[187]； Lafferty（2007）[188]……
品牌购买意愿	购买该产品的可能性极大 购买此类产品时，会优先考虑该产品 愿意以高一些的价格来购买该产品	Lafferty（2007）[188]； Winterich（2013）[189]……

　　我们对该量表同前文设计的量表一样，再次经过 200 人规模检验，我们的问题是："我对某个喜爱品牌的产品评价一般是_____"。依然采用 7 点测量法，检验显示设计的量表具有良好信度和效度，结果如表 3 – 21 所示。

表 3 – 21　　　　　　　　品牌态度量表信度与效度检测

量表	条目	alpha	因子载荷	变异量解释度（％）	KMO 值	Bartlett 球形鉴定显著性
认知性品牌态度	该产品很好		0.892			
	该产品物有所值	0.906	0.908	86.6	0.811	0.000
	该产品令人满意		0.875			
情感性品牌态度	喜欢该产品		0.824			
	信赖该产品	0.912	0.909	85.7	0.723	0.000
	在同类产品中对其有强烈的兴趣		0.887			
品牌购买意愿	购买该产品的可能性极大		0.916			
	购买此类产品时，会优先考虑该产品	0.917	0.893	79.6	0.792	0.000
	愿意以高一些的价格来购买该产品		0.878			

3.7 本章小结

　　本章是为假设检验做实证准备的部分，其设计和测量决定着接下来章节检验所呈现的数据效果。本章主要完成了三个工作，首先设计了针对具体品牌的、能够突出原产地差异的多环节测量体系。本研究对每位受访者在每一类产品中的品牌打分都要进行排序，再将每类产品中的中国和外国品牌按照排序配对选出，然后分别计算每一类产品中被抽出的中国品牌和外国品牌在各个测量变量上的平均得分，再用中国品牌的平均分除以外国品牌的平均分乘以100，得到该受访者对该类产品的某个测量变量的值。这种测量方法可以有效对比中国和外国品牌的顾客偏好差异，并能够将这种差异体现到接下来的假设检验的全过程中。其次是本章通过预调研为正式调研中确定受访对象的特点提供了依据，并据此对正式调研时选择的受访者作出说明，同时筛选了低介入度产品和高介入度产品代表性品牌。最后本章对待测变量的量表进行了初步设计。为下一章开展变量测量奠定了基础。

第 4 章

原产地形象对品牌态度影响的
变量测量与假设检验

4.1　原产地形象对品牌态度影响的变量测量

4.1.1　源自产品的原产地形象感知的测量

根据第 3 章品牌象征价值量表的测项，我们发现如果该量表指向品牌原产地形象，而不是品牌，则有很多问项与原产地联系不够紧密，为了能够简单直接并符合实际地测量顾客对源自产品的原产地形象感知，本书在第 3 章3.4.1 小节中所描述的 200 人规模的调研中同时进行了问题的进一步筛选。问题是：我是否认可品牌原产地有如下的作用（在问卷中列出品牌象征性价值量表的问项）。选项有 3 个：支持、反对、不清楚。对于选择的标准，首先是支持者的数量要超过反对者，其次是支持者比例至少为 50% 左右。调研结果如表 4 − 1 所示。

表 4 − 1　　　　　　　源自产品的原产地形象感知测量问项的选择

量表	我是否认可品牌产地有如下的作用	支持	反对	支持率	选用
关系形象	可以被用来表达友谊	2	153	1%	
	可以被用来表达爱情	4	162	2%	
	可以被用来表达亲情	8	137	4%	
	可以增进与他人的亲密关系	7	121	3.50%	
社会形象	有较高的社会知名度	133	26	66.50%	√
	会被追求生活品质的人群使用	29	155	14.50%	
	是高品质产品的象征	119	39	59.50%	√
集体形象	常用来表现消费者是某群体的一员	9	169	4.50%	
	可以表达对某个群体的认同	2	178	1%	
	可以被看作是某个群体的象征	22	157	11%	
个人形象	常常反映了它的消费者的个性	28	116	14%	
	有自身的特色	117	31	58.50%	√
	产品特色能与顾客需求相契合	145	29	72.50%	√

　　根据调研结果，对于社会形象，我们选择"有较高的社会知名度""是高品质产品的象征"这两个问项，但由于这两个问题的含义高度相似，我们将其整合为一个问题，为方便消费者回答，我们设定题项为："该品牌原产地能够代表高品质产品，有较高的社会知名度。"对于个人偏好我们采用的是参考个人形象的题项："该品牌原产地所代表的产品特色能满足顾客需求。"题项测量采用李克特式 7 级量表，从"完全不同意""比较不同意""有点不同意""一般""有点同意""比较同意""完全同意"分别用 1 ~ 7分来表示，计算平均分并排序如表 4 − 2 和表 4 − 3 所示。

　　由于涉及数据表格众多，本书仅以测量结果具有代表性和独特性的变量为例作为过程展示，其余变量的测量结果不再赘述。本节以品牌原产地社会形象感知的测量结果为例。

表 4 – 2　　　　　　　**低介入度产品品牌原产地社会形象感知的测量**

饮用水			牙膏			洗发水			运动鞋			休闲装		
品牌	均分	排序	品牌	均分	排序	品牌	均分	排序	品牌	均分	排序	品牌	均分	排序
西藏冰川	5.02	3	高露洁	5.24	3	海飞丝	4.11	4	耐克	5.72	1	美特斯·邦威	4.91	3
昆仑山	5.13	1	佳洁士	5.37	2	潘婷	3.92	7	阿迪达斯	5.69	2	森马	4.98	1
恒大冰泉	3.94	8	黑人	3.01	10	清扬	4.24	2	安踏	4.94	5	以纯	4.92	2
农夫山泉	5.11	2	云南白药	5.09	5	沙宣	4.02	5	李宁	5.61	3	真维斯	4.83	5
益力	3.75	9	三笑	2.84	11	欧莱雅	4.37	1	特步	4.95	4	杰克琼斯	4.52	8
百岁山	4.89	4	中华	5.21	4	多芬	3.64	11	361 度	3.82	8	优衣库	4.65	7
怡宝	3.67	10	丽齿健	4.51	7	飘柔	3.72	9	匹克	3.71	9	班尼路	4.87	4
雀巢	4.88	5	舒客	3.81	8	施华蔻	4.21	3	新百伦	4.09	7	唐狮	3.28	14
屈臣氏	3.31	12	舒适达	5.53	1	力士	3.84	8	彪马	4.28	6	佐丹奴	4.73	6
康师傅	4.59	7	竹盐	4.83	6	水之密语	4.01	6	乔丹	3.48	10	卡宾	3.55	12
娃哈哈	4.66	6	狮王	2.31	13	霸王	3.54	12				爱登堡	3.97	10
统一	3.14	13	冷酸灵	3.48	9	拉芳	3.02	14				太平鸟	4.33	9
冰露	3.58	11	两面针	2.63	12	迪彩	2.72	16				八哥	3.06	15
乐百氏	2.92	14				蒂花之秀	2.80	15				江南布衣	3.41	13
						好迪	3.24	13				虎豹	3.76	11
						舒蕾	3.71	10						
						索芙特	2.57	17						

注：灰色底纹为外国品牌。

　　根据表 4 – 2 的测量结果，我们将各类产品中中国和外国品牌分别按照排序配对抽出。如在运动鞋中有 6 个中国品牌和 4 个外国品牌，只能配出 4 对。用同样的方法，我们在饮用水中抽出 3 对，在洗发水中抽出 7 对，在牙膏中抽出 6 对，在休闲装中抽出 2 对。最后，分别计算每类产品中被抽出的中国品牌平均分和外国品牌平均分，再用中国品牌平均分除以外国品牌平均分乘以 100。低介入度产品品牌原产地社会形象感知的测量结果的总体情况为：

社会形象感知$_{饮用水}$ = [（5.13$_{昆仑山}$ + 5.11$_{农夫山泉}$ + 5.02$_{西藏冰川}$）/3$_{中国品牌数}$]/

[（4.88$_{雀巢}$ + 3.75$_{益力}$ + 3.58$_{冰露}$）/3$_{外国品牌数}$] × 100 = 5.09/4.07 × 100 = 125.06

社会形象感知$_{牙膏}$ = [（5.21$_{中华}$ + 5.09$_{云南白药}$ + 3.81$_{舒客}$ + 3.48$_{冷酸灵}$ + 3.01$_{黑人}$ +

2.63$_{两面针}$）/6$_{中国品牌数}$]/[（5.53$_{舒适达}$ + 5.37$_{佳洁士}$ + 5.24$_{高露洁}$ + 4.83$_{竹盐}$ + 4.51$_{丽齿健}$ +

2.84$_{三笑}$）/6$_{外国品牌数}$] × 100 = 3.87/4.72 × 100 = 81.99

社会形象感知$_{洗发水}$ = [（3.71$_{舒蕾}$ + 3.54$_{霸王}$ + 3.24$_{好迪}$ + 3.02$_{拉芳}$ + 2.80$_{蒂花之秀}$ +

2.72$_{迪彩}$ + 2.57$_{索芙特}$）/7$_{中国品牌数}$]/[（4.37$_{欧莱雅}$ + 4.24$_{清扬}$ + 4.21$_{施华蔻}$ + 4.11$_{海飞丝}$ +

4.02$_{沙宣}$ + 4.01$_{水之密语}$ + 3.92$_{潘婷}$）/7$_{外国品牌数}$] × 100 = 3.09/4.12 × 100 = 75.00

社会形象价值$_{运动鞋}$ = [（5.61$_{李宁}$ + 4.95$_{特步}$ + 4.94$_{安踏}$ + 3.82$_{361度}$）/

4$_{中国品牌数}$]/[（5.72$_{耐克}$ + 5.69$_{阿迪达斯}$ + 4.28$_{彪马}$ + 4.09$_{新百伦}$）/4$_{外国品牌数}$] × 100 =

4.83/4.95 × 100 = 97.58

社会形象感知$_{休闲装}$ = [（4.98$_{森马}$ + 4.92$_{以纯}$）/2$_{中国品牌数}$]/[（4.65$_{优衣库}$ +

4.52$_{杰克琼斯}$）/2$_{外国品牌数}$] × 100 = 4.95/4.59 × 100 = 107.84

表4-3　　　　　高介入度产品品牌原产地社会形象感知的测量

平板电视			台式电脑			洗衣机			冰箱			小型车		
品牌	均分	排序	品牌	均分	排序	品牌	均分	排序	品牌	均分	排序	品牌	均分	排序
海信	4.82	4	联想	4.87	4	海尔	5.01	5	海尔尔	5.58	1	丰田	5.01	7
创维	4.79	5	戴尔	5.65	2	西门子	5.35	1	西门子	5.56	2	大众	5.18	4
三星	5.68	1	惠普	5.47	3	小天鹅	3.58	9	三星	5.32	3	现代	5.32	3
TCL	4.57	6	华硕	4.65	5	松下	5.24	2	美菱	4.59	8	日产	4.84	8
索尼	5.31	2	苹果	5.79	1	三洋	4.21	8	容声	5.13	4	别克	5.59	2
乐视	4.13	8	宏碁	4.36	6	LG	5.12	3	美的	4.24	9	本田	4.57	9
LG	5.17	3	神舟	3.83	9	三星	4.38	7	松下	5.12	5	福特	5.09	5
夏普	4.16	7	清华同方	3.67	10	惠而浦	5.03	4	海信	3.25	15	雪弗兰	5.02	6
长虹	3.59	10	海尔	3.04	12	美的	3.14	10	LG	4.83	6	起亚	2.85	18
康佳	3.84	9	Think Centre	4.19	7	博世	4.93	6	卡萨帝	3.98	11	长城	2.36	19

续表

平板电视			台式电脑			洗衣机			冰箱			小型车		
品牌	均分	排序	品牌	均分	排序	品牌	均分	排序	品牌	均分	排序	品牌	均分	排序
			明基	3.97	8	荣事达	2.53	12	新飞	3.42	14	奇瑞	4.28	11
			方正	3.31	11	威力	2.21	13	博世	4.75	7	吉利	3.24	17
			长城	2.84	13	小鸭	3.11	11	惠而浦	3.86	12	比亚迪	3.65	15
									伊莱克斯	4.17	10	奥迪	5.79	1
									日立	3.71	13	马自达	4.51	10
									澳柯玛	3.13	16	标致	4.19	12
												雪铁龙	4.03	13
												中华	3.52	16
												斯柯达	3.83	14

注：灰色底纹为外国品牌。

根据表4-3的测量结果。如前文所述，我们仍将每一类产品中的中国和外国品牌按照排序配对抽出。在平板电视中可以抽出4对，在台式电脑中抽出3对，在洗发机中抽出6对，在冰箱中抽出8对，在小型车中抽出5对。最后，分别计算每一类产品中被抽出的中国品牌的平均值和外国品牌的平均值，再用中国品牌的平均值除以外国品牌的平均值乘以100。高介入度产品品牌原产地社会形象感知的测量结果的总体情况为：

$$社会形象感知_{平板电视} = \left[(4.82_{海信} + 4.79_{创维} + 4.57_{TCL} + 4.13_{乐视})/4_{中国品牌数} \right]/\left[(5.68_{三星} + 5.31_{索尼} + 5.17_{LG} + 4.16_{夏普})/4_{外国品牌数} \right] \times 100 = 4.58/5.08 \times 100 = 90.16$$

$$社会形象感知_{台式电脑} = \left[(4.87_{联想} + 4.65_{华硕} + 4.36_{宏碁})/3_{中国品牌数} \right]/\left[(5.79_{苹果} + 5.65_{戴尔} + 5.47_{惠普})/3_{外国品牌数} \right] \times 100 = 4.63/5.64 \times 100 = 82.09$$

$$社会形象感知_{洗衣机} = \left[(5.01_{海尔} + 3.58_{小天鹅} + 3.14_{美的} + 3.11_{小鸭} + 2.53_{荣事达} + 2.21_{威力})/6_{中国品牌数} \right]/\left[(5.35_{西门子} + 5.24_{松下} + 5.12_{LG} + 5.03_{惠而浦} + 4.93_{博世} + 4.38_{三星})/6_{外国品牌数} \right] \times 100 = 3.26/5.01 \times 100 = 65.07$$

社会形象感知$_{冰箱}$ = [(5.58$_{海尔}$ + 5.13$_{容声}$ + 4.59$_{美菱}$ + 4.24$_{美的}$ + 3.98$_{卡萨帝}$ + 3.42$_{新飞}$ + 3.25$_{海信}$ + 3.13$_{澳柯玛}$)/8$_{中国品牌数}$]/[(5.56$_{西门子}$ + 5.32$_{三星}$ + 5.12$_{松下}$ + 4.83$_{LG}$ + 4.75$_{博世}$ + 4.17$_{伊莱克斯}$ + 3.86$_{惠而浦}$ + 3.71$_{日立}$)/8$_{外国品牌数}$] × 100 = 4.17/4.67 × 100 = 89.29

社会形象感知$_{小型车}$ = [(4.28$_{奇瑞}$ + 3.65$_{比亚迪}$ + 3.52$_{中华}$ + 3.24$_{吉利}$ + 2.36$_{长城}$)/5$_{中国品牌数}$]/[(5.79$_{奥迪}$ + 5.59$_{别克}$ + 5.32$_{现代}$ + 5.18$_{大众}$ + 5.09$_{福特}$)/5$_{外国品牌数}$] × 100 = 3.41/5.39 × 100 = 63.27

4.1.2　源自情感的原产地形象感知的测量

为了能够简单直接并符合实际地测量顾客对源自情感的原产地形象感知，我们同之前的 200 人规模的调研一起进行了测试，我们的问题是：我是否认可品牌原产地有如下的作用（在问卷中列出品牌体验性价值量表的问项）。选项有 3 个：支持、反对、不清楚。调研结果如表 4 - 4 所示。

表 4 - 4　　　　　品牌原产地形象情感感知测量问项的选择

量表	我是否认可品牌产地有如下的作用	支持	反对	支持率	选用
感官体验	给我深刻的感官印象	2	179	1%	
	具有有趣的感官方式	0	169	0%	
	感官具有吸引力	3	168	1.50%	
情感体验	能够诱发某种情感	157	13	78.50%	√
	具有某种强烈的情感	43	71	21.50%	
	代表着有情感的品牌	95	41	47.50%	√
认知体验	能够使我进行大量的思考	7	129	3.50%	
	使我思考	11	134	5.50%	
	能够激发好奇心，提高解决问题的能力	9	136	4.50%	

续表

量表	我是否认可品牌产地有如下的作用	支持	反对	支持率	选用
关系体验	使我有实现自我的感觉	89	62	44.50%	√
	使我受到良好的社会尊重	113	74	56.50%	√
	给我一种成就感	21	79	10.50%	
行动体验	使用该产地的品牌投入了亲身活动	0	165	0%	
	给予亲身的体验	0	154	0%	
	让我亲身体验新活动	0	153	0%	

根据调研结果，对于国家情感，我们选择情感体验中的"能够诱发某种情感""代表着有情感的品牌"这两个问项，但由于这两个问题的含义相似，我们将其整合为一个问题，为方便消费者回答，我们设定题项为："我对这个国家的喜爱使我对该产地的品牌有特别的好感。"对于社交情感我们采用的题项是关系体验中的"使我有实现自我的感觉""使我受到良好的社会尊重"这两个问项，我们进一步将问项整合精简为一个题项："该品牌原产地会使我受到良好的社会尊重，有实现自我的感觉。"测量采用李克特式7级量表，测量结果展示以国家情感感知为例，如表4-5和表4-6所示。

表4-5　　　　低介入度产品品牌原产地国家情感感知的测量

饮用水			牙膏			洗发水			运动鞋			休闲装		
品牌	均分	排序	品牌	均分	排序	品牌	均分	排序	品牌	均分	排序	品牌	均分	排序
西藏冰川	5.11	4	高露洁	4.99	4	海飞丝	4.08	4	耐克	5.42	1	美特斯·邦威	5.13	3
昆仑山	5.26	2	佳洁士	5.19	1	潘婷	3.83	7	阿迪达斯	5.39	2	森马	5.14	2
恒大冰泉	4.52	7	黑人	3.52	11	清扬	4.32	2	安踏	4.88	5	以纯	5.21	1
农夫山泉	5.35	1	云南白药	4.67	6	沙宣	4.03	5	李宁	4.89	4	真维斯	4.92	6
益力	3.86	10	三笑	4.15	9	欧莱雅	4.41	1	特步	4.97	3	杰克琼斯	4.81	7
百岁山	5.17	3	中华	5.02	3	多芬	3.62	11	361度	4.23	7	优衣库	4.69	8
怡宝	4.14	9	丽齿健	4.42	7	飘柔	3.69	9	匹克	3.83	10	班尼路	5.07	4

续表

饮用水			牙膏			洗发水			运动鞋			休闲装		
品牌	均分	排序	品牌	均分	排序	品牌	均分	排序	品牌	均分	排序	品牌	均分	排序
雀巢	4.96	6	舒客	4.37	8	施华蔻	4.19	3	新百伦	3.95	8	唐狮	3.77	13
屈臣氏	3.79	11	舒适达	5.08	2	力士	3.74	8	彪马	4.30	6	佐丹奴	4.94	5
康师傅	4.51	8	竹盐	4.83	5	水之密语	4.02	6	乔丹	3.91	9	卡宾	3.89	11
娃哈哈	4.98	5	狮王	2.88	13	霸王	3.53	12				爱登堡	4.37	9
统一	3.13	14	冷酸灵	3.64	10	拉芳	3.07	14				太平鸟	4.26	10
冰露	3.48	12	两面针	3.15	12	迪彩	2.62	16				八哥	3.43	15
乐百氏	3.22	13				蒂花之秀	2.91	15				江南布衣	3.62	14
						好迪	3.34	13				虎豹	3.82	12
						舒蕾	3.63	10						
						索芙特	2.56	17						

注：灰色底纹为外国品牌。

根据表 4 - 5 的测量结果，分别计算被抽出中国和外国品牌的平均值，相除后再乘以 100。低介入度产品品牌原产地国家情感感知的测量结果为：

$$国家情感感知_{饮用水} = [(5.35_{农夫山泉} + 5.26_{昆仑山} + 5.17_{百岁山})/3_{中国品牌数}]/$$

$$[(4.96_{雀巢} + 3.86_{益力} + 3.48_{冰露})/3_{外国品牌数}] \times 100 = 5.26/4.10 \times 100 = 128.29$$

$$国家情感感知_{牙膏} = [(5.02_{中华} + 4.67_{云南白药} + 4.37_{舒客} + 3.64_{冷酸灵} + 3.52_{黑人} +$$

$$3.15_{两面针})/6_{中国品牌数}]/[(5.19_{佳洁士} + 5.08_{舒适达} + 4.99_{高露洁} + 4.83_{竹盐} + 4.42_{丽齿健} +$$

$$4.15_{三笑})/6_{外国品牌数}] \times 100 = 4.06/4.78 \times 100 = 84.94$$

$$国家情感感知_{洗发水} = [(3.63_{舒蕾} + 3.53_{霸王} + 3.34_{好迪} + 3.07_{拉芳} + 2.91_{蒂花之秀} +$$

$$2.62_{迪彩} + 2.56_{索芙特})/7_{中国品牌数}]/[(4.41_{欧莱雅} + 4.32_{清扬} + 4.19_{施华蔻} + 4.08_{海飞丝} +$$

$$4.03_{沙宜} + 4.02_{水之密语} + 3.83_{潘婷})/7_{外国品牌数}] \times 100 = 3.09/4.13 \times 100 = 74.82$$

$$国家情感感知_{运动鞋} = [(4.97_{特步} + 4.89_{李宁} + 4.88_{安踏} + 4.23_{361度})/$$

$$4_{中国品牌数}]/[(5.42_{耐克} + 5.39_{阿迪达斯} + 4.30_{彪马} + 3.95_{新百伦})/4_{外国品牌数}] \times 100 =$$

$$4.74/4.77 \times 100 = 99.37$$

$$国家情感感知_{休闲装} = \left[(5.21_{以纯} + 5.14_{森马})/2_{中国品牌数} \right] / \left[(4.81_{杰克琼斯} + 4.69_{优衣库})/2_{外国品牌数} \right] \times 100 = 5.18/4.75 \times 100 = 109.05$$

表 4 – 6　　　　高介入度产品品牌原产地国家情感感知的测量

平板电视			台式电脑			洗衣机			冰箱			小型车		
品牌	均分	排序	品牌	均分	排序	品牌	均分	排序	品牌	均分	排序	品牌	均分	排序
海信	5.07	3	联想	5.21	3	海尔	5.35	1	海尔	5.43	1	丰田	5.02	7
创维	4.94	6	戴尔	5.28	2	西门子	5.31	2	西门子	5.22	2	大众	5.39	2
三星	5.19	1	惠普	5.13	4	小天鹅	4.37	9	三星	5.03	4	现代	5.31	3
TCL	4.97	5	华硕	4.92	6	松下	4.89	6	美菱	4.71	7	日产	4.85	8
索尼	5.16	2	苹果	5.34	1	三洋	4.52	8	容声	5.11	3	别克	5.28	4
乐视	4.62	7	宏碁	4.93	5	LG	5.13	4	美的	4.27	10	本田	4.71	10
LG	5.02	4	神舟	4.48	10	三星	4.78	7	松下	4.83	6	福特	5.12	6
夏普	4.20	8	清华同方	4.51	9	惠而浦	5.24	3	海信	3.02	16	雪弗兰	5.13	5
长虹	4.11	9	海尔	4.12	11	美的	4.17	10	LG	4.89	5	起亚	3.42	18
康佳	3.82	10	Think Centre	4.90	7	博世	5.02	5	卡萨帝	3.82	12	长城	3.37	19
			明基	4.74	8	荣事达	3.84	12	新飞	3.59	13	奇瑞	4.67	11
			方正	4.01	12	威力	3.64	13	博世	4.62	8	吉利	3.66	17
			长城	3.91	13	小鸭	3.93	11	惠而浦	4.15	11	比亚迪	3.82	15
									伊莱克斯	4.44	9	奥迪	5.57	1
									日立	3.27	14	马自达	4.84	9
									澳柯玛	3.14	15	标致	4.55	12
												雪铁龙	4.47	14
												中华	3.81	16
												斯柯达	4.51	13

注：灰色底纹为外国品牌。

根据表 4-6 的测量结果，分别计算被抽出中国和外国品牌的平均值，相除后再乘以 100。高介入度产品品牌原产地国家情感感知的测量结果为：

$$国家情感感知_{平板电视} = [(5.07_{海信} + 4.97_{TCL} + 4.94_{创维} + 4.62_{乐视})/4_{中国品牌数}]/[(5.19_{三星} + 5.16_{索尼} + 5.02_{LG} + 4.20_{夏普})/4_{外国品牌数}] \times 100 = 4.90/4.89 \times 100 = 100.20$$

$$国家情感感知_{台式电脑} = [(5.21_{联想} + 4.93_{宏碁} + 4.92_{华硕})/3_{中国品牌数}]/[(5.34_{苹果} + 5.28_{戴尔} + 5.13_{惠普})/3_{外国品牌数}] \times 100 = 5.02/5.25 \times 100 = 95.62$$

$$国家情感感知_{洗衣机} = [(5.35_{海尔} + 4.37_{小天鹅} + 4.17_{美的} + 3.93_{小鸭} + 3.84_{荣事达} + 3.64_{威力})/6_{中国品牌数}]/[(5.31_{西门子} + 5.13_{LG} + 5.02_{博世} + 4.89_{松下} + 4.78_{三星} + 4.52_{三洋})/6_{外国品牌数}] \times 100 = 4.22/4.94 \times 100 = 85.43$$

$$国家情感感知_{冰箱} = [(5.43_{海尔} + 5.11_{容声} + 4.71_{美菱} + 4.27_{美的} + 3.82_{卡萨帝} + 3.59_{新飞} + 3.14_{澳柯玛} + 3.02_{海信})/8_{中国品牌数}]/[(5.22_{西门子} + 5.03_{三星} + 4.89_{LG} + 4.83_{松下} + 4.62_{博世} + 4.44_{伊莱克斯} + 4.15_{惠而浦} + 3.27_{日立})/8_{外国品牌数}] \times 100 = 4.14/4.56 \times 100 = 90.79$$

$$国家情感感知_{小型车} = [(4.67_{奇瑞} + 3.82_{比亚迪} + 3.81_{中华} + 3.66_{吉利} + 3.37_{长城})/5_{中国品牌数}]/[(5.57_{奥迪} + 5.39_{大众} + 5.31_{现代} + 5.28_{别克} + 5.13_{雪弗兰})/5_{外国品牌数}] \times 100 = 3.87/5.34 \times 100 = 72.47$$

4.1.3　产品结果性和情感性价值的测量

我们在第 3 章中得到的顾客感知价值量表如直接进行原产地方面的测量，则有很多无关问项，为了保证调查与原产地的相关性，我们同之前的 200 人规模的调研一起进行了测试，问题是：商品产地会对你的产品评价带来如下的哪些影响。选项有 3 个：支持、反对、不清楚。调研结果如表 4-7 所示。

表 4 – 7　　　　　　　　　产品属性顾客感知价值测量问项的选择

量表	商品产地会对我的产品评价带来如下的哪些影响	支持	反对	支持率	选用
结果性价值	掌握信息和知识	84	92	42%	
	产品质量性能有保证	169	16	84.50%	√
	购买到需要的商品	36	131	18%	
	产品价有所值	156	20	78%	√
	交易经济划算	158	22	79%	√
程序性价值	购物过程简单	23	141	11.50%	
	购物便利	35	142	17.50%	
	掌控购买行为	15	159	7.50%	
	高效率的购买方式	13	158	6.50%	
情感性价值	有趣	75	97	37.50%	
	愉快	89	73	44.60%	√
	享受	98	62	49%	√
	没有压力，放松	31	132	15.50%	
	被他人或社会认可	118	52	59%	√

　　对于结果性价值，根据调研结果，我们选择"产品质量与性能""产品价有所值""交易经济划算"这三个问项，但由于这三个问题的含义有相似成分，且含义不够清晰，我们将其整合为两个变量，一个是性价比，另一个是质量，并各自对应一个题项，方便消费者回答，我们设定题项为："我认为该品牌产品的性价比非常高"和"我认为该品牌产品的质量非常高"。

　　对于情感性价值，根据调研结果，我们选择"有趣""愉快""享受""没有压力，放松""被他人或社会认可"这五个问项，但由于这些问题的含义有相似成分，我们将其整合为两个变量，一个是内在情感，另一个是外在情感，并各自对应一个题项，方便消费者回答，我们分别设定题项为："该品牌产品的购买与使用会让我感到愉快"和"该品牌产品的购买与使用会提升被他人或社会认可的感受"。

题项测量仍旧采用李克特式 7 级量表，包括："完全不同意""比较不同意""有点不同意""一般""有点同意""比较同意""完全同意"分别用 1~7 分来表示。下面以性价比为例对测量结果和计算过程做出展示，如表 4-8 和表 4-9 所示。

表 4-8　　　　　　　　　　低介入度产品品牌性价比的测量

饮用水			牙膏			洗发水			运动鞋			休闲装		
品牌	均分	排序	品牌	均分	排序	品牌	均分	排序	品牌	均分	排序	品牌	均分	排序
西藏冰川	2.41	11	高露洁	4.92	2	海飞丝	3.97	4	耐克	4.29	4	美特斯·邦威	4.23	2
昆仑山	2.22	13	佳洁士	4.85	3	潘婷	4.02	3	阿迪达斯	4.41	3	森马	4.22	3
恒大冰泉	3.73	8	黑人	3.57	11	清扬	4.09	2	安踏	4.73	1	以纯	4.29	1
农夫山泉	5.13	4	云南白药	4.42	4	沙宣	3.89	5	李宁	4.63	2	真维斯	4.11	4
益力	3.67	9	三笑	3.82	10	欧莱雅	3.17	9	特步	4.24	5	杰克琼斯	3.83	9
百岁山	2.66	10	中华	5.03	1	多芬	2.53	11	361度	3.31	9	优衣库	4.01	6
怡宝	4.72	6	丽齿健	4.27	6	飘柔	4.16	3	匹克	3.49	8	班尼路	4.02	5
雀巢	5.14	3	舒客	3.85	9	施华蔻	3.64	6	新百伦	3.78	6	唐狮	3.29	14
屈臣氏	2.38	12	舒适达	3.34	13	力士	3.51	7	彪马	3.55	7	佐丹奴	3.90	7
康师傅	5.39	1	竹盐	4.22	7	水之密语	3.22	8	乔丹	3.18	10	卡宾	3.51	12
娃哈哈	5.23	2	狮王	3.42	12	霸王	2.33	13				爱登堡	3.67	11
统一	4.88	5	冷酸灵	4.05	8	拉芳	2.98	10				太平鸟	3.85	8
冰露	4.12	7	两面针	4.39	9	迪彩	2.29	14				八哥	3.28	15
乐百氏	3.19	14				蒂花之秀	2.25	15				江南布衣	3.44	13
						好迪	2.14	16				虎豹	3.72	10
						舒蕾	2.07	17						
						索芙特	2.37	12						

注：灰色底纹为外国品牌。

根据表 4-8 的测量结果，分别计算被抽出中国和外国品牌的平均值，相除后再乘以100。低介入度产品品牌性价比的测量结果为：

性价比$_{饮用水}$ = [(5.39$_{康师傅}$ + 5.23$_{娃哈哈}$ + 5.13$_{农夫山泉}$)/3$_{中国品牌数}$]/[(5.14$_{雀巢}$ + 4.12$_{冰露}$ + 3.67$_{益力}$)/3$_{外国品牌数}$] × 100 = 5.25/4.31 × 100 = 121.81

性价比$_{牙膏}$ = [(5.03$_{中华}$ + 4.42$_{云南白药}$ + 4.39$_{两面针}$ + 4.05$_{冷酸灵}$ + 3.85$_{舒客}$ + 3.57$_{黑人}$)/6$_{中国品牌数}$]/[(4.92$_{高露洁}$ + 4.85$_{佳洁士}$ + 4.27$_{丽齿健}$ + 4.22$_{竹盐}$ + 3.82$_{三笑}$ + 3.42$_{狮王}$)/6$_{外国品牌数}$] × 100 = 4.22/4.25 × 100 = 99.29

性价比$_{洗发水}$ = [(2.98$_{拉芳}$ + 2.37$_{索芙特}$ + 2.33$_{霸王}$ + 2.29$_{迪彩}$ + 2.25$_{蒂花之秀}$ + 2.14$_{好迪}$ + 2.07$_{舒蕾}$)/7$_{中国品牌数}$]/[(4.16$_{飘柔}$ + 4.09$_{清扬}$ + 4.02$_{潘婷}$ + 3.97$_{海飞丝}$ + 3.89$_{沙宣}$ + 3.64$_{施华蔻}$ + 3.51$_{力士}$)/7$_{外国品牌数}$] × 100 = 2.35/3.90 × 100 = 60.26

性价比$_{运动鞋}$ = [(4.73$_{安踏}$ + 4.63$_{李宁}$ + 4.24$_{特步}$ + 3.31$_{361度}$)/4$_{中国品牌数}$]/[(4.41$_{阿迪达斯}$ + 4.29$_{耐克}$ + 3.78$_{新百伦}$ + 3.55$_{彪马}$)/4$_{外国品牌数}$] × 100 = 4.23/4.01 × 100 = 105.49

性价比$_{休闲装}$ = [(4.29$_{以纯}$ + 4.23$_{美特斯·邦威}$)/2$_{中国品牌数}$]/[(4.01$_{优衣库}$ + 3.83$_{杰克琼斯}$)/2$_{外国品牌数}$] × 100 = 4.26/3.92 × 100 = 108.67

表 4-9　　　　　　　　　　高介入度产品品牌性价比的测量

平板电视			台式电脑			洗衣机			冰箱			小型车		
品牌	均分	排序	品牌	均分	排序	品牌	均分	排序	品牌	均分	排序	品牌	均分	排序
海信	4.82	3	联想	5.34	1	海尔	5.29	1	海尔	5.49	1	丰田	5.15	2
创维	4.87	2	戴尔	3.67	10	西门子	4.33	9	西门子	3.92	10	大众	5.18	1
三星	4.49	4	惠普	3.89	9	小天鹅	5.15	2	三星	3.56	14	现代	5.11	3
TCL	4.32	5	华硕	5.27	2	松下	4.54	7	美菱	5.32	2	日产	5.02	4
索尼	2.87	10	苹果	3.51	11	三洋	4.51	8	容声	5.24	3	别克	3.88	15
乐视	5.19	1	宏碁	5.07	4	LG	4.65	6	美的	5.18	4	本田	4.41	9
LG	3.75	8	神舟	5.15	3	三星	3.73	12	松下	3.84	11	福特	3.83	16
夏普	3.51	9	清华同方	4.73	6	惠面浦	3.81	11	海信	4.42	8	雪弗兰	3.67	17
长虹	3.93	7	海尔	3.44	12	美的	5.13	3	LG	3.31	15	起亚	3.55	18

平板电视			台式电脑			洗衣机			冰箱			小型车		
品牌	均分	排序	品牌	均分	排序	品牌	均分	排序	品牌	均分	排序	品牌	均分	排序
康佳	4.12	6	Think Centre	4.52	7	博世	3.89	10	卡萨帝	4.90	5	长城	3.41	19
			明基	4.29	8	荣事达	4.92	4	新飞	4.81	6	奇瑞	4.92	5
			方正	4.87	5	威力	3.58	13	博世	3.97	9	吉利	4.88	6
			长城	3.31	13	小鸭	4.83	5	惠而浦	3.69	12	比亚迪	4.73	7
									伊莱克斯	4.75	7	奥迪	4.40	10
									日立	3.57	13	马自达	4.64	8
									澳柯玛	3.22	16	标致	4.19	12
												雪铁龙	4.13	13
												中华	4.26	11
												斯柯达	3.95	14

注：灰色底纹为外国品牌。

根据表4-9的测量结果，分别计算被抽出中国和外国品牌的平均值，相除后再乘以100。高介入度产品品牌性价比的测量结果为：

性价比$_{平板电视}$ = [（5.19$_{乐视}$ + 4.87$_{创维}$ + 4.82$_{海信}$ + 4.32$_{TCL}$）/4$_{中国品牌数}$]/[（4.49$_{三星}$ + 3.75$_{LG}$ + 3.51$_{夏普}$ + 2.87$_{索尼}$）/4$_{外国品牌数}$] × 100 = 4.80/3.66 × 100 = 131.15

性价比$_{台式电脑}$ = [（5.34$_{联想}$ + 5.27$_{华硕}$ + 5.15$_{神舟}$）/3$_{中国品牌数}$]/[（3.89$_{惠普}$ + 3.67$_{戴尔}$ + 3.51$_{苹果}$）/3$_{外国品牌数}$] × 100 = 5.25/3.69 × 100 = 142.28

性价比$_{洗衣机}$ = [（5.29$_{海尔}$ + 5.15$_{小天鹅}$ + 5.13$_{美的}$ + 4.93$_{荣事达}$ + 4.83$_{小鸭}$ + 3.58$_{威力}$）/6$_{中国品牌数}$]/[（4.65$_{LG}$ + 4.54$_{松下}$ + 4.51$_{三洋}$ + 4.33$_{西门子}$ + 3.89$_{博世}$ + 3.81$_{惠而浦}$）/6$_{外国品牌数}$] × 100 = 4.82/4.29 × 100 = 112.35

性价比$_{冰箱}$ = [（5.49$_{海尔}$ + 5.32$_{美菱}$ + 5.24$_{容声}$ + 5.18$_{美的}$ + 4.90$_{卡萨帝}$ + 4.81$_{新飞}$ + 4.42$_{海信}$ + 3.22$_{澳柯玛}$）/8$_{中国品牌数}$]/[（4.75$_{伊莱克斯}$ + 3.97$_{博世}$ + 3.92$_{西门子}$ + 3.84$_{松下}$ + 3.69$_{惠而浦}$ + 3.57$_{日立}$ + 3.56$_{三星}$ + 3.31$_{LG}$）/8$_{外国品牌数}$] × 100 = 4.82/3.83 × 100 =

125.85

$$性价比_{小型车} = \left[\left(4.92_{奇瑞} + 4.88_{吉利} + 4.73_{比亚迪} + 4.26_{中华} + 3.41_{长城}\right)/\right.$$
$$\left.5_{中国品牌数}\right]/\left[\left(5.18_{大众} + 5.15_{丰田} + 5.11_{现代} + 5.02_{日产} + 4.64_{马自达}\right)/5_{外国品牌数}\right] \times$$
$$100 = 4.44/5.02 \times 100 = 88.45$$

4.1.4 顾客品牌态度的测量

在第3章的品牌态度量表测项的基础上，我们发现如果该量表指向品牌原产地形象对品牌态度带来的影响，则有很多问题并不合适，为了减少对检验的干扰。我们删掉与原产地形象不相关的题项，同之前的200人规模的调研一起进行了测试，我们的问题是：商品产地会对你的品牌态度带来如下哪些影响（在问卷中列出选项）。选项有3个：支持、反对、不清楚。调研结果如表4-10所示：

表4-10　　　　　　　　　　　　品牌态度测量问项的选择

量表	商品产地会对我的品牌态度带来如下哪些影响	支持	反对	支持率	选用
认知性品牌态度	该产品很好	91	36	45.50%	√
	该产品物有所值	82	87	41%	
	该产品令人满意	73	107	36.50%	
情感性品牌态度	喜欢该产品	89	54	44.50%	√
	信赖该产品	113	37	56.50%	√
	在同类产品中对其有强烈的兴趣	41	102	20.50%	
品牌购买意愿	购买该产品的可能性极大	119	57	59.50%	√
	购买此类产品时，会优先考虑该产品	125	39	62.50%	√
	愿意以高一些的价格来购买该产品	51	128	25.50%	

对于认知性品牌态度，根据调研结果，我们选择"该产品很好"这个问项，为方便消费者回答，我们在语义上去除掉一些细节限定，加上"总体

上"这一文字表述,强调受访者的一般性感知,最后我们设定问项为:"总体上我认为该品牌产品很好。"

对于情感性品牌态度,根据调研结果,我们选择"喜欢该产品"和"信赖该产品"这两个问项,为方便消费者回答,我们设定题项为:"总体上我很喜欢该品牌产品,对其有很高的信任度。"

对于品牌购买意愿,根据调研结果,我们选择"购买该产品的可能性极大"和"购买此类产品时,会优先考虑该产品"这两个问项,由于第二个问项的支持度远高于第一个问项,而且第二个问项的阐述也更为严谨,在一定程度上包含了第一个问项的含义。为方便消费者回答,我们直接采用第二个问项为品牌购买意愿的测量题项:"购买此类产品时,我会优先考虑该品牌。"

题项测量采用李克特式 7 级量表,从"完全不同意""比较不同意""有点不同意""一般""有点同意""比较同意""完全同意"分别用 1~7 分来表示,受访者根据自己的判断做出选择。本节以品牌购买意愿为例对测量结果和计算过程做出展示,如表 4-11 和表 4-12 所示。

表 4-11　　　　　　　　低介入度产品品牌购买意愿的测量

饮用水			牙膏			洗发水			运动鞋			休闲装		
品牌	均分	排序	品牌	均分	排序	品牌	均分	排序	品牌	均分	排序	品牌	均分	排序
西藏冰川	3.11	11	高露洁	4.97	1	海飞丝	3.10	4	耐克	5.33	2	美特斯·邦威	5.11	2
昆仑山	2.66	13	佳洁士	4.96	2	潘婷	2.83	7	阿迪达斯	5.35	1	森马	5.14	1
恒大冰泉	4.17	8	黑人	3.27	11	清扬	3.15	2	安踏	5.19	4	以纯	5.03	3
农夫山泉	5.03	4	云南白药	4.55	4	沙宣	3.03	5	李宁	5.26	3	真维斯	5.01	4
益力	3.71	9	三笑	3.53	10	欧莱雅	3.28	1	特步	4.64	5	杰克琼斯	4.15	9
百岁山	4.34	7	中华	4.62	3	多芬	2.55	11	361度	3.23	9	优衣库	4.73	6
怡宝	4.67	6	丽齿健	3.92	8	飘柔	2.63	9	匹克	3.59	8	班尼路	4.98	5
雀巢	5.09	3	舒客	3.63	9	施华蔻	3.12	3	新百伦	4.23	6	唐狮	3.31	14

饮用水			牙膏			洗发水			运动鞋			休闲装		
品牌	均分	排序	品牌	均分	排序	品牌	均分	排序	品牌	均分	排序	品牌	均分	排序
屈臣氏	2.73	12	舒适达	4.19	5	力士	2.75	8	彪马	3.94	7	佐丹奴	4.54	7
康师傅	5.33	1	竹盐	3.88	7	水之密语	3.02	6	乔丹	3.15	10	卡宾	3.53	12
娃哈哈	5.12	2	狮王	2.96	13	霸王	2.45	12				爱登堡	3.62	11
统一	4.92	5	冷酸灵	3.79	8	拉芳	2.13	14				太平鸟	4.16	8
冰露	3.51	10	两面针	3.14	12	迪彩	1.63	16				八哥	3.24	15
乐百氏	2.39	14				蒂花之秀	1.71	15				江南布衣	3.35	13
						好迪	2.15	13				虎豹	3.74	10
						舒蕾	2.62	10						
						索芙特	1.48	17						

注：灰色底纹为外国品牌。

根据表 4-11 的测量结果，分别计算被抽出中国和外国品牌的平均值，相除后再乘以100。低介入度产品品牌购买意愿的测量结果为：

$$品牌购买意愿_{饮用水} = [(5.33_{康师傅} + 5.12_{娃哈哈} + 5.03_{农夫山泉})/3_{中国品牌数}]/$$
$$[(5.09_{雀巢} + 3.71_{益力} + 3.51_{冰露})/3_{外国品牌数}] \times 100 = 5.16/4.10 \times 100 = 125.85$$

$$品牌购买意愿_{牙膏} = [(4.62_{中华} + 4.55_{云南白药} + 3.79_{冷酸灵} + 3.63_{舒客} + 3.27_{黑人} +$$
$$3.14_{两面针})/6_{中国品牌数}]/[(4.97_{高露洁} + 4.96_{佳洁士} + 4.19_{舒适达} + 3.92_{丽齿健} + 3.88_{竹盐} +$$
$$3.53_{三笑})/6_{外国品牌数}] \times 100 = 5.41/4.24 \times 100 = 90.33$$

$$品牌购买意愿_{洗发水} = [(2.62_{舒蕾} + 2.45_{霸王} + 2.15_{好迪} + 2.13_{拉芳} + 1.71_{蒂花之秀} +$$
$$1.63_{迪彩} + 1.48_{索芙特})/7_{中国品牌数}]/[(3.28_{欧莱雅} + 3.15_{清扬} + 3.12_{施华蔻} + 3.10_{海飞丝} +$$
$$3.03_{沙宣} + 3.02_{水之密语} + 2.83_{潘婷})/7_{外国品牌数}] \times 100 = 2.02/3.08 \times 100 = 65.58$$

$$品牌购买意愿_{运动鞋} = [(5.26_{李宁} + 5.19_{安踏} + 4.64_{特步} + 3.59_{匹克})/4_{中国品牌数}]/$$
$$[(5.35_{阿迪达斯} + 5.33_{耐克} + 4.23_{新百伦} + 3.94_{彪马})/4_{外国品牌数}] \times 100 = 4.67/4.71 \times$$
$$100 = 99.15$$

$$品牌购买意愿_{休闲装} = [(5.14_{森马} + 5.11_{美特斯·邦威})/2_{中国品牌数}]/[(4.73_{优衣库} +$$

$4.15_{杰克琼斯}\big)/2_{外国品牌数}\big] \times 100 = 5.13/4.44 \times 100 = 115.54$

表 4 – 12　　　　　　　　　　高介入度产品品牌购买意愿的测量

平板电视			台式电脑			洗衣机			冰箱			小型车		
品牌	均分	排序	品牌	均分	排序	品牌	均分	排序	品牌	均分	排序	品牌	均分	排序
海信	4.74	4	联想	5.41	1	海尔	5.37	1	海尔	5.42	1	丰田	4.87	3
创维	4.73	5	戴尔	5.33	2	西门子	5.15	2	西门子	5.13	2	大众	4.86	4
三星	5.15	1	惠普	5.26	3	小天鹅	4.52	4	三星	5.09	3	现代	4.81	5
TCL	4.33	6	华硕	5.03	5	松下	4.46	5	美菱	4.58	7	日产	4.53	7
索尼	5.04	2	苹果	5.12	4	三洋	3.89	8	容声	4.95	4	别克	5.03	2
乐视	3.87	8	宏基	4.71	6	LG	4.77	3	美的	4.15	9	本田	4.62	6
LG	4.85	3	神舟	4.13	9	三星	4.12	7	松下	4.81	5	福特	4.16	9
夏普	4.17	7	清华同方	3.88	10	惠而浦	4.27	6	海信	3.08	15	雪弗兰	3.79	10
长虹	3.53	10	海尔	3.37	12	美的	3.71	10	LG	4.67	6	起亚	2.85	18
康佳	3.62	9	Think Centre	4.43	7	博世	3.73	9	卡萨帝	3.88	11	长城	2.73	19
			明基	4.50	8	荣事达	3.34	12	新飞	3.23	14	奇瑞	3.66	11
			方正	3.62	11	威力	3.18	13	博世	4.55	8	吉利	3.04	17
			长城	3.13	13	小鸭	3.52	11	惠而浦	3.59	12	比亚迪	3.19	15
									伊莱克斯	3.94	10	奥迪	5.19	1
									日立	3.41	13	马自达	4.34	8
									澳柯玛	3.06	16	标致	3.58	12
												雪铁龙	3.51	13
												中华	3.11	16
												斯柯达	3.32	14

注：灰色底纹为外国品牌。

根据表 4 – 12 的测量结果，分别计算被抽出中国和外国品牌的平均值，相除后再乘以 100，高介入度产品品牌品牌购买意愿的测量结果为：

品牌购买意愿$_{平板电视}$ = $\left[\left(4.74_{海信} + 4.73_{创维} + 4.33_{TCL} + 3.87_{乐视}\right)/\right.$ $4_{中国品牌数}\left]/\left[\left(5.15_{三星} + 5.04_{索尼} + 4.85_{LG} + 4.17_{夏普}\right)/4_{外国品牌数}\right] \times 100\right. = 4.42/$ $4.80 \times 100 = 92.08$

品牌购买意愿$_{台式电脑}$ = $\left[\left(5.41_{联想} + 5.03_{华硕} + 4.71_{宏碁}\right)/3_{中国品牌数}\right]/$ $\left[\left(5.33_{戴尔} + 5.26_{惠普} + 5.12_{苹果}\right)/3_{境外品牌数}\right] \times 100 = 5.05/5.24 \times 100 = 96.37$

品牌购买意愿$_{洗衣机}$ = $\left[\left(5.37_{海尔} + 4.52_{小天鹅} + 3.71_{美的} + 3.52_{小鸭} + 3.34_{荣事达} + \right.\right.$ $3.18_{威力}\left)/6_{中国品牌数}\right]/\left[\left(5.15_{西门子} + 4.77_{LG} + 4.46_{松下} + 4.27_{惠而浦} + 4.12_{三星} + \right.\right.$ $3.89_{三洋}\left)/6_{外国品牌数}\right] \times 100 = 3.94/4.44 \times 100 = 88.74$

品牌购买意愿$_{冰箱}$ = $\left[\left(5.42_{海尔} + 4.95_{容声} + 4.58_{美菱} + 4.15_{美的} + 3.88_{卡萨帝} + \right.\right.$ $3.23_{新飞} + 3.08_{海信} + 3.06_{澳柯玛}\left)/8_{中国品牌数}\right]/\left[\left(5.13_{西门子} + 5.09_{三星} + 4.81_{松下} + \right.\right.$ $4.67_{LG} + 4.55_{博世} + 3.94_{伊莱克斯} + 3.59_{惠而浦} + 3.41_{日立}\left)/8_{外国品牌数}\right] \times 100 = 4.04/$ $4.40 \times 100 = 91.82$

品牌购买意愿$_{小型车}$ = $\left[\left(3.66_{奇瑞} + 3.19_{比亚迪} + 3.11_{中华} + 3.04_{吉利} + \right.\right.$ $2.73_{长城}\left)/5_{中国品牌数}\right]/\left[\left(5.19_{奥迪} + 5.03_{别克} + 4.87_{丰田} + 4.86_{大众} + 4.81_{现代}\right)/\right.$ $5_{外国品牌数}\left] \times 100 = 3.15/4.95 \times 100 = 63.64\right.$

4.2 对模型检验的设计

本书研究的重点是在不同介入度产品下，原产地因素对产品信念和品牌态度影响的差异；以及一些因素是否加入模型，对这种影响带来的差异。对于某些变量是否加入的问题，本书在此做出说明。本书选择后加入的变量包括源自产品的原产地形象感知，以及产品信念中的结果性价值和情感性价值，属于产品信念，即顾客对产品价值的感知维度。对于这类后加入变量，虽然从实际顾客感知的角度来讲，即使不加入，这些变量的影响实际上是已经存在的。但是通过不加入这些变量，本书所要达到的检验目的是来看这些变量加入的前后其他变量所呈现的变化和区别，一些变量可能呈现在有某些变量加入后才会显著的特征。说明在这样的变量关系中，后加入的变量扮演着极为重要的角色，这只有通过加入该变量与否的过程中才能体现出其作用。否则直接进行完整的变量关系检验，虽然结果可能都是显著的，但是我们不知道在这样的关系中，那些变量为显著性扮演着关键角色。当然也有可能加入前后都显著或都不显著，这就能够看出一些变量的作用。

原产地形象对产品信念的影响中，产品产地感知和情感产地感知是否全部加入模型，可以看出两者作用的差异。产品感知的加入能否提升原产地形象的情感感知，是检验过程中我们所关注的重要内容。由于本书的重点在于不同介入度产品带来的差异，故对产品感知和情感感知之间的关系不做更深入的探讨。我们的研究仅限于：模型中是否加入产品感知，对于情感感知对产品评价的影响会带来什么差异，重点在于不同介入度产品下，这种差异是什么样的。之所以选择后加入产品感知，主要是考虑到可以观察情感感知的变化，因为本书认为顾客对原产地形象的感知主要是顾客的一种情感需求的反映，当然这还有待于进一步验证。

同时，从产品信念是否加入模型看原产地形象的作用，也是本文检验过程关注的重要内容。在原产地效应的弹性模型中，对于原产地形象对品牌态度的影响产品信念扮演者着部分中介变量的角色。但是本文的实证环节并不是按照弹性模型所展示理论思路来做。本书在实证环节，对于产品信念的研究，关注的是：产品信念对于原产地形象的作用会产生什么样的影响，这里的影响并不是指中介作用，而是原产地形象的作用。本书接下来的实证检验环节将按照产品信念是否加入模型的思路，通过加入模型前后各产品品牌变量数据对比，来看原产地形象作用的变化。之所以采用这样的实证思路，一方面是因为本书的研究对象是原产地形象对品牌态度的作用，这要求我们的研究要围绕着原产地形象来做；另一方面，产品信念的部分中介作用已被以往的研究验证，本文没必要再花笔墨和资源进行重复。但是，在以往的研究中，缺少将原产地形象作为独立属性进行考察的实证研究，虽然已经有了原产地的独立属性假说理论。由于本文选择了大量的实际品牌，通过产品信念的是否加入模型，实现了原产地形象和产品信念作用的对比研究。也就是说，通过这种对比的实证的方法，可以揭示原产地形象作为一种独立产品属性，和其他的产品属性相比，究竟有什么不同。在这一过程在假设检验中，具体由两部分组成，在对品牌态度影响的回归分析中，考察产品结果性价值是否加入模型所带来的差异，以及考察产品情感性价值是否加入模型所带来的差异。

4.3 原产地形象、产品结果性价值与品牌态度的关系检验

4.3.1 原产地形象对产品结果性价值的影响检验

原产地形象（country-of-origin image，COOI）对产品结果性价值的影响检验包括两部分，分别针对性价比和质量。在各自的检验中，首先检验顾客对原产地形象在情感层面的感知（包括国家情感和社交情感）对结果性价值（包括性价比和质量）的影响，然后再加入顾客对原产地形象在产品层面的感知（社会形象和个人偏好），来看加入后所带来的影响。在整个过程中，性别、年龄、学历和收入作为控制变量。回归分析标准系数越大，表明自变量对因变量的影响越大。检验结果如下：

（1）原产地形象对顾客性价比判断影响的回归分析。检验假设 H1、H2，结果如表 4-13 所示，表中产品名的下角标 2 和 1 为区分是否加入了顾客对原产地形象在产品层面的感知（社会形象感知和个人偏好感知），本章中其余表格均以此方式作区分。

表 4 – 13　　　　　　　　原产地形象对性价比判断的回归模型：标准系数

性价比模型		性别	年龄	学历	收入	国家情感	社交情感	社会形象	个人偏好	F	R^2_{adj}
低介入度产品	饮用水₁	0.081	0.066	0.062	0.073	0.017	0.019	0.067	0.043	4.262	0.097
	饮用水₂	0.076	0.063	0.049	0.072	0.034	0.033			15.361	0.157
	牙膏₁	0.069	0.031	0.052	0.086	0.032	0.041	0.075	0.069	5.545	0.131
	牙膏₂	0.064	0.027	0.051	0.082	0.065	0.072			21.562	0.169
	洗发水₁	0.072	0.009	0.028	0.079	0.042	0.051	0.081	0.077	3.464	0.211
	洗发水₂	0.070	0.007	0.023	0.074	0.067	0.063			11.255	0.295
	运动鞋₁	0.058	0.016	0.032	0.098	0.039	0.046	0.084 *	0.079 *	5.223	0.105
	运动鞋₂	0.052	0.008	0.030	0.096	0.057 *	0.074 *			13.446	0.177
	休闲装₁	0.036	0.025	0.043	0.095	0.058	0.063	0.092 *	0.098 *	4.446	0.094
	休闲装₂	0.021	0.023	0.039	0.092	0.065 *	0.075 *			14.515	0.152
高介入度产品	平板电视₁	0.055	0.039	0.018	0.087	0.103	0.127	0.186	0.179	6.334	0.231
	平板电视₂	0.047	0.037	0.016	0.083	0.145	0.198			17.232	0.287
	台式电脑₁	0.073	0.041	0.024	0.086	0.124	0.129	0.165	0.177	5.434	0.198
	台式电脑₂	0.065	0.029	0.018	0.080	0.145	0.134			14.387	0.206
	洗衣机₁	0.058	0.045	0.053	0.097	0.109	0.151	0.214	0.198	6.298	0.193
	洗衣机₂	0.048	0.043	0.052	0.085	0.164	0.203			16.327	0.242
	冰箱₁	0.057	0.017	0.059	0.079	0.205	0.217	0.258	0.281	7.341	0.187
	冰箱₂	0.054	0.006	0.056	0.075	0.231	0.279			18.311	0.217
	小型车₁	0.067	0.080	0.045	0.088	0.229	0.215	0.302 *	0.323 *	8.414	0.259
	小型车₂	0.065	0.074	0.043	0.084	0.289 *	0.276 *			19.451	0.277

注：** 表示 $P < 0.01$（双尾检验）；* 表示 $P < 0.05$（双尾检验）。

从表 4 – 13 的检验结果可以看出，各类产品下的标准系数无论在 $P <$ 0.01 还是 $P < 0.05$ 水平上绝大多数都是不显著的。在低介入度产品中，仅有运动鞋和休闲装在社会形象和个人偏好加入后，在 $P < 0.05$ 水平上显著；在高介入度产品中，仅有小型车在社会形象和个人偏好加入后，在 $P < 0.05$ 水

平上显著。但是，加入原产地形象产品感知的两个变量后，各类产品下的国家情感和社交情感的回归系数均明显提升。也就是说，加入产品感知后，顾客对原产地形象在情感层面的感知和产品性价比评价的关系强度增强了，说明原产地形象的产品感知对于受访者依据原产地进行品牌评价具有明显的促进作用。另外，高介入度产品下的回归系数明显比低介入度产品的回归系数更大，说明高介入度产品下原产地形象的作用更明显。虽然检验结果体现了以上趋势，但由于绝大多数的标准系数均不显著，所以，"受访者对于品牌原产地形象的评价"对"受访者对于产品性价比的评价"总体上没有显著影响。

（2）原产地形象对顾客质量判断影响的回归分析。检验假设 H1、H2，结果如表 4－14 所示。

表 4－14　　　　　　原产地形象对质量判断的回归模型：标准系数

质量模型		性别	年龄	学历	收入	国家情感	社交情感	社会形象	个人偏好	F	R_{adj}^2
低介入度产品	饮用水1	0.079	0.064	0.050	0.053	0.023	0.021	0.027	0.059	5.151	0.106
	饮用水2	0.074	0.061	0.047	0.071	0.040	0.037			14.271	0.172
	牙膏1	0.067	0.029	0.051	0.084	0.038	0.046	0.083	0.075	6.434	0.109
	牙膏2	0.062	0.025	0.049	0.080	0.071	0.074			19.441	0.178
	洗发水1	0.070	0.007	0.026	0.077	0.048	0.053	0.087	0.084	4.323	0.081
	洗发水2	0.069	0.005	0.021	0.072	0.073	0.071			12.354	0.199
	运动鞋1	0.056	0.014	0.030	0.097	0.045	0.054	0.091	0.073	6.331	0.085
	运动鞋2	0.050	0.006	0.028	0.094	0.063	0.081			11.557	0.191
	休闲装1	0.034	0.023	0.041	0.093	0.064	0.069	0.098	0.103	3.229	0.085
	休闲装2	0.019	0.021	0.037	0.090	0.072	0.083			12.404	0.167

续表

质量模型		性别	年龄	学历	收入	国家情感	社交情感	社会形象	个人偏好	F	R^2_{adj}
高介入度产品	平板电视₁	0.053	0.037	0.016	0.085	0.109	0.133	0.192*	0.185*	7.228*	0.077
	平板电视₂	0.045	0.035	0.014	0.081	0.151	0.204			15.141*	0.193
	台式电脑₁	0.071	0.039	0.022	0.084	0.130	0.135	0.172*	0.183*	6.545*	0.108
	台式电脑₂	0.063	0.027	0.016	0.078	0.151	0.141			13.489*	0.261
	洗衣机₁	0.056	0.043	0.051	0.095	0.115	0.147	0.221*	0.204*	7.188*	0.114
	洗衣机₂	0.046	0.041	0.050	0.083	0.170	0.209			15.635*	0.207
	冰箱₁	0.055	0.015	0.057	0.077	0.211	0.223	0.235*	0.291*	6.821*	0.087
	冰箱₂	0.052	0.004	0.054	0.073	0.237	0.284			17.511*	0.247
	小型车₁	0.065	0.078	0.043	0.086	0.235*	0.221*	0.304*	0.319*	7.107*	0.126
	小型车₂	0.063	0.072	0.042	0.082	0.295*	0.282*			17.117*	0.295

注：**表示 $P < 0.01$（双尾检验）；*表示 $P < 0.05$（双尾检验）。

从表 4 - 14 的检验结果可以看出，在加入原产地形象产品感知的两个变量（社会形象和个人偏好）之前，各类产品下的国家情感和社交情感的回归系数中，只有小型车的回归系数是显著的。在加入产品感知后，国家情感和社交情感的回归系数依然有明显提升，但依旧只有小型车的情感感知回归系数是显著的。而在社会形象和个人偏好的回归系数中，低介入度产品普遍不显著，高介入度产品则均显著。以上数据分析结果的特征说明：在原产地形象对产品结果性价值的影响中，对质量评价的影响要大于对性价比评价的影响；而且高介入度产品体现得更为明显，并主要体现为高介入度产品下，顾客对原产地形象在产品层面的感知，对产品质量评价具有显著的影响。

4.3.2 原产地形象与产品结果性价值对品牌态度的影响检验

原产地形象（country-of-origin image，COOI）与产品结果性价值（product result value，PRV）对品牌态度的影响检验包括三个部分，分别针对认知性品牌态度（cognitive brand attitude，CBA）、情感性品牌态度（emotional brand attitude，EBA）和品牌购买意愿（brand purchase intention，BPI）。在各自检验中，首先检验原产地形象对品牌态度的影响，再加入产品结果性价值。

（1）原产地形象与结果性价值对认知性品牌态度影响的回归分析。检验假设 H3、H4，结果如表 4 - 15 所示。为突出关键信息，减少次要信息过多占用表格空间的问题，表 4 - 15 至表 4 - 22 中不再描述控制变量（性别、年龄、学历和收入）的测量结果。

表 4 - 15　　原产地形象与结果性价值对认知性品牌态度的回归模型：标准系数

	认知性品牌态度模型	社会形象	个人偏好	国家情感	社交情感	性价比	质量	F	R^2_{adj}
低介入度产品	饮用水₁	0.012	0.105	0.063	0.072	0.132	0.135	6.532	0.078
	饮用水₂	0.007	0.024	0.001	0.099			19.291*	0.145
	牙膏₁	0.085	0.176	0.105	0.051	0.106	0.124	5.676	0.089
	牙膏₂	0.021	0.009	0.006	0.009			24.342*	0.131
	洗发水₁	0.077	0.206*	0.168*	0.021	0.115	0.114	8.107	0.131
	洗发水₂	0.002	0.001	0.027	0.001			23.652*	0.102
	运动鞋₁	0.203**	0.216*	0.212**	0.209*	0.219**	0.228**	7.949**	0.065
	运动鞋₂	0.008	0.007	0.069	0.032			24.557**	0.439
	休闲装₁	0.132**	0.136*	0.216**	0.223**	0.221**	0.284**	5.349**	0.158
	休闲装₂	0.017	0.095	0.037	0.045			31.671**	0.568
高介入度产品	平板电视₁	0.323**	0.306**	0.375**	0.383**	0.408**	0.414**	7.647**	0.089
	平板电视₂	0.082	0.094	0.081	0.092			27.662**	0.472
	台式电脑₁	0.296**	0.289**	0.317**	0.363**	0.425**	0.427**	6.989**	0.176
	台式电脑₂	0.054	0.072	0.095	0.012			34.775**	0.498
	洗衣机₁	0.287**	0.307**	0.279**	0.334**	0.431**	0.399**	9.212**	0.108
	洗衣机₂	0.092	0.101	0.094	0.121			42.884**	0.569

续表

认知性品牌态度模型		社会形象	个人偏好	国家情感	社交情感	性价比	质量	F	R^2_{adj}
高介入度产品	冰箱1	0.314**	0.375**	0.323**	0.326**	0.426**	0.418**	9.232**	0.076
	冰箱2	0.127	0.135	0.119	0.141			43.232**	0.572
	小型车1	0.258**	0.243**	0.328**	0.335**	0.592**	0.596**	5.986**	0.134
	小型车2	0.131**	0.163**	0.171**	0.189**			40.656**	0.596

注：** 表示 $P < 0.01$（双尾检验）；* 表示 $P < 0.05$（双尾检验）。

从表 4-15 的检验结果可以看出，在加入产品结果性价值的两个变量（性价比和质量）之前，原产地形象四类感知的回归系数中，低介入度产品中的运动鞋和休闲装是显著的。高介入度产品中所有产品在原产地形象的四类价值中均是显著的。在加入产品结果性价值的性价比和质量之后，各类产品的原产地形象的回归系数均有明显下降。除了小型车外，均变得不显著。而在性价比和质量的回归系数中，除了饮用水、牙膏和洗发水外，其他产品均是显著的。且高介入度产品的回归系数明显高于低介入度产品。以上数据分析结果说明：高介入度产品的原产地形象对认知性品牌态度有更加显著的影响；而且结果性价值同样具有显著的影响；加入结果性价值后，原产地形象的影响显著变弱。

（2）原产地形象与结果性价值对情感性品牌态度影响的回归分析。检验假设 H3、H4，结果如表 4-16 所示。

表 4-16　　原产地形象与结果性价值对情感性品牌态度的回归模型：标准系数

情感性品牌态度模型		社会形象	个人偏好	国家情感	社交情感	性价比	质量	F	R^2_{adj}
低介入度产品	饮用水1	0.011	0.085	0.061	0.042	0.104	0.107	6.342	0.098
	饮用水2	0.005	0.001	0.008	0.007			21.224*	0.097

续表

情感性品牌态度模型		社会形象	个人偏好	国家情感	社交情感	性价比	质量	F	R^2_{adj}
低介入度产品	牙膏₁	0.073	0.162	0.089	0.043	0.112	0.118	4.453	0.068
	牙膏₂	0.009	0.008	0.003	0.089			20.433 *	0.023
	洗发水₁	0.067	0.115 *	0.127 *	0.019	0.131	0.132	7.008	0.213
	洗发水₂	0.019	0.021	0.062	0.004			24.878 *	0.376
	运动鞋₁	0.187 **	0.169 *	0.178 **	0.126 *	0.185 **	0.199 **	7.534 **	0.072
	运动鞋₂	0.095	0.091	0.098	0.084			28.366 **	0.485
	休闲装₁	0.115 **	0.109 *	0.186 **	0.193 *	0.286 **	0.281 **	6.231 **	0.167
	休闲装₂	0.101	0.109	0.131	0.048			22.577 **	0.487
高介入度产品	平板电视₁	0.128 **	0.191 **	0.115 **	0.137 **	0.367 **	0.349 **	7.536 **	0.109
	平板电视₂	0.099	0.085	0.062	0.081			32.464 **	0.389
	台式电脑₁	0.193 **	0.176 **	0.169 **	0.152 **	0.359 **	0.396 **	5.878 **	0.183
	台式电脑₂	0.091	0.074	0.043	0.054			25.777 **	0.521
	洗衣机₁	0.147 **	0.137 **	0.179 **	0.127 **	0.439 **	0.424 **	80.134 **	0.117
	洗衣机₂	0.102	0.109	0.118	0.121			32.533 **	0.571
	冰箱₁	0.164 **	0.158 **	0.144 **	0.117 **	0.451 **	0.457 **	6.171 **	0.087
	冰箱₂	0.131	0.125	0.113	0.125			36.877 **	0.548
	小型车₁	0.197 **	0.182 **	0.198 **	0.135 **	0.575 **	0.581 **	7.877 **	0.141
	小型车₂	0.183 **	0.132 **	0.148 **	0.164 **			43.776 **	0.535

注：** 表示 $P < 0.01$（双尾检验）；* 表示 $P < 0.05$（双尾检验）。

从表 4-16 的检验结果可以看出，情感性品牌态度和之前对认知性品牌态度的回归分析结果大致相同。在加入性价比和质量之前，原产地形象四类感知的回归系数中，低介入度产品中的运动鞋和休闲装是显著的。高介入度产品中所有产品在原产地形象四类感知中均是显著的。在加入性价比和质量之后，回归系数均明显下降。除小型车外，均变得不显著。而在性价比和质量的回归系数中，除了饮用水、牙膏和洗发水外，其他产品均是显著的。以上数据分析结果和之前对认知性品牌态度回归分析的结果充分说明：高介入度产品的原产地形象对顾客品牌态度有更加显著的影响；而且结果性价值同样具有显著的影响；加入结果性价值后，原产地形象的影响显著变弱，顾客更加注重产品的质量和性价比。

（3）原产地形象与结果性价值对品牌购买意愿影响的回归分析。检验假设 H3、H4，结果如表 4 - 17 所示。

表 4 - 17　　原产地形象与结果性价值对品牌购买意愿的回归模型：标准系数

品牌购买意愿模型		社会形象	个人偏好	国家情感	社交情感	性价比	质量	F	R^2_{adj}
低介入度产品	饮用水₁	0.013	0.032	0.025	0.015	0.194 **	0.176 **	5.231	0.087
	饮用水₂	0.012	0.017	0.020	0.013			32.838 **	0.424
	牙膏₁	0.026	0.086	0.073	0.034	0.213 **	0.215 **	5.564	0.079
	牙膏₂	0.024	0.067	0.071	0.042			31.564 **	0.389
	洗发水₁	0.058	0.059	0.061	0.012	0.234 **	0.146 **	6.096	0.014
	洗发水₂	0.046	0.051	0.053	0.013			42.343 **	0.459
	运动鞋₁	0.104 *	0.101 *	0.108 *	0.026	0.276 **	0.357 **	8.645 *	0.061
	运动鞋₂	0.067	0.069	0.071	0.024			45.776 **	0.519
	休闲装₁	0.110 *	0.114 *	0.126 *	0.113 *	0.254 **	0.274 **	5.342	0.078
	休闲装₂	0.088	0.083	0.079	0.075			39.545 **	0.398
高介入度产品	平板电视₁	0.087	0.125 *	0.103 *	0.112	0.365 **	0.389 **	6.426 *	0.095
	平板电视₂	0.096	0.093	0.084	0.083			36.447 **	0.531
	台式电脑₁	0.093	0.076 *	0.129 *	0.122	0.396 **	0.402 **	5.981 *	0.172
	台式电脑₂	0.077	0.074	0.085	0.091			35.334 **	0.524
	洗衣机₁	0.097	0.087 *	0.078 *	0.115	0.421 **	0.437 **	7.245 *	0.101
	洗衣机₂	0.073	0.054	0.065	0.074			62.446 **	0.566
	冰箱₁	0.064	0.088 *	0.074 *	0.067	0.489 **	0.478 **	5.261 *	0.099
	冰箱₂	0.057	0.062	0.058	0.049			66.363 **	0.494
	小型车₁	0.168 **	0.179 **	0.185 **	0.146 **	0.568 **	0.596 **	8.989 **	0.156
	小型车₂	0.105 **	0.117 **	0.124 **	0.106 **			67.677 **	0.527

注：** 表示 $P < 0.01$（双尾检验）；* 表示 $P < 0.05$（双尾检验）。

从表 4 - 17 的检验结果可以看出，对品牌购买意愿的检验结果和之前的认知性品牌态度、情感性品牌态度的结果有很大不同。回归系数总体上明显减弱。在加入性价比和质量之前，在原产地形象四类感知的回归系数中，低介入度产品中只有运动鞋和休闲装是显著的，而且运动鞋在关系体验中并不显著。高介入度产品中所有产品在原产地形象的个人形象和情感体验中显著，且小汽车在四类感知中均高度显著。在加入性价比和质量之后，回归系数均明显下降。除小型车外，均变得不显著。而在性价比和质量的回归系数中，所有产品均是显著的。且高介入度产品的回归系数明显高于低介入度产品。以上数据分析结果说明：原产地形象对品牌购买意愿总体上没有较强的影响，除了小汽车；结果性价值对品牌购买意愿具有显著的影响；加入结果性价值后，原产地形象的影响显著变弱；在购买意愿层面，产品的质量和性价比具有极其重要的影响，而原产地形象则显得无足轻重。

4.4 原产地形象、产品情感性价值 与品牌态度的关系检验

4.4.1 原产地形象对产品情感性价值的影响检验

原产地形象对产品情感性价值的影响检验包括两个部分，分别针对内在情感和外在情感。在各自的检验过程中，首先检验顾客对原产地形象在情感层面的感知对产品情感性价值的影响，然后再加入顾客对原产地形象在产品层面的感知，来看加入后所带来的影响。

（1）原产地形象对内在情感影响的回归分析。检验假设 H1、H2，结果如表 4 - 18 所示。

表 4 - 18　　　　　原产地形象对内在情感的回归模型：标准系数

内在情感模型		国家情感	社交情感	社会形象	个人偏好	F	R^2_{adj}
低介入度产品	饮用水₁	0.194 *	0.176 *	0.175 *	0.269 *	7.242 *	0.094
	饮用水₂	0.267 *	0.143 *			24.382 *	0.438
	牙膏₁	0.186 *	0.177 *	0.119 *	0.258 *	8.561 *	0.075
	牙膏₂	0.231 *	0.166 *			29.335 *	0.357
	洗发水₁	0.171 *	0.125 *	0.142 *	0.235 *	6.458 *	0.061
	洗发水₂	0.248 *	0.171 *			25.348 *	0.499
	运动鞋₁	0.139 **	0.169 **	0.129 **	0.263 **	7.442 **	0.099
	运动鞋₂	0.217 **	0.126 **			31.329 **	0.393
	休闲装₁	0.141 **	0.186 **	0.103 **	0.233 **	4.557 **	0.105
	休闲装₂	0.205 **	0.161 **			20.676 **	0.567
高介入度产品	平板电视₁	0.283 **	0.265 **	0.186 **	0.371 **	8.119 **	0.049
	平板电视₂	0.378 **	0.154 **			25.084 **	0.391
	台式电脑₁	0.212 **	0.256 **	0.120 **	0.369 **	7.656 **	0.112
	台式电脑₂	0.342 **	0.177 **			19.575 **	0.397
	洗衣机₁	0.261 **	0.214 **	0.159 **	0.372 **	8.242 **	0.134
	洗衣机₂	0.357 **	0.182 **			16.769 **	0.358
	冰箱₁	0.228 **	0.258 **	0.146 **	0.376 **	7.737 **	0.079
	冰箱₂	0.329 **	0.137 **			27.343 **	0.467
	小型车₁	0.231 **	0.275 **	0.192 **	0.404 **	8.218 **	0.076
	小型车₂	0.416 **	0.178 **			29.202 **	0.495

注：** 表示 $P < 0.01$（双尾检验）；* 表示 $P < 0.05$（双尾检验）。

从表 4 - 18 的检验结果可以看出，和之前对结果性价值的检验结果有很大不同，关系强度和显著性明显提升。在加入原产地形象产品感知（社会形象和个人偏好）后，国家情感和社交情感的回归系数依然有明显提升，且回归系数依然是显著的。而且无论在产品感知加入前还是加入后，各类产品的国家情感的回归系数大于社交情感。在社会形象和个人偏好的回归系数中，各类产品的回归系数也均是显著的，且各类产品的个人偏好回归系数明显大于社会形象。总体上，高介入度产品的回归系数要大于低介入度产品。以上数据分析结果说明：原产地形象对产品内在情感有显著的正向影响。原产地的个人偏好对产品内在情感的影响程度高于社会形象，原产地形象的国家情感感知对产品内在情感的影响程度高于社交情感。

（2）原产地形象对外在情感影响的回归分析。检验假设 H1、H2，结果如表 4-19 所示。

表 4-19　　　　原产地形象对外在情感的回归模型：标准系数

外在情感模型		国家情感	社交情感	社会形象	个人偏好	F	R_{adj}^2
低介入度产品	饮用水₁	0.171*	0.156*	0.193*	0.187*	9.353*	0.082
	饮用水₂	0.111*	0.209*			35.341*	0.549
	牙膏₁	0.106*	0.131*	0.169*	0.128*	7.661*	0.086
	牙膏₂	0.191*	0.216*			34.224*	0.468
	洗发水₁	0.081*	0.115*	0.192*	0.185*	7.353*	0.072
	洗发水₂	0.128*	0.141**			31.676*	0.503
	运动鞋₁	0.109**	0.129**	0.149**	0.133**	8.2212**	0.087
	运动鞋₂	0.107**	0.156**			39.229**	0.434
	休闲装₁	0.121**	0.166**	0.193**	0.144**	6.668**	0.094
	休闲装₂	0.135**	0.221**			40.454**	0.678
高介入度产品	平板电视₁	0.295**	0.276**	0.401**	0.278**	9.101**	0.109
	平板电视₂	0.289**	0.367**			31.005**	0.441
	台式电脑₁	0.220**	0.264**	0.410**	0.329**	6.787**	0.133
	台式电脑₂	0.302**	0.417**			34.494**	0.407
	洗衣机₁	0.281**	0.274**	0.434**	0.323**	9.828**	0.104
	洗衣机₂	0.337**	0.481**			46.482**	0.316
	冰箱₁	0.214**	0.265**	0.489**	0.369**	8.491**	0.067
	冰箱₂	0.376**	0.474**			47.819**	0.576
	小型车₁	0.331**	0.357**	0.549**	0.406**	9.919**	0.065
	小型车₂	0.382**	0.563**			59.606**	0.584

注：** 表示 $P < 0.01$（双尾检验）；* 表示 $P < 0.05$（双尾检验）。

从表 4 – 19 的检验结果可以看出，和对内在情感的检验结果很相似。在加入原产地形象产品感知之前，各类产品的国家情感和社交情感的回归系数均是显著的。在加入产品感知后，国家情感和社交情感的回归系数总体上有明显提升，且回归系数依然显著。有所不同的是，无论在产品感知加入前还是加入后，各类产品的国家情感的回归系数总体上均小于社交情感。社会形象和个人偏好的回归系数也均是显著的，不同的是个人偏好回归系数明显小于社会形象。以上数据分析结果说明：原产地形象对产品外在情感有显著的正向影响。原产地的社会形象对产品外在情感的影响程度高于个人偏好，原产地的社交情感对产品外在情感的影响程度高于国家情感。

4.4.2　原产地形象与产品情感性价值对品牌态度的影响检验

原产地形象与产品情感性价值（product emotional value，PEV）对品牌态度的影响检验包括三个部分，分别针对认知性品牌态度、情感性品牌态度和品牌购买意愿。在各自的检验过程中，首先检验原产地形象对品牌态度的影响，然后再加入产品情感性价值（内在情感和外在情感）。

（1）原产地形象与情感性价值对认知性品牌态度影响的回归分析。检验假设 H3、H4，结果如表 4 – 20 所示。为突出关键信息，减少次要信息过多占用表格空间的问题，表 4 – 20、表 4 – 21 和表 4 – 22 中不再描述控制变量（性别、年龄、学历和收入）的测量结果。

表 4 – 20　　原产地形象与情感性价值对认知性品牌态度的回归模型：标准系数

	认知性品牌态度模型	社会形象	个人偏好	国家情感	社交情感	内在情感	外在情感	F	R^2_{adj}
低介入度产品	饮用水$_1$	0.012	0.105	0.063	0.072	0.106	0.112	6.532	0.078
	饮用水$_2$	0.007	0.012	0.011	0.003			34.334*	0.074
	牙膏$_1$	0.085	0.176	0.105	0.051	0.094	0.092	5.676	0.089
	牙膏$_2$	0.021	0.031	0.025	0.009			35.256*	0.065

续表

认知性品牌态度模型		社会形象	个人偏好	国家情感	社交情感	内在情感	外在情感	F	R_{adj}^2
低介入度产品	洗发水₁	0.077	0.206*	0.168*	0.021	0.093	0.089	8.107	0.131
	洗发水₂	0.030	0.083	0.061	0.011			46.339*	0.181
	运动鞋₁	0.203**	0.216*	0.212**	0.209*	0.106*	0.137*	7.949**	0.065
	运动鞋₂	0.024	0.037	0.046	0.132			45.223*	0.392
	休闲装₁	0.132**	0.136**	0.216**	0.223*	0.136*	0.147*	5.349**	0.158
	休闲装₂	0.090	0.073	0.064	0.056			35.667*	0.384
高介入度产品	平板电视₁	0.323**	0.306**	0.375**	0.383**	0.242**	0.241**	7.647**	0.089
	平板电视₂	0.145	0.134	0.103	0.127			47.672**	0.426
	台式电脑₁	0.296**	0.289**	0.317**	0.363**	0.261**	0.273**	6.989**	0.176
	台式电脑₂	0.109	0.176	0.181	0.154			36.725**	0.467
	洗衣机₁	0.287**	0.307**	0.279**	0.334**	0.271**	0.264**	9.212**	0.108
	洗衣机₂	0.135	0.136	0.141	0.140			43.692**	0.493
	冰箱₁	0.314**	0.375**	0.323**	0.326**	0.283**	0.287**	9.232**	0.076
	冰箱₂	0.142	0.151	0.146	0.153			49.582**	0.531
	小型车₁	0.258**	0.243**	0.328**	0.335**	0.266**	0.276**	5.986**	0.134
	小型车₂	0.164**	0.173**	0.185**	0.176**			45.826**	0.566

注：** 表示 $P < 0.01$（双尾检验）；* 表示 $P < 0.05$（双尾检验）。

从表 4 - 20 可以看出，在加入产品情感性价值之后，各类产品的原产地形象四类感知的回归系数均有明显下降，除了小型车外，均变得不显著。而在内在情感和外在情感的回归系数中，除了饮用水、牙膏和洗发水外，其他产品均是显著的，但回归系数明显小于性价比和质量的回归系数。且高介入度产品的回归系数明显高于低介入度产品。以上数据分析结果说明：高介入度产品的原产地形象和产品情感性价值对认知性品牌态度有更加显著的正向影响。产品情感性价值加入后，原产地形象的影响变弱。

（2）原产地形象与情感性价值对情感性品牌态度影响的回归分析。检验假设 H3、H4，结果如表 4 - 21 所示。

表 4 - 21　原产地形象与情感性价值对情感性品牌态度的回归模型：标准系数

情感性品牌 态度模型		社会 形象	个人 偏好	国家 情感	社交 情感	内在 情感	外在 情感	F	R^2_{adj}
低介入度产品	饮用水₁	0.011	0.085	0.061	0.042	0.131	0.194	6.342	0.098
	饮用水₂	0.010	0.021	0.009	0.023			39.334 *	0.103
	牙膏₁	0.073	0.162	0.089	0.043	0.157	0.141	4.453	0.068
	牙膏₂	0.031	0.014	0.024	0.011			41.454 *	0.134
	洗发水₁	0.067	0.115 *	0.127 *	0.019	0.135	0.127	7.008	0.213
	洗发水₂	0.009	0.003	0.013	0.007			31.667 *	0.245
	运动鞋₁	0.187 **	0.169 *	0.178 **	0.126 *	0.232 *	0.233 *	7.534 **	0.072
	运动鞋₂	0.097	0.096	0.062	0.083			45.327 *	0.482
	休闲装₁	0.132 **	0.136 *	0.216 **	0.223 *	0.207 *	0.209 *	5.349 **	0.158
	休闲装₂	0.078	0.077	0.074	0.067			39.565 *	0.481
高介入度产品	平板电视₁	0.128 **	0.191 **	0.115 **	0.137 **	0.236 **	0.241 **	7.536 **	0.109
	平板电视₂	0.086	0.076	0.059	0.064			47.373 **	0.395
	台式电脑₁	0.193 **	0.176 **	0.169 **	0.152 **	0.255 **	0.237 **	5.878 **	0.183
	台式电脑₂	0.079	0.071	0.081	0.075			35.229 **	0.387
	洗衣机₁	0.147 **	0.137 **	0.179 **	0.127 **	0.310 **	0.296 **	8.134 **	0.117
	洗衣机₂	0.099	0.084	0.082	0.071			46.882 **	0.439
	冰箱₁	0.164 **	0.158 **	0.144 **	0.117 **	0.324 **	0.317 **	6.171 **	0.087
	冰箱₂	0.102	0.112	0.094	0.105			46.255 **	0.525
	小型车₁	0.197 **	0.182 **	0.198 **	0.135 **	0.402 **	0.406 **	7.877 **	0.141
	小型车₂	0.126 **	0.133 **	0.146 **	0.104 **			49.771 **	0.593

注：** 表示 $P < 0.01$（双尾检验）；* 表示 $P < 0.05$（双尾检验）。

从表 4 - 21 可以看出，在加入产品情感性价值之后，回归系数均有明显下降，除了小型车外，均变得不显著。在内在情感和外在情感的回归系数中，除了饮用水、牙膏和洗发水外，其他产品均是显著的，但回归系数明显小于性价比和质量的回归系数。以上数据分析结果说明：高介入度产品的原产地形象和产品情感性价值对情感性品牌态度有更加显著的正向影响，情感性价值加入后，原产地形象的影响明显变弱。和表 4 - 15 和表 4 - 16 以及表 4 - 20 测量结果相结合，说明产品信念对认知性和情感性品牌态度的影响要大于原产地形象，也就是说，原产地形象的影响虽然存在，甚至在很多关系中有重要的影响，但总体上依然不如产品信念的影响程度高。

（3）原产地形象与情感性价值对品牌购买意愿影响的回归分析。检验假设 H3、H4，结果如表 4 - 22 所示。

表 4 - 22　　原产地形象与情感性价值对品牌购买意愿的回归模型：标准系数

品牌购买意愿模型		社会形象	个人偏好	国家情感	社交情感	内在情感	外在情感	F	R^2_{adj}
低介入度产品	饮用水$_1$	0.013	0.032	0.025	0.015	0.035	0.057	5.231	0.087
	饮用水$_2$	0.011	0.014	0.013	0.009			27.337	0.155
	牙膏$_1$	0.026	0.086	0.073	0.034	0.061	0.073	5.564	0.079
	牙膏$_2$	0.021	0.054	0.065	0.026			25.668	0.223
	洗发水$_1$	0.058	0.059	0.061	0.012	0.054	0.042	6.096	0.014
	洗发水$_2$	0.035	0.042	0.036	0.013			34.298	0.112
	运动鞋$_1$	0.104*	0.101*	0.108*	0.026	0.143*	0.154*	8.645*	0.061
	运动鞋$_2$	0.067	0.025	0.032	0.024			36.728*	0.503
	休闲装$_1$	0.110*	0.114*	0.126*	0.113*	0.156*	0.148*	5.342*	0.078
	休闲装$_2$	0.051	0.045	0.027	0.036			25.349*	0.526
高介入度产品	平板电视$_1$	0.087	0.125*	0.103*	0.112	0.043	0.074	6.426*	0.095
	平板电视$_2$	0.017	0.034	0.064	0.048			34.892	0.176
	台式电脑$_1$	0.093	0.076*	0.129*	0.122	0.069	0.067	5.981*	0.172
	台式电脑$_2$	0.092	0.075	0.083	0.049			34.728	0.181
	洗衣机$_1$	0.097	0.087*	0.078*	0.115	0.039	0.032	7.245*	0.101
	洗衣机$_2$	0.058	0.038	0.046	0.048			43.821	0.162

续表

品牌购买意愿模型		社会形象	个人偏好	国家情感	社交情感	内在情感	外在情感	F	R^2_{adj}
高介入度产品	冰箱₁	0.064	0.088 *	0.074 *	0.067	0.042	0.062	5.261 *	0.099
	冰箱₂	0.057	0.053	0.011	0.033			32.835	0.138
	小型车₁	0.168 **	0.179 *	0.185 *	0.146 **	0.135 *	0.176 *	8.989 **	0.156
	小型车₂	0.105 **	0.112 *	0.103 *	0.126 **			36.672 **	0.429

注：** 表示 $P < 0.01$（双尾检验）；* 表示 $P < 0.05$（双尾检验）。

从表 4 – 22 的检验结果可以看出，对品牌购买意愿的检验结果和认知性、情感性品牌态度的结果差异很大，而且与表 4 – 17 对品牌购买意愿的检验结果也有很大差异。在加入内在情感和外在情感之后，回归系数均明显下降。除小型车外，均变得不显著。而在内在情感和外在情感的回归系数中，仅有运动鞋、休闲装和小汽车在 $P < 0.05$ 水平上显著，其他产品均不显著。以上数据分析结果说明：原产地形象对品牌购买意愿总体上没有较强的影响；产品情感性价值对品牌购买意愿总体上也没有显著的影响；加入情感性价值的内在情感和外在情感后，原产地形象的影响显著变弱；在购买意愿层面，产品情感性价值（内在情感和外在情感）远不如产品结果性价值（质量和性价比）更具影响，而原产地形象的影响则更弱。

4.5　假设检验结果汇总

以上数据检验过程主要是根据模型结构逐步进行检验，对数据的分析都是依次针对每个数据表来展开，而本研究单一的假设往往是通过多个数据表才能体现，因此需要在以上分析的基础上，对假设验证的情况逐条做出如下汇总说明：

4.5.1 假设 H1 的检验结果

假设 H1 的内容：顾客对原产地形象在产品层面的感知正向影响其产品信念，并且在高介入度产品中的影响更加显著。

数据分析结果体现的特征：当产品结果性价值为产品性价比评价时，虽然有假设 H1 的趋势特征，但并不显著；当产品结果性价值为产品质量评价时，假设 H1 的趋势特征更加明显，并且在高介入度产品下显著。当产品情感性价值为内在情感时，假设 H1 的趋势特征在所有产品类别中均显著，且原产地的个人形象价值表现得更加显著；当产品情感性价值为外在情感时，假设 H1 的趋势特征在所有产品类别中也均显著，且原产地的社会形象价值表现得更加显著。

假设检验结果：当产品信念表现为顾客对产品情感性价值的关注时，假设 H1 完全成立。

4.5.2 假设 H2 的检验结果

假设 H2 的内容：顾客对原产地形象在情感层面的感知正向影响其产品信念，并且在高介入度产品中的影响更加显著。

数据分析结果体现的特征：当产品结果性价值为产品性价比评价时，所有数据均不显著；当产品结果性价值为产品质量评价时，只有小汽车的原产地情感感知是显著的。总的来说，假设 H2 的趋势特征在绝大多数选择的产品中都没有显著体现。当产品情感性价值为内在情感时，假设 H2 的趋势特征在所有产品类别中均显著，且原产地的情感体验价值表现得更加显著；当产品情感性价值为外在情感时，假设 H2 的趋势特征在所有产品类别中也均显著，且原产地的关系体验价值表现得更加显著。

假设检验结果：当产品信念表现为顾客对产品情感性价值的关注时，假设 H2 完全成立。

假设内容以外的发现：顾客对原产地形象在产品层面感知的加入会明显提升原产地情感感知对产品信念的影响程度。

4.5.3 假设 H3 的检验结果

假设 H3 的内容：顾客对原产地形象在产品层面的感知正向影响其品牌态度，并且在高介入度产品中的影响更加显著。

数据分析结果体现的特征：当品牌态度为认知性和情感性品牌态度时，假设 H3 的趋势特征有显著体现；当品牌态度为品牌购买意愿时，原产地形象对品牌态度的影响仅在高介入度产品下原产地个人偏好中有比较显著的体现。另外，加入产品信念的结果性和情感性价值后，原产地形象的影响在绝大多数产品下均变得不显著。

假设检验结果：当品牌态度为认知性和情感性品牌态度时，假设 H3 在没有产品信念加入时成立。

4.5.4 假设 H4 的检验结果

假设 H4 的内容：顾客对原产地形象在情感层面的感知正向影响其品牌态度，并且在高介入度产品中的影响更加显著。

数据分析结果体现的特征：当品牌态度为认知性和情感性品牌态度时，假设 H4 的趋势特征有显著的体现；当品牌态度为品牌购买意愿时，原产地形象对品牌态度的影响仅在高介入度产品下，在原产地形象的社交情感中有比较显著的体现。另外，加入产品信念的结果性和情感性价值后，原产地形象的影响在绝大多数产品下均变得不显著。

假设检验结果：当品牌态度为认知性和情感性品牌态度时，假设 H4 在没有产品信念加入时成立。

4.6 本章小结

本章是对变量的测量和对模型主体部分的检验。本章利用回归分析的方法，主要通过两个方面的对比分析来完成假设检验。一是对于特定变量加入模型前和加入模型后的对比分析，包括：顾客对原产地形象在产品层面的感知是否加入模型所带来的差异，产品信念是否加入模型所带来的差异。二是对于低介入度产品和高介入度产品的对比分析，检验都是同时在低介入度和高介入度产品下展开检验的。所有的检验都涵盖了本研究选择的具体的不同产品类别，检验结果可以很直观地在不同介入度产品间进行对比。假设检验的结果显示从假设 H1 到 H4 的假设都是在一定条件下才能成立的。

第 5 章

产品介入度的测量与介入度
调节作用的检验

5.1　产品介入度的测量

5.1.1　产品介入度的测量方法

　　为保证选择的产品在介入度上不出现严重偏差，本研究对这 10 类产品进行了介入度测量。对于产品介入度的测量，我们首先关注了扎克科沃斯克（Zaichkowsky）在 1994 年开发的量表[162]，共 10 个问项，采用 7 点测量法，如表 5 – 1 所示。虽然该量表已长期被用于相关研究中，量表具有高信度。而且也有相关学者对该量表持有很高的评价。银成钺和于洪彦（2008）采用了扎克科沃斯克（Zaichkowsky）1994 版量表[163]，两位学者的研究认为该量表是对早期介入度量表的精简，问题的减少可以有效地回避了题目不明确、不易填答等缺点。

表 5 - 1   产品介入度量表

问题	测项								
	不重要的	1	2	3	4	5	6	7	重要的
	不相关的	1	2	3	4	5	6	7	相关的
	没有意义的	1	2	3	4	5	6	7	意义很大的
	无价值的	1	2	3	4	5	6	7	有价值的
您对该类产品的看法：该类产品对您而言是_____	讨厌的	1	2	3	4	5	6	7	有趣的
	不令人兴奋的	1	2	3	4	5	6	7	令人兴奋的
	不吸引人的	1	2	3	4	5	6	7	吸引人的
	平凡的	1	2	3	4	5	6	7	出众的
	不需要的	1	2	3	4	5	6	7	需要的
	无涉及的	1	2	3	4	5	6	7	有涉及的

　　对于本研究而言，由于调研品牌数量较多，如果设置较多的问题，容易使受访者失去填写问卷的耐心。因此，我们对表 5 - 1 所示的产品介入度量表进行了精简。根据表 5 - 1 所显示的测项，我们发现有很多测量项目依然存在语义上的高度相似，另外，本书研究的是原产地，我们希望在测量过程中，能够在测量问项中照顾到受访者对原产地信息的关注，这种关注也是一种对产品的介入，如果该量表指向品牌原产地形象，而不是品牌，则有很多问项与原产地联系不够紧密，为了能够简单直接并符合实际地测量顾客对产品以及原产地信息的介入，本书在第 3 章 3.4.1 小节中所描述的 200 人规模的调研中同时进行了问题的进一步筛选。问题是：原产地对我而言，在我对产品的评价过程中是_____（在问卷中列出表 5 - 1 量表的测项）。选项有 3 个：支持、反对、不清楚。对于选择的标准，首先是支持者的数量要超过反对者，其次是支持者比例至少为 50% 左右。调研结果如表 5 - 2 所示。

表5-2　　　　　　　　　　　　产品介入度测量问项的选择

原产地对我而言， 在我对产品的评价过程中是_____	支持	反对	支持率	选用
不重要的　或者　重要的	142	14	71%	√
不相关的　或者　相关的	129	29	64.5%	√
没有意义的　或者　意义很大的	77	64	38.5%	
无价值的　或者　有价值的	84	53	42%	
讨厌的　或者　有趣的	19	151	9.5%	
不令人兴奋的　或者　令人兴奋的	20	106	10%	
不吸引人的　或者　吸引人的	26	125	13%	
平凡的　或者　出众的	15	168	7.5%	
不需要的　或者　需要的	152	17	76%	√
无涉及的　或者　有涉及的	137	13	68.5%	√

　　根据调研结果，本书对产品介入度的测量选择4个问项，分别是：该类产品对您而言是否"重要"、是否"相关"、是否"需要"以及有无"涉及"。另外，对于是否有"意义"以及是否有"价值"这两个测项，虽然支持的受访者人数比率超过反对者，但是支持率仅分别为38.5%和42%，没有超过50%，因此本书没有采用。最后使用的是由4个测项构成的产品介入度量表。

5.1.2　产品介入度的测量结果

　　对产品介入度的测量在2015年10月随正式调研一同进行的，共收集1092份有效样本，具体过程已在第3章3.3.2小节中做出详细描述。对于产品介入度的测算，由于10个问项语义相似度较高，我们采取对10个问项的打分取平均值的方法，测量结果如表5-3所示。从表5-3的测量结果来看，低介入度产品的得分都在2~3分左右，相对于满分7分而言较低，而高介入度产品的得分都在 5~6 分左右，相对较高，低介入度产品和高介入度产品的测量结果都在合理范围内。另外，从产品介入度测量结果的平均值，我们可以发现，在低介入度产品中，顾客对运动鞋和休闲装的介入度明显比饮用水、牙膏和洗发水更高。而在高介入度产品中，顾客对小型车的介入度明显比其他四类家电产品更高。十类产品各自具有广泛的低介入度产品和高介入度产品特点，这里不再赘述。无论是牙膏、运动鞋，还是洗衣机和电视机，都是家庭生活的必需品，使用频率高，更为普通消费者熟知，可以说，这几种产品在家庭生活中具有代表性。

表 5-3   **产品介入度的测量结果**

低介入度产品		高介入度产品	
产品类别	平均值	产品类别	平均值
饮用水	2.06	平板电视	5.31
牙膏	2.11	台式电脑	5.74
洗发水	2.37	洗衣机	5.48
运动鞋	2.69	冰箱	5.62
休闲装	2.95	小型车	6.03

本书对产品介入度的数据进行了分析处理，对其信度进行了检验。检验指标包括标准化因子载荷、Cronbach's α 值、组合信度（CR）和平均方差提取值（AVE）。我们对低介入度产品和高介入度产品按产品类别分别进行了检验，检验结果如表 5-4 和表 5-5 所示。对于测项的编号，由于产品介入度的英文表述为 product involvement，本书采用其简写 PI 作为编号的开头，加上 10 类产品的序号和测项本身的序号。

表 5 - 4　　　　　　　　　　　低介入度产品的信度检验

产品类别	测项编号	标准化因子载荷	Cronbach's α	组合信度	AVE
1 饮用水	PI11	0.706	0.817	0.823	0.531
	PI12	0.812			
	PI13	0.874			
	PI14	0.759			
2 牙膏	PI21	0.807	0.835	0.841	0.527
	PI22	0.713			
	PI23	0.721			
	PI24	0.804			
3 洗发水	PI31	0.617	0.829	0.809	0.569
	PI32	0.756			
	PI33	0.813			
	PI34	0.669			
4 运动鞋	PI41	0.732	0.816	0.818	0.576
	PI42	0.764			
	PI43	0.623			
	PI44	0.857			
5 休闲装	PI51	0.747	0.854	0.849	0.627
	PI52	0.755			
	PI53	0.649			
	PI54	0.738			

　　从表 5 - 4 中可以看出，本研究对低介入度产品的测量显示，在 5 类低介入度产品中，Cronbach's α 值、组合信度（CR）都在 0.7 以上，信度通过检验。另外，各类产品中的每个测项对应的标准化因子载荷均高于 0.6，各类产品的平均方差提取值（AVE）都大于 0.5。结合信度指标，在低介入度产品的测量中，量表聚合效度通过了检验。

表 5 – 5　　　　　　　　　　高介入度产品的信度检验

产品类别	测项编号	标准化因子载荷	Cronbach's α	组合信度	AVE
6 平板电视	PI61	0.827	0.828	0.839	0.558
	PI62	0.743			
	PI63	0.758			
	PI64	0.679			
7 台式电脑	PI71	0.816	0.886	0.857	0.578
	PI72	0.776			
	PI73	0.731			
	PI74	0.719			
8 洗衣机	PI81	0.724	0.813	0.815	0.512
	PI82	0.747			
	PI83	0.701			
	PI84	0.673			
9 冰箱	PI91	0.814	0.827	0.829	0.531
	PI92	0.682			
	PI93	0.739			
	PI94	0.693			
10 小型车	PI101	0.788	0.878	0.866	0.679
	PI102	0.813			
	PI103	0.862			
	PI104	0.827			

从表 5 – 5 中可以看出，本研究对低介入度产品的测量显示，在 5 类低介入度产品中，Cronbach's α 值、组合信度（CR）都在 0.7 以上，信度通过检验。另外，各类产品中的每个测项对应的标准化因子载荷均高于 0.6，各类产品的平均方差提取值（AVE）都大于 0.5。结合信度指标，在高介入度产品的测量中，量表聚合效度通过了检验。

5.2　对产品介入度调节作用检验的设计

对于调节作用的检验，本研究采用如图 5 - 1 所示的检验模型。该模型是检验调节变量的传统的经典方法，由于本书重点在于验证和探索不同介入度产品下品牌原产地形象的作用，因此在具体的数据检验方法上力求采用最为稳妥的传统方法。一方面保证数据检验过程的可靠，另一方面可以集中精力和篇幅放在品牌原产地形象的研究上。

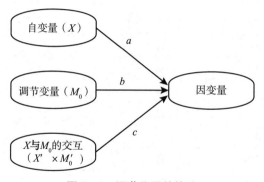

图 5 - 1　调节作用的检验

在图 5 - 1 中，如果路径 c 显著，则认为调节作用存在。为了降低多重共线性问题，本书对自变量和调节变量先进行中心化处理，用处理后的 X' 与 M_0' 进行交互，在此作出说明，后文不再赘述。另外，R^2 反映回归方程能够解释的方差占因变量方差的百分比，表示模型可以解释百分之多少的因变量，用来评价模型的拟合效果，故也称拟合指数或决定系数。R^2 越接近 1 则认为拟合程度越高，反之，越接近 0 则拟合程度越低。本研究用 ΔR^2 表示"加入交互项的 R^2"与"未加入交互项的 R^2"的差，主要是看 R^2 在加入交互项前后有没有显著变化，如果 R^2 没有显著变化，说明交互项在模型中的作用不显著。

本研究根据模型的理论结构，分别在原产地形象与产品信念、原产地形象与品牌态度的关系中进行产品介入度的调节作用检验。对于检验的结果，如果自变量和因变量是正向关系，调节变量的作用（交互项与因变量回归系数）也是正向，那么调节作用就是使自变量与因变量之间的正向作用加强；如果调节变量作用是负向，则表示自变量与因变量间的正向关系减弱。

5.3　对原产地形象与产品信念的调节作用检验

5.3.1　对源自产品的原产地形象感知与结果性价值的调节作用

对源自产品的原产地形象感知（country-of-origin image perception based on product，CPP，简称产品产地感知）与产品属性信念（product attribute belief，PAB）的调节作用，将分别在产品产地感知与结果性价值、产品产地感知与情感性价值的关系中进行检验，以检验假设 H5 和 H6。

对源自产品的原产地形象感知与结果性价值的调节作用的关系模型如图 5 - 2 所示。

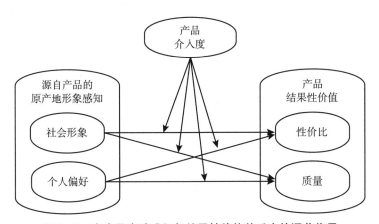

图 5 - 2　在产品产地感知与结果性价值关系中的调节作用

根据第 2 章的理论模型，根据对产品介入度调节作用的设定，产品介入度对源自产品的原产地形象感知和产品结果性价值的关系存在调节作用。源自产品的原产地形象感知包含两个维度，分别是社会形象感知和个人偏好感知；产品的结果性价值也包含两个维度，分别是性价比和质量。因此，在该关系下，调节作用具体发生在 4 对关系中，分别是社会形象感知与性价比、社会形象感知与质量、个人偏好感知与性价比以及个人偏好感知与质量。对于调节作用的检验将分别在这 4 对关系中进行，检验结果如表 5 – 6 所示。

表 5 – 6　　　　　对产品产地感知与结果性价值调节作用回归分析结果

项目		社会形象—性价比			社会形象—质量			个人偏好—性价比			个人偏好—质量		
		ΔR^2	标准系数	Sig.	ΔR^2	标准系数	Sig.	ΔR^2	标准系数	Sig.	ΔR^2	标准系数	Sig.
低介入度产品	饮用水	0.002	0.051	0.071	0.003	0.087	0.109	0.013	0.114	0.086	0.034	0.127	0.092
	牙膏	0.005	0.016	0.104	0.019	0.041	0.068	0.026	0.037	0.075	0.047	0.066	0.059
	洗发水	0.014	0.038	0.095	0.016	0.084	0.079	0.042	0.105	0.097	0.052	0.113	0.067
	运动鞋	0.029	0.132	0.107	0.034	0.147	0.136	0.028	0.175	0.164	0.062	0.159	0.192
	休闲装	0.017	0.165	0.122	0.041	0.116	0.101	0.024	0.184	0.153	0.073	0.147	0.214
高介入度产品	平板电视	0.009	– 0.113	0.045	0.026	– 0.106	0.041	0.035	– 0.107	0.234	0.045	– 0.103	0.147
	台式电脑	0.021	– 0.016	0.182	0.059	– 0.139	0.036	0.038	– 0.125	0.347	0.039	– 0.048	0.236
	洗衣机	0.057	– 0.185	0.191	0.068	– 0.177	0.075	0.029	– 0.056	0.179	0.053	– 0.118	0.158
	冰箱	0.044	– 0.116	0.043	0.094	– 0.118	0.047	0.053	– 0.137	0.439	0.034	– 0.105	0.374
	小型车	0.004	– 0.105	0.216	0.047	– 0.109	0.144	0.027	– 0.097	0.174	0.058	– 0.057	0.089

注：产品介入度为调节变量；$\Delta R^2 =$ 加入交互项的 R^2 – 未加入交互项的 R^2；标准系数为交互项"产品介入度 × 产品产地感知"对"结果性价值"的标准化后的偏回归系数；Sig. 为交互项对因变量的偏回归系数的显著性；灰色底纹为交互项显著性水平 < 0.05。

从表 5 – 6 可以看出，除个别产品下的 ΔR^2 略小之外，总体上 ΔR^2 的值都显示出加入交互项后确实有比较明显的变化。这说明产品介入度对源自产品的原产地形象感知与结果性价值具有调节作用，且低介入度产品显示正向调节作用，高介入度产品均显示负向调节作用，但各类产品的调节作用绝大多数都不显著。只有在社会形象与性价比的关系中，平板电视和冰箱的介入度负向调节作用是显著的；同时，在社会形象与质量的关系中，平板电视、电视电脑和冰箱的介入度负向调节作用也是显著的。我们从中可以看出，即使在绝大多数产品和关系中介入度的调节作用都不显著的情况下，仅有的几个显著项也均发生在高介入度产品中，这在一定程度上说明在高介入度产品中介入度的调节作用更可能发生作用。

5.3.2 对源自产品的原产地形象感知与情感性价值的调节作用

对源自产品的原产地形象感知和情感性价值的关系，介入度对这对关系的调节作用模型如图 5 – 3 所示，检验结果如表 5 – 7 所示。

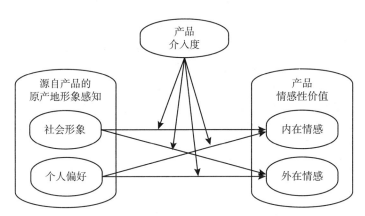

图 5 – 3 在产品产地感知与情感性价值关系中的调节作用

根据第 2 章的理论模型，根据对产品介入度调节作用的设定，产品介入度对源自产品的原产地形象感知和产品情感性价值的关系存在调节作用。源自产品的原产地形象感知包含两个维度，分别是社会形象感知和个人偏好感知；产品的情感性价值也包含两个维度，分别是内在情感和外在情感。因此，在该关系下，调节作用具体发生在以下 4 对关系中，分别是社会形象感知与内在情感、社会形象感知与外在情感、个人偏好感知与内在情感以及个人偏好感知与外在情感，对于调节作用的检验将分别在这4对关系中进行。为清晰展示调节作用的各项指标，本书设计的数据表以横向为变量关系的各指标加纵向产品类别的形式来展示数据。检验结果如表5-7所示。

表5-7　　　　　　　对产品产地感知与情感性价值调节作用回归分析结果

项目		社会形象—内在情感			社会形象—外在情感			个人偏好—内在情感			个人偏好—外在情感		
		ΔR^2	标准系数	Sig.	ΔR^2	标准系数	Sig.	ΔR^2	标准系数	Sig.	ΔR^2	标准系数	Sig.
低介入度产品	饮用水	0.024	0.067	0.011	0.022	0.091	0.014	0.029	0.130	0.122	0.053	0.142	0.127
	牙膏	0.022	0.032	0.121	0.036	0.058	0.145	0.042	0.051	0.011	0.061	0.081	0.032
	洗发水	0.030	0.051	0.143	0.031	0.102	0.135	0.059	0.121	0.024	0.069	0.139	0.044
	运动鞋	0.045	0.142	0.091	0.051	0.149	0.064	0.045	0.190	0.072	0.081	0.167	0.097
	休闲装	0.031	0.191	0.089	0.047	0.131	0.079	0.039	0.189	0.081	0.088	0.165	0.099
高介入度产品	平板电视	0.024	-0.132	0.033	0.043	-0.075	0.026	0.034	-0.122	0.032	0.060	-0.049	0.037
	台式电脑	0.037	-0.032	0.021	0.075	-0.155	0.045	0.054	-0.141	0.023	0.052	-0.062	0.021
	洗衣机	0.072	-0.129	0.043	0.089	-0.199	0.035	0.046	-0.072	0.027	0.071	-0.135	0.029
	冰箱	0.061	-0.137	0.019	0.093	-0.134	0.012	0.070	-0.152	0.013	0.051	-0.121	0.018
	小型车	0.022	-0.124	0.003	0.064	-0.107	0.001	0.042	-0.113	0.022	0.076	-0.073	0.006

注：产品介入度为调节变量；ΔR^2 = 加入交互项的 R^2 - 未加入交互项的 R^2；标准系数为交互项"产品介入度 × 产品产地感知"对"情感性价值"的标准化后的偏回归系数；Sig. 为交互项对因变量的偏回归系数的显著性；灰色底纹为交互项显著性水平 < 0.05。

从表5-7可以看出，总体上 ΔR^2 的值比表5-1的更大，显示出加入交互项后确实有比较明显的变化，说明产品介入度对产品产地感知与情感性价值具有调节作用。从标准系数方面来看，产品介入度在低介入度产品类别上具有正向调节作用，在高介入度产品类别上具有负向调节作用。但在显著性上，只有高介入度产品是全部显著的。低介入度产品仅有部分产品显著。在低介入度产品中，在社会形象与内在情感，以及社会形象与外在情感的关系中，仅有饮用水中的介入度调节作用是显著的，且为正向调节作用。在个人偏好与内在情感，以及个人偏好与外在情感的关系中，牙膏和洗发水中的介入度调节作用是显著的，且为正向调节作用。在高介入度产品中，4 对关系中的 5 类产品的介入度调节作用都是显著的，且为负向调节作用，其中洗衣机和电冰箱的各项数值表现得最为突出。

5.3.3 对源自情感的原产地形象感知与结果性价值的调节作用

对源自情感的原产地形象感知（country-of-origin image perception based on emotion，CPE，简称情感产地感知）与产品属性信念的调节作用，将分别在原产地体验性价值与产品结果性价值、原产地体验性价值与产品情感性价值的关系中进行检验，以检验 H5 和 H6。

对源自情感的原产地形象感知与结果性价值的调节作用的关系模型如图 5-4 所示。

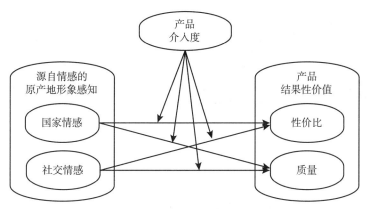

图 5-4 在情感产地感知与结果性价值关系中的调节作用

根据第 2 章的理论模型，根据对产品介入度调节作用的设定，产品介入度对源自情感的原产地形象感知和产品结果性价值的关系存在调节作用。源自情感的原产地形象感知包含两个维度，分别是国家情感感知和社交情感感知，产品的情感性价值也包含两个维度，分别是性价比和质量。因此，在该关系下，调节作用具体发生在以下 4 对关系中，分别是国家情感感知与性价比、国家情感感知与质量、社交情感感知与性价比以及社交情感感知与质量。对于调节作用的检验将分别在这4对关系中进行，检验结果如表5-8所示。

表5-8　　　　对情感产地感知与结果性价值调节作用回归分析结果

项目		国家情感—性价比			国家情感—质量			社交情感—性价比			社交情感—质量		
		ΔR^2	标准系数	Sig.	ΔR^2	标准系数	Sig.	ΔR^2	标准系数	Sig.	ΔR^2	标准系数	Sig.
低介入度产品	饮用水	0.016	0.059	0.079	0.012	0.084	0.113	0.021	0.122	0.093	0.042	0.135	0.084
	牙膏	0.014	0.024	0.112	0.028	0.049	0.077	0.034	0.043	0.082	0.055	0.073	0.065
	洗发水	0.021	0.042	0.086	0.023	0.092	0.086	0.051	0.113	0.115	0.061	0.121	0.077
	运动鞋	0.034	0.140	0.116	0.042	0.151	0.144	0.037	0.182	0.032	0.072	0.160	0.027
	休闲装	0.023	0.172	0.119	0.039	0.123	0.109	0.031	0.191	0.041	0.080	0.155	0.049
高介入度产品	平板电视	0.017	-0.117	0.053	0.035	-0.106	0.226	0.025	-0.114	0.242	0.052	-0.041	0.155
	台式电脑	0.029	-0.024	0.199	0.067	-0.147	0.104	0.046	-0.133	0.143	0.047	-0.056	0.241
	洗衣机	0.065	-0.193	0.176	0.071	-0.184	0.184	0.038	-0.064	0.187	0.062	-0.127	0.161
	冰箱	0.052	-0.124	0.101	0.085	-0.126	0.212	0.062	-0.145	0.313	0.066	-0.113	0.079
	小型车	0.012	-0.113	0.223	0.055	-0.111	0.151	0.034	-0.105	0.182	0.066	-0.065	0.106

注：产品介入度为调节变量；$\Delta R^2 =$加入交互项的$R^2 -$未加入交互项的R^2；标准系数为交互项"产品介入度×情感产地感知"对"结果性价值"的标准化后的偏回归系数；Sig. 为交互项对因变量的偏回归系数的显著性；灰色底纹为交互项显著性水平<0.05。

从表5-8可以看出，总体上ΔR^2的值都显示出加入交互项后确实有一定的变化。这说明产品介入度在情感产地感知和产品结果性价值的关系中存在调节作用，且低介入度产品显示正向调节作用，高介入度产品均显示负向调节作用，但各类产品的调节作用绝大多数都是不显著的。这与之前表5-6对产品产地感知和产品结果性价值的数据结果很相似，说明在与产品结果性价值有关的调节作用中，产品介入度很难发挥显著的调节作用。也就是说，介入度的提高，并不能显著影响原产地形象与产品质量或性价比评价之间的关系强度。只有在社交情感与性价比的关系中，运动鞋和休闲装的介入度正向调节作用是显著的；同时，在社交情感与质量的关系中，运动鞋和休闲装的介入度正向调节作用也是显著的。我们从中可以看出，即使在绝大多数产品和关系中介入度的调节作用都不显著的情况下，仅有的几个显著项也均发生生活彰显性特别强的商品中，如运动鞋和休闲装。介入度的提高，会使顾客对源自情感的原产地形象感知与这两类产品的结果性价值产生更紧密的联系。

5.3.4 对源自情感的原产地形象感知与情感性价值的调节作用

对源自情感的原产地形象感知与情感性价值的关系，介入度对这对关系的调节作用模型如图 5-5 所示，检验结果如表 5-9 所示。

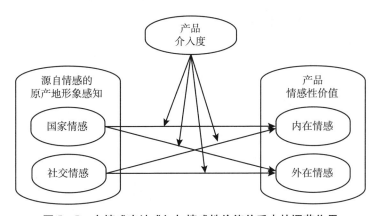

图 5-5 在情感产地感知与情感性价值关系中的调节作用

根据第 2 章的理论模型，根据对产品介入度调节作用的设定，产品介入度对源自情感的原产地形象感知和产品情感性价值的关系存在调节作用。源自情感的原产地形象感知包含两个维度，分别是国家情感感知和社交情感感知；产品的情感性价值也包含两个维度，分别是内在情感和外在情感。因此，在该关系下，调节作用具体发生在以下 4 对关系中，分别是国家情感感知与产品内在情感、国家情感感知与产品外在情感、社交情感感知与产品内在情感以及社交情感感知与产品外在情感。对于调节作用的检验将分别在这 4 对关系中进行，检验结果如表 5-9 所示。

表 5-9 对情感产地感知与情感性价值调节作用回归分析结果

项目		国家情感—内在情感			国家情感—外在情感			社交情感—内在情感			社交情感—外在情感		
		ΔR^2	标准系数	Sig.	ΔR^2	标准系数	Sig.	ΔR^2	标准系数	Sig.	ΔR^2	标准系数	Sig.
低介入度产品	饮用水	0.024	0.047	0.126	0.022	0.091	0.123	0.029	0.130	0.111	0.053	0.142	0.141
	牙膏	0.022	0.032	0.021	0.036	0.058	0.085	0.042	0.051	0.091	0.061	0.081	0.072
	洗发水	0.030	0.051	0.033	0.031	0.102	0.095	0.059	0.121	0.074	0.069	0.139	0.084
	运动鞋	0.050	0.156	0.117	0.058	0.167	0.143	0.053	0.198	0.105	0.088	0.176	0.124
	休闲装	0.039	0.188	0.121	0.055	0.139	0.136	0.047	0.208	0.113	0.096	0.171	0.144
高介入度产品	平板电视	0.033	-0.153	0.033	0.051	-0.102	0.027	0.041	-0.130	0.022	0.068	-0.057	0.029
	台式电脑	0.045	-0.040	0.012	0.083	-0.163	0.019	0.062	-0.149	0.031	0.063	-0.073	0.045
	洗衣机	0.081	-0.209	0.007	0.087	-0.201	0.041	0.054	-0.080	0.024	0.078	-0.143	0.037
	冰箱	0.068	-0.140	0.025	0.091	-0.142	0.026	0.078	-0.161	0.021	0.058	-0.129	0.023
	小型车	0.028	-0.129	0.028	0.071	-0.127	0.008	0.050	-0.121	0.029	0.082	-0.081	0.003

注：产品介入度为调节变量；ΔR^2 = 加入交互项的 R^2 - 未加入交互项的 R^2；标准系数为交互项"产品介入度 × 情感产地感知"对"情感性价值"的标准化后的偏回归系数；Sig. 为交互项对因变量的偏回归系数的显著性；灰色底纹为交互项显著性水平 < 0.05。

从表 5-9 可以看出，总体上 ΔR^2 的值显示出加入交互项后确实有比较明显的变化，说明产品介入度对情感产地感知与情感性价值具有调节作用。从标准系数方面来看，产品介入度在低介入度产品类别上具有正向调节作用，在高介入度产品类别上具有负向调节作用。但在显著性上，只有高介入度产品是全部显著的。在低介入度产品中，仅有牙膏和洗发水在国家情感与内在情感的关系中是显著的，这与牙膏和洗发水的大量知名品牌均为国外品牌不无关系，由于本书在正式问卷中是给出品牌所属国别和地区的，因此受访者会很容易受原产地的影响，会认为外国品牌产品的质量可能会更好，使用起来会更舒心。顾客对于外国知名品牌居多的产品会很自然地认为，在这类产品中，外国品牌整体上拥有优势，我们对于国家情感的问项"我对这个国家或地区的喜爱使我对该产地的品牌有特别的好感"会被打比较高的分数。而往往介入度越高的顾客越关注产品的各方面信息,原产地的影响对于外国品牌占优的产品的影响会变得更加明显。而牙膏和洗发水属于个人护理型的产品,对外表现性很低,因此在涉及外在情感和社交情感的变量关系中并不显著。和表 5 - 7 的结果结合起来可以发现,产品介入度的调节作用主要发生在原产地形象与产品情感性价值的关系中。

5.4 对原产地形象与品牌态度的调节作用检验

5.4.1 对源自产品的原产地形象感知与品牌态度的调节作用

对源自产品的原产地形象感知(country-of-origin image perception based on product,CPP,简称产品产地感知)与品牌态度(brand attitude,BA)的调节作用检验,将分别在社会形象感知、个人偏好感知与认知性品牌态度、情感性品牌态度、品牌购买意愿的总计 6 对关系中进行检验,以检验 H7 和 H8。调节作用的关系模型如图 5 - 6 所示,检验结果如表 5 - 10 所示。

根据第 2 章的理论模型,根据对产品介入度调节作用的设定,产品介入度对源自产品的原产地形象感知和顾客品牌态度的关系存在调节作用。顾客对源自产品的原产地形象感知包含两个维度,分别是社会形象感知和个人偏好感知;而顾客品牌态度包含三个维度,分别是认知性品牌态度、情感性品牌态度和品牌购买意愿。因此,在该关系下,调节作用具体发生在以下 6 对关系中,分别是社会形象感知与认知性品牌态度、社会形象感知与情感性品牌态度、社会形象感知与品牌购买意愿、个人偏好感知与认知性品牌态度、个人偏好感知与情感性品牌态度以及个人偏好感知与品牌购买意愿。对于调节作用的检验将分别在这 6 对关系中进行。由于调节作用的变量关系较多,

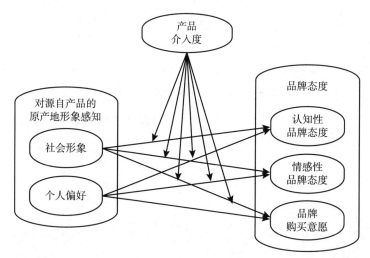

图5-6 在产品产地感知与品牌态度关系中的调节作用

由上节的4个增加为6个，为清晰美观展示调节作用的主要指标结果，本书将5.3小节中的各数据表的横向展示产品加纵向为变量关系的数据展示形式做了调整，改为纵向为变量关系加横向展示产品，检验结果如表5-10所示。

表5-10 对产品产地感知与品牌态度调节作用回归分析结果

项目		低介入度产品					高介入度产品				
		饮用水	牙膏	洗发水	运动鞋	休闲装	平板电视	台式电脑	洗衣机	冰箱	小型车
社会形象 ↓ 认知性品牌态度	ΔR^2	0.031	0.047	0.029	0.018	0.055	0.067	0.054	0.043	0.028	0.077
	标准系数	0.068	0.105	0.092	0.086	0.059	-0.107	-0.124	-0.138	-0.116	-0.152
	Sig.	0.022	0.079	0.103	0.126	0.119	0.019	0.013	0.021	0.014	0.028
社会形象 ↓ 情感性品牌态度	ΔR^2	0.047	0.063	0.045	0.034	0.071	0.083	0.082	0.059	0.044	0.093
	标准系数	0.084	0.121	0.108	0.102	0.045	-0.123	-0.140	-0.154	-0.132	-0.168
	Sig.	0.013	0.054	0.092	0.125	0.117	0.025	0.038	0.014	0.015	0.032

项目		低介入度产品					高介入度产品				
		饮用水	牙膏	洗发水	运动鞋	休闲装	平板电视	台式电脑	洗衣机	冰箱	小型车
社会形象	ΔR^2	0.005	0.031	0.013	0.002	0.035	0.051	0.039	0.027	0.012	0.061
│	标准系数	0.052	0.079	0.076	0.070	0.043	−0.092	−0.108	−0.122	−0.101	−0.136
品牌购买意愿	Sig.	0.071	0.065	0.105	0.066	0.078	0.083	0.082	0.120	0.098	0.074
个人偏好	ΔR^2	0.055	0.071	0.053	0.042	0.069	0.091	0.071	0.067	0.052	0.093
│	标准系数	0.092	0.089	0.117	0.110	0.053	−0.131	−0.129	−0.062	−0.041	−0.075
认知性品牌态度	Sig.	0.115	0.024	0.021	0.079	0.082	0.017	0.028	0.036	0.038	0.025
个人偏好	ΔR^2	0.042	0.060	0.065	0.054	0.057	0.089	0.092	0.073	0.041	0.082
│	标准系数	0.081	0.077	0.018	0.093	0.068	−0.082	−0.135	−0.049	−0.079	−0.117
情感性品牌态度	Sig.	0.120	0.018	0.013	0.102	0.094	0.027	0.031	0.028	0.024	0.016
个人偏好	ΔR^2	0.074	0.092	0.097	0.086	0.089	0.122	0.124	0.095	0.073	0.114
│	标准系数	0.103	0.109	0.050	0.115	0.101	−0.114	−0.167	−0.081	−0.104	−0.043
品牌购买意愿	Sig.	0.058	0.076	0.094	0.104	0.089	0.069	0.073	0.105	0.092	0.081

注：产品介入度为调节变量；ΔR^2 = 加入交互项的 R^2 − 未加入交互项的 R^2；标准系数为交互项"产品介入度 × 产品产地感知"对"品牌态度"的标准化后的偏回归系数；Sig. 为交互项对因变量的偏回归系数的显著性；灰色底纹为交互项显著性水平 < 0.05。

从表 5 - 10 可以看出，总体上 ΔR^2 的值显示出加入交互项后确实有比较明显的变化，说明产品介入度对产品产地感知与品牌态度的关系具有调节作用。从标准系数方面来看，依然是对低介入度产品具有正向调节作用，对高介入度产品具有负向调节作用。从显著性上来看，在低介入度产品中，仅有饮用水在社会形象与认知性品牌态度以及社会形象与情感性品牌态度的关系中显著，牙膏和洗发水则各自在个人偏好与认知性品牌态度以及个人偏好与情感性品牌态度的关系中显著。在高介入度产品中，对认知性及情感性品牌态度的调节作用均显著，对购买意愿的调节作用则均不显著。这同之前表

5-6 和表 5-8 对结果性价值调节作用的检验结果相似，也就是说，在涉及结果性以及购买意愿这类消费结果层面要素时，介入度的变化并不能显著影响原产地形象与品牌态度的关系。顾客在面对产品质量、性价比以及购买意愿这类问题时，依然是很理性的，即使提高介入度，原产地形象这种产品外在因素，很难影响顾客对产品本身的评价和购买意愿。

5.4.2　对源自情感的原产地形象感知与品牌态度的调节作用

对源自情感的原产地形象感知与品牌态度的调节作用检验，将分别在"国家情感、社交情感与认知性品牌态度、情感性品牌态度、品牌购买意愿"的总计 6 对关系中进行检验，以检验 H7 和 H8。调节作用的关系模型如图 5-7 所示，检验结果如表 5-11 所示。

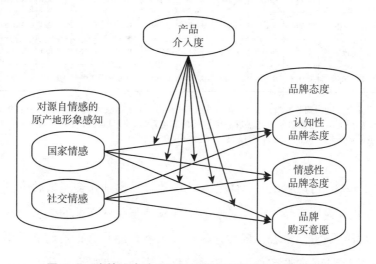

图 5-7　在情感产地感知与品牌态度关系中的调节作用

根据第 2 章的理论模型，根据对产品介入度调节作用的设定，产品介入度对源自情感的原产地形象感知和顾客品牌态度的关系存在调节作用。顾客对源自情感的原产地形象感知包含两个维度，分别是国家情感感知和社交情感感知；而顾客品牌态度包含三个维度，分别是认知性品牌态度、情感性品牌态度和品牌购买意愿。因此，在该关系下，调节作用具体发生在以下 6 对关系中，分别是国家情感感知与认知性品牌态度、国家情感感知与情感性品牌态度、国家情感感知与品牌购买意愿、社交情感感知与认知性品牌态度、社交情感感知与情感性品牌态度以及社交情感感知与品牌购买意愿。对于调节作用的检验将分别在这 6 对关系中进行。由于调节作用的变量关系较多，由上节的 4 个增加为 6 个，为清晰美观为清晰展示调节作用的主要指标结果，本书依旧在此处将5.3 小节中的各数据表的横向展示产品加纵向为变量关系的数据展示形式做出调整，改为纵向为变量关系加横向展示产品，检验结果如表 5 - 11 所示。

表 5 - 11　　　　　对情感产地感知与品牌态度调节作用回归分析结果

项目		低介入度产品					高介入度产品				
		饮用水	牙膏	洗发水	运动鞋	休闲装	平板电视	台式电脑	洗衣机	冰箱	小型车
国家情感 ― 认知性 品牌态度	ΔR^2	0.049	0.063	0.045	0.035	0.071	0.084	0.079	0.059	0.044	0.067
	标准系数	0.083	0.121	0.108	0.091	0.074	-0.134	-0.103	-0.154	-0.131	-0.143
	Sig.	0.127	0.123	0.109	0.075	0.093	0.011	0.032	0.025	0.033	0.029
国家情感 ― 情感性 品牌态度	ΔR^2	0.063	0.079	0.051	0.051	0.088	0.099	0.098	0.086	0.062	0.108
	标准系数	0.091	0.137	0.123	0.117	0.061	-0.104	-0.126	-0.181	-0.148	-0.183
	Sig.	0.138	0.120	0.119	0.095	0.059	0.027	0.041	0.036	0.030	0.037
国家情感 ― 品牌 购买意愿	ΔR^2	0.021	0.063	0.028	0.018	0.041	0.067	0.055	0.043	0.028	0.077
	标准系数	0.068	0.095	0.089	0.087	0.139	-0.083	-0.135	-0.128	-0.117	-0.151
	Sig.	0.087	0.081	0.124	0.072	0.106	0.092	0.097	0.134	0.105	0.081
社交情感 ― 认知性 品牌态度	ΔR^2	0.071	0.087	0.069	0.058	0.107	0.108	0.065	0.083	0.068	0.106
	标准系数	0.108	0.105	0.134	0.064	0.074	-0.142	-0.114	-0.078	-0.057	-0.071
	Sig.	0.129	0.091	0.098	0.035	0.024	0.017	0.025	0.018	0.034	0.002

续表

项目		低介入度产品					高介入度产品				
		饮用水	牙膏	洗发水	运动鞋	休闲装	平板电视	台式电脑	洗衣机	冰箱	小型车
社交情感	ΔR^2	0.058	0.076	0.081	0.079	0.073	0.085	0.078	0.089	0.039	0.098
↓ 情感性品牌态度	标准系数	0.097	0.093	0.034	0.083	0.104	−0.098	−0.151	−0.065	−0.095	−0.133
	Sig.	0.126	0.084	0.061	0.022	0.037	0.028	0.032	0.015	0.041	0.006
社交情感	ΔR^2	0.091	0.118	0.103	0.102	0.097	0.131	0.145	0.058	0.089	0.125
↓ 品牌购买意愿	标准系数	0.119	0.126	0.066	0.094	0.118	−0.105	−0.139	−0.097	−0.127	−0.059
	Sig.	0.074	0.092	0.110	0.079	0.116	0.084	0.091	0.107	0.088	0.151

注：产品介入度为调节变量；ΔR^2 = 加入交互项的 R^2 − 未加入交互项的 R^2；标准系数为交互项"产品介入度×情感产地感知"对"品牌态度"的标准化后的偏回归系数；Sig. 为交互项对因变量的偏回归系数的显著性；灰色底纹为交互项显著性水平 < 0.05。

从表 5 – 11 可以看出，总体上 ΔR^2 的值显示出加入交互项后确实有比较明显的变化，说明产品介入度对情感产地感知与品牌态度的关系具有调节作用。从标准系数方面来看，依然是对低介入度产品具有正向调节作用，对高介入度产品具有负向调节作用。从显著性上来看，在低介入度产品中，仅有运动鞋、休闲装在社交情感和认知性品牌态度以及社交情感与情感性品牌态度的关系中显著。在高介入度产品中，对国家情感感知与认知性品牌态度、国家情感感知情感性品牌态度的调节作用，在 5 类高介入度产品中均是显著的；对社交情感感知与认知性品牌态度、社交情感感知与情感性品牌态度的调节作用，在 5 类高介入度产品也都是显著的，对但购买意愿的调节作用则均不显著。综合表 5 – 10 和表 5 – 11，我们发现，在高介入度产品中，普遍是表现为负向调节作用；而在低介入度产品中，则是集中表现为正向调节作用，并且在高介入度产品中调节作用才显著。

5.5 假设检验结果汇总

以上数据检验过程主要是根据模型结构逐步进行检验，对数据的分析都是依次针对每个数据表，而本阶段检验的假设 H5、H6、H7 和 H8 的结果也均是通过多个数据表才能体现，因此需要在以上分析的基础上，对假设验证的情况逐条做出如下汇总说明：

5.5.1 假设 H5 的检验结果

假设 H5 的内容：在低介入度产品中，产品的介入度对原产地形象与产品信念的关系具有正向调节作用。

数据分析结果体现的特征：在低介入度产品中，当产品信念表现为顾客对产品结果性价值的关注时，虽然 ΔR^2 的值显示确有正向调节作用存在，但是均不显著；当产品信念表现为顾客对产品情感性价值的关注时，多数产品的检验结果不显著。

假设检验结果：假设 H5 不成立。

5.5.2 假设 H6 的检验结果

假设 H6 的内容：在高介入度产品中，产品的介入度对原产地形象与产品信念的关系具有负向调节作用。

数据分析结果体现的特征：在高介入度产品中，当产品信念表现为顾客对产品结果性价值的关注时，虽然 ΔR^2 的值显示确有负向调节作用存在，但是均不显著；当产品信念表现为顾客对产品情感性价值的关注时，负向调节作用均显著。

假设检验结果：假设 H6 仅在产品信念表现为顾客对产品情感性价值的关注时成立。

5.5.3　假设 H7 的检验结果

假设 H7 的内容：在低介入度产品中，产品的介入度对原产地形象与品牌态度的关系具有正向调节作用。

数据分析结果体现的特征：在低介入度产品中，虽然 ΔR^2 的值显示确有正向调节作用存在，但是绝大多数产品不显著。

假设检验结果：假设 H7 不成立。

5.5.4　假设 H8 的检验结果

假设 H8 的内容：在高介入度产品中，产品的介入度对原产地形象与品牌态度的关系具有负向调节作用。

数据分析结果体现的特征：在高介入度产品中，当品牌态度为认知性和情感性品牌态度时，负向调节作用均显著。

假设检验结果：假设 H8 仅在品牌态度为认知性和情感性品牌态度时成立。

5.6　本 章 小 结

本章主要是对产品介入度的测量和对介入度调节作用的检验。对于产品介入度的测量，通过量表问项的筛选得到最终量表。对于介入度调节作用的检验，依然是采用回归分析的方法，根据模型的主要变量关系，分别对源自产品的原产地形象感知与产品属性信念、源自情感的原产地形象感知与产品属性信念、源自产品的原产地形象感知与品牌态度，以及源自情感的原产地形象感知与品牌态度，进行产品介入度调节作用的检验，同时对比分析不同介入度产品下调节作用的差异，结合第四章的检验结果，共同揭示产品介入度对原产地形象作用带来的影响。

第6章
结果讨论与营销策略

6.1 对变量测量结果的讨论

本研究对第4章变量测量的结果进行了整理，主要以平均值来体现。变量描述中的平均值是所有被访者的被抽出品牌的比值的平均值（见表6-1）。从表中可以看出受访者对各类产品中国与外国品牌的总体评价情况，同时也是本研究所设定的变量的总体测量结果。而在第4章中进行回归分析的是每个受访者的被抽出品牌的比值，即，每个变量都有1092个这样的比值（1092个受访者样本）参与回归分析。

表6-1 变量描述：平均值

产品类别	原产地产品感知		原产地情感感知		产品结果性价值		产品情感性价值		品牌态度		
	社会形象	个人偏好	国家情感	社交情感	性价比	质量	内在情感	外在情感	认知性	情感性	购买意愿
饮用水 3[a]	125.06	126.57	128.29	132.49	121.81	122.14	103.73	122.65	124.38	123.12	125.85
牙膏 6	81.99	66.19	84.94	76.19	99.29	70.29	67.40	70.24	68.16	69.35	90.33

续表

产品类别	原产地产品感知		原产地情感感知		产品结果性价值		产品情感性价值		品牌态度		
	社会形象	个人偏好	国家情感	社交情感	性价比	质量	内在情感	外在情感	认知性	情感性	购买意愿
洗发水7	75.00	72.58	74.82	73.60	60.26	68.62	73.47	75.93	86.20	75.47	65.58
运动鞋4	97.58	97.37	99.37	98.91	105.49	98.27	97.67	97.67	108.66	97.63	99.15
休闲装2	107.84	95.26	109.05	95.23	108.67	96.11	96.67	96.03	95.79	95.97	115.54
平板电视4	90.16	94.34	100.20	100.21	131.15	90.67	89.73	90.51	89.94	90.38	92.08
台式电脑3	82.09	73.96	95.62	89.32	142.28	77.86	75.10	77.56	75.56	77.25	96.37
洗衣机6	65.07	64.03	85.43	84.84	112.35	66.92	63.62	66.54	64.29	66.02	88.74
冰箱8	89.29	89.10	90.79	90.39	125.85	89.90	99.79	89.91	89.06	89.56	91.82
小型车5	63.27	60.24	72.47	71.35	88.45	65.31	61.78	64.75	62.50	64.07	63.64

注：a 表示在每一类产品中用于比较的中国和外国品牌的对数。比如"饮用水 3"表示在饮用水这类产品中，我们用于比较的中国和外国品牌各有 3 个。

灰色底纹的数字为 90% 左右及以上，代表中国品牌相对外国品牌没有明显劣势。

带下划线的数字为 100% 以上，代表中国品牌相对外国品牌具有优势。

从表 6-1 中可以看出，从产品类别来看，在低介入度产品中，中国品牌评价较好（平均比值大于 100）的产品以饮用水最为突出，运动鞋的休闲装的中国和外国品牌评价的差距也不是很大（平均比值在 100 左右），而牙膏和洗发水的外国品牌评价远高于中国品牌（平均比值远小于 100）；在高介入度产品中，平板电视和冰箱的中国和外国品牌评价的差距不是很大，台式电脑的中国和外国品牌评价的差距较大，中国品牌明显不如外国品牌，而洗衣机和小型车的中国和外国品牌评价差距非常大，中国品牌远落后于外国品牌。从变量的角度来看，在性价比这一项，中国品牌较为占优；其他各项评价，除了饮用水以外，总体上外国品牌均在不同程度上占优。

6.1.1 对原产地形象感知测量结果的讨论

对于顾客对原产地形象的感知的测量包括两个部分，一是对源自产品的原产地形象感知的测量，二是对源自情感的原产地形象感知的测量。从表 6－1 中可以看出，两类感知的测量结果有比较明显的差异。对于各自所呈现的特征，本文做出如下讨论分析。

（1）对源自产品的原产地形象感知测量结果的讨论。低介入度产品在原产地社会形象和个人偏好测量结果相似，饮用水中国品牌的评价高于外国品牌，而牙膏和洗发水中国品牌的评价则远低于外国品牌，运动鞋和休闲装中国品牌的评价略低于外国品牌。高介入度产品在原产地的社会形象价值和个人形象价值测量结果也很相似，平板电视和冰箱中国品牌的评价略低于外国品牌，而台式电脑、洗衣机和小型车中国品牌的评价则远低于外国品牌，尤其是小型车中国品牌的评价是所有产品类别中与外国品牌差距最大的。总体来看，除了饮用水这种市场进入门槛低、技术含量低的产品中国品牌略占优势外，在原产地形象的产品感知方面，外国品牌原产地形象高于中国品牌。这也与市场的基本事实相符合。不可否认的是，虽然近些年来不少民族品牌做大做强，其产品很多得到了市场的认可，甚至走出国门得到了发达国家市场的认可，但是总体上来讲，民族品牌的产品还没有真正甩开"质低价廉"的标签。究其根本原因，还是民族品牌的产品质量和性能还没有达到全面赶超外国知名品牌的水平。以华为手机为例，华为可以说是民族品牌的代表，华为手机在欧洲市场也占有相当可观的份额。但是华为手机产品在创新和工艺以及关键核心技术的开发与掌控上依然弱于三星和苹果。从 2017 年发布华为年度旗舰手机 P10 来看，我们不可否认，该手机确实是最好的国产手机产品之一，也得到了国内外市场的认可。但是，以更专业的视角来做分析和评价，我们发现 P10 依然达不到三星和苹果的高度，还是处在跟随者与引领者之间的位置。最优秀的民族品牌尚且如此，可见我国民族品牌整体上的提升空间依然很大。另外，对国货的态度往往不是短时间能改变的，就如同欧洲很多消费者不相信华为是一家中国企业一样，很多西方人还认为中国仍旧处于很落后的阶段，不能生产高技术产品，这种消费者的态度需要更长的时间来改变。

（2）对源自情感的原产地形象感知测量结果的讨论。低介入度产品的测量结果和源自产品的原产地形象感知很相似，这里不再赘述。高介入度产品与之前产品感知的测量结果有一定差异。平板电视境内品牌和境外品牌的顾客评价基本相同，台式电脑、洗衣机和冰箱中国品牌略低于外国品牌，只有小型车中国品牌的评价远低于外国品牌。总的来看，中国品牌在原产地情感感知方面的表现要好于产品感知。但是这种"好于"并不是表现为中国品牌全面超越了外国品牌，只是没有全面落后。从选择的 10 类产品来看，除了饮用水继续表现为中国品牌评价高于外国品牌以外，台式电脑也加入了这一行列，本土品牌中，联想在家用电脑方面一直受到较高的评价，尤其收购了IBM 个人电脑业务后，使得在中国的家用和个人电脑市场上，联想第一的位置更加稳固。但是对此国人也不要太过于乐观。从长远来看，家用和个人电脑实际上很可能处于产品生命周期的末期，因为今天移动互联网的迅速发展，在硬件上已经出现了更多的产品形式，例如微软的 Surface。当然这类产品依然属于新式高端产品，对于普通用户市场尚未构成严重威胁，但是新产品往往就是这样出现的，随后就会有很多模仿者出现。对于民族品牌而言，如何使自己摆脱跟随者的位置，跃升成为引领者才能使消费者不仅仅是情感上的支持，而是对产品的充分认可。

6.1.2　对产品价值感知测量结果的讨论

对于顾客对产品价值的感知的测量，也就是对产品属性信念的测量，主要包括两个部分，一是对产品结果性价值的测量，二是对源自情感的原产地形象感知的测量。从表 6-1 中可以看出，两类感知的测量结果也同样存在比较明显的差异。对于各自所呈现的特征，本书做出如下讨论分析。

（1）对产品结果性价值测量结果的讨论。低介入度产品在性价比方面，饮用水和牙膏中国品牌的顾客评价略低于外国品牌，洗发水中国品牌的消费者评价则远低于外国品牌，运动鞋和休闲装中国品牌的消费者评价略高于外国品牌。高介入产品在性价比方面，平板电视、台式电脑、洗衣机和冰箱中国品牌的顾客评价均高于中国品牌，只有小型车中国品牌的评价低于外国品牌。而在质量方面，低介入度产品和高介入度产品的测量结果，与之前的原产地形象感知价值测量结果很相似。总的来说，中国品牌在结果性价值上的表现远好于在原产地形象感知价值上的表现，在性价比方面有多个产品类别中国品牌好于境外品牌。而在质量方面，测量结果则与之前的原产地形象感知价值的测量结果高度相似，体现了产品结果性价值和原产地形象评价的高度关联性。原产地形象实际上也在相当程度上反映了产品结果性价值，也就是说，原产地形象好的产品品牌，归根结底是因为，该原产地的某类产品确实在质量性能等方面特别过硬，得到了市场的认可，原产地形象的形成从根本上讲是顾客对产品口碑的形成，但由于某些产品与原产地的紧密关系，使得原产地成为一些产品的认知标签，并且经过了长时间的传播最终形成了原产地形象。但是经过长时期传播后，原产地形象的影响被放大到一定程度后，其影响往往会超过产品本身，也就是说，一些顾客凭借原产地就可以推断一些产品的质量，而不用亲自去使用体验，也就是在第 1 章理论回顾中我们提到的光环效应。虽然这对于一些原产地形象较差或不知名产品的销售而言，并不公平，但是原产地形象确实市场中确实存在的一种营销现象。

（2）对产品情感性价值测量结果的讨论。低介入度产品和高介入度产品无论在内在情感还是外在情感上，测量结果均与原产地形象感知价值的测量结果高度相似。对于与品牌原产地形象感知价值相似的测量结果，这与本研究对内在情感和外在情感的问项设定有关，对于产品的内在情感和外在情感，我们分别设定题项为："该品牌产品的购买与使用会让我感到愉快"和"该品牌产品的购买与使用会提升被他人或社会认可的感受"。这与原产地形象情感感知的社交情感问项是相似的。这种设定的目的是方便研究两者的关联性，以体现在面对相似问题时，受访者对原产地形象和产品属性的评价有怎样的关联性。实际测量结果表明，两者是高度关联的，评价的一致性程度很高。本研究同时也认为顾客在评价品牌时，无论问卷是在哪方面向受访者提问，但是受访者在内心所依据的评价标准是相似的。例如，顾客在评价某品牌原产地形象的社交情感时，面对的问题是：该品牌原产地是否能够体现使用者的社会地位，成为身份的象征。而品牌的知名度同样会对此评价有影响，进一步来说，品牌产品的质量和情感体验等因素同样在影响着品牌的知名度。这可能是导致产品在多个方面测量结果相似的根本原因。也就是说，顾客所青睐的品牌，往往在多个方面表现均较为出色，这也是这类品牌能够被顾客青睐的原因，也就造成了多个变量测量结果的高度相似。这种相似性从另一个角度证明了原产地形象对产品属性信念确实能够存在显著的影响。

6.1.3　对顾客品牌态度测量结果的讨论

对于顾客品牌态度的测量，主要包括三个部分，一是对认知性品牌态度的测量，二是对情感性品牌态度的测量，三是对品牌购买意愿的测量。从表6-1中可以看出，认知性品牌态度和情感性品牌态度的测量结果比较相似，而品牌购买意愿的测量结果与前两者有较大差异，因此本书对于顾客品牌态度测量结果的讨论，将分为两部分进行，一是对认知性和情感性品牌态度测量结果的讨论，将两者放在一起进行讨论；二是对品牌购买意愿测量结果的讨论。对于各自所呈现的特征，本研究做出如下分析。

（1）对认知性和情感性品牌态度测量结果的讨论。低介入度产品方面，饮用水和运动鞋中国品牌的态度评价高于外国品牌，牙膏中国品牌的态度评价远低于外国品牌，洗发水和休闲装中国品牌的态度评价略低于外国品牌。高介入度产品方面，平板电视和冰箱中国品牌的态度评价略低于外国品牌，而台式电脑、洗衣机和小型车中国品牌的态度评价则远低于外国品牌。高介入度产品的测量结果依然与前面的原产地形象和产品属性信念的测量结果相似。总的来说，在认知性和情感性品牌态度方面，外国品牌总体上依然好于中国品牌，这与前面多个变量测量结果的总体情况是相符的。这种相似性依然体现了品牌态度与原产地形象及产品属性信念的高度关联性。顾客对品牌的态度实际上是对产品评价的一种反应，顾客对产品评价高，自然往往会给予品牌相应的评价，当然这一过程中会有其他因素的影响，例如本书研究的原产地形象就是重要的影响因素。尤其对于原产地形象较差，但是产品做得比较好的新兴企业而言，很多顾客因为没有听过该品牌，或者是因为该品牌来自于发展中国家，就在没有使用其产品时给予其产品很低的评价。而一些企业为规避负面原产地形象的影响，甚至通过包装的伪装或者是品牌名称的伪装来迷惑消费者。这种现象在国内也非常常见，一些企业为了借助正面原产地形象的名声，在品牌名称上，使用英语或日韩特征明显的词语，或者在包装加上外文，给顾客一种非本地产品的视觉感受。企业通过这种方式，使自己的产品搭上了正面的或知名的原产地形象的便车。对于很多消费者而言，可能平时在购物时并不会特意关注原产地信息，但是这种品牌名称以及包装印刷的暗示实际上也会影响消费者的选择，尤其是对低介入度产品，由于顾客对产品本身了解较少，容易受到与外在因素的影响。另外，也正是由于这样，本书对受访者的选择并没有严格按照通过若干问项来对受访者进行提问，问受访者平时购物时是否关注原产地的这样一种形式进行筛选。因为原产地对于消费者的影响往往是潜移默化的，并不是说消费者认为自己不关注原产地，就一定不会受到原产地的影响。很多情况下，商品的名称和包装都有可能对消费者构成某种原产地暗示。

（2）对品牌购买意愿测量结果的讨论。在低介入度产品方面，饮用水中国品牌的态度评价略高于外国品牌，而牙膏和洗发水中国品牌的态度评价则远低于外国品牌，运动鞋和休闲装中国品牌的态度评价略低于外国品牌。在高介入度产品方面，平板电视、台式电脑、洗衣机和冰箱这四类产品中国品牌的态度评价均略低于外国品牌，只有小型车中国品牌的态度评价远低于外国品牌。总的来说，在购买意愿方面，低介入度产品并没有因为普遍的市场进入门槛低、技术含量低而使中国品牌占较多优势，高介入度产品也没有因为普遍的技术含量高而使中国品牌相对于外国品牌处于明显劣势。只有小型车方面劣势明显，这只能说明在汽车产业方面，中国品牌汽车确实与外国品牌差距明显，这也是市场所反映的实际情况。以上测量结果说明，在购买意愿方面，今天的中国城市消费者对于中国和外国品牌的偏好差异总体上不是特别大；只有牙膏、洗发水和小型车的购买意愿，外国品牌远高于中国品牌。尤其是洗发水方面，虽然洗发水本身并不是技术门槛特别高的产品，但是今天市场上，我们熟知的洗发水品牌，如海飞丝、潘婷、清扬、飘柔等均为外国品牌，可以说，外国洗发水品牌基本垄断了市场。同时，一个重要的市场信息需要我们注意，在这些知名外国品牌洗发水中，很多品牌出自同一家日用消费品公司，例如，海飞丝、潘婷、飘柔都是宝洁公司旗下的品牌。因此，外国一些品牌实际上背后拥有超级企业集团的支撑。宝洁公司创于 1837 年，是全球最大的日用消费品公司之一。这是新兴的民族品牌不得不面对的问题，外国的行业巨无霸所拥有资金、技术、市场等各方面的优势是国内品牌所无法比拟的。

6.2　对假设检验结果的讨论

6.2.1　原产地形象对于情感性变量关系的作用

为了更好地讨论研究结果，本研究对于模型各要素进行划分归类，总的来看，可以分为消费者的情感层面要素与结果层面要素。产品情感性价值、认知性和情感性品牌态度都可以归为消费情感层面要素，而产品结果性价值和品牌购买意愿则可以归为消费结果层面要素。而在变量关系中涉及情感层面要素的，我们称其为情感性变量关系，在变量关系中涉及结果层面要素的，我们称其为结果性变量关系。例如，源于情感的原产地形象感知对于产品情感性价值的影响，再对认知性和情感性品牌态度的影响就属于情感性的变量关系；而源于产品的原产地形象感知对于产品结果性价值的影响，再对品牌购买意愿的影响就属于结果性的变量关系。

（1）对于原产地形象作用范畴研究的发展。以往的研究对原产地形象的作用范畴缺乏关注，原产地形象虽然被认为是一种影响顾客消费决策的重要因素，但是其究竟对顾客能够产生多大程度的影响，或者对顾客的哪方面的消费决策产生影响则缺少研究。本书假设 H1 和 H2 的成立情形说明原产地形象的作用主要发生在顾客情感层面，这种情感对于消费决策是辅助性的，也就是说，原产地形象的影响主要停留在辅助性情感的层面。消费者对产品购买的决策依据主要是产品自身的情况，如质量和性价比、品牌知名度和市场口碑等。原产地形象虽然在以往的研究中被无数次以实证的形式证明其对顾客的品牌偏好有影响，但是这种影响究竟处在一种什么样的程度，一直没有更清晰的研究来关注这方面的问题。品牌偏好本身也是一种很笼统的概念，以本研究的品牌态度为例，就包括认知性品牌态度、情感性品牌态度以及品牌购买意愿三个维度。通过实证，我们发现原产地形象主要影响的是认知性与情感性的品牌态度，而对购买意愿的影响很弱。从原产地效应研究中的弹性模型来看，本研究所证实的原产地形象对情感性变量关系的显著作用，说明弹性模型的成立更依赖于消费者情感需求。无论是原产地的光环效应还是概括效应，最终所作用的品牌态度主要是认知性和情感性的，而不是品牌购买意愿，品牌购买意愿更多的还是由产品本身的特征所决定。因此，本研究在对弹性模型主要变量进行维度划分的同时，也进一步明确了原产地效应弹性模型的作用范畴，是对弹性模型理论的进一步发展和完善。

（2）产品信念在弹性模型中对原产地形象作用的影响。产品信念作为原产地效应弹性模型的重要组成部分，体现的是顾客对产品本身特性的评价，在以往的研究中一般作为中介变量来考虑，也就是说原产地形象会影响产品信念，产品信念再影响品牌态度，是一个光环效应的作用过程。但是在这一过程中，以往的研究并没有发现产品信念事实上在起到了一种降低原产地形象影响的作用。本书假设 H3 和 H4 有条件的成立（仅在没有产品属性信念加入时成立），当与产品直接相关的产品属性信念因素加入后，原产地形象的影响会明显降低，进一步说明原产地形象的影响对于消费决策并没有以往相关研究所证实的那么明显和直接，达不到直接影响顾客品牌态度的程度，如果有这方面的影响，也很可能是由于一些研究没有充分排除掉品牌自身因素的影响所致。在正常情况下（排除突发政治事件等外部因素的刺激），不足以对消费者产生能够左右消费决策这种程度的影响。而在实际的消费行为中，消费情感因素对于品牌购买意愿的影响也是十分有限的。品牌原产地形象事实上是一种来源于原产地的消费情感因素。也就是说，情感性的因素主要影响范围也是在相应的情感层面，而很难在行动层面发挥主导作用，尤其是对于顾客，理性的顾客多是要根据自身的需要和产品性价比来做出购买决策的。虽然今天的品牌效应、品牌忠诚似乎在证实着消费情感的巨大影响，但是品牌忠诚实际上也是一种品牌态度，它从类别上和本研究的认知性品牌态度、情感性品牌态度以及品牌购买意愿是相同的；也就是放在我们的模型中，品牌忠诚仍是最右边的因变量。而且我们不能忽视这种品牌忠诚以及相似的消费情感来自哪里。从根本上说，它们主要还是来自品牌自身的产品能够更好地对顾客需求的满足，而不是一些外在的影响因素（如产地）。至少在本研究的原产地形象方面，情感性因素的作用仍局限在情感性的层面。从原产地营销的角度来看这一研究结果，对于拥有产地优势或者是产地特色产品的企业而言，原产地为产品营销提供了天然的营销素材。但是在大多数情况下，并不能依靠原产地营销为产品的销售打开局面。因为顾客关注的是产品本身的情况，如果质量或者性价比这些基本特征无法使顾客满意，原产地的标识作用也无法拯救产品销量，而且也很可能演变为负面标识。从根本上讲，原产地的作用和产品自身特征是相互促进的。例如，娃哈哈公司曾经推出"非常可乐"，其主打广告词是"中国人自己的可乐"，由于可乐这种产品本身是源于欧美，而且顾客喜欢这种产品的原因在于产品的口感，两者结合，可口可乐有非常强的先入为主的优势。非常可乐相对于可口可乐和百事可乐在产品自身品质上没有突出特色。在这种背景下，高举民族品牌大旗可能会一时引起市场的关注，但也仅限于关注。最终由于品牌文化根基薄弱，无法得到市场消费者的认可而淡出市场。

（3）原产地形象感知维度的划分对原产地研究的影响。在以往的研究中，往往对于原产地形象缺少进一步的划分，而本研究从顾客对于原产地形象的关注需求的角度进行划分。一些顾客对于原产地的关注，可能是由于原产地能够代表产品的质量和性能，而一些顾客对于原产地的关注，则可能是情感层面的需要，例如爱国情感或崇洋媚外的心理等。这两种类型的关注在消费市场是实际存在的，但在以往的研究中并没有因此足够的重视。对于产品感知和情感感知的划分，对于中国这种具有特殊性的市场往往有更重要的意义。中国市场由于市场经济发展较晚，长期处于技术相对落后的位置，使得中国的顾客对于民族品牌缺乏信心，一方面确实是民族品牌的产品性能还不足以抗衡境外知名品牌；另一方面，历史上长期的落后带来的情感上对民族品牌的怀疑。因此国人对于民族品牌的不信任事实上由产品和情感两方面因素构成。而以往这方面的研究往往忽视情感层面的作用，单纯地认为情感也是由产品本身的不足所引发的。而对于外国品牌的偏爱也同样是由两方面因素构成的，一方面西方发达国家确实是今天产品创新的引领者，很多大品牌的产品不仅性能质量出众，同时还引领着该类产品的发展潮流，而一些发展的比较好的本土品牌也只是处于模仿者的位置；另一方面，西方发达国家对于今天世界的影响是全方位的，例如我们日常生活中看的影视作品、新闻报道。大片几乎都出自好莱坞，美剧、英剧风靡网络；国外的新闻基本都出自美联社、路透社、法新社等西方媒体，甚至国内的一些新闻也来自国外媒体。这种社会环境使得西方世界成为今天社会的一种榜样或灯塔一样的角色，虽然随着中国社会的进步以及国力的增强，这种趋势开始得到了缓和，国人更加自信了，但是长时期形成的判断很难在短时间内得到改变，认为外国的月亮比国内圆的仍旧大有人在。这就是情感上仍有大量消费者在品牌偏好上"崇洋媚外"的根本原因。但是在以往对原产地形象的研究中，往往忽视了对于这种社会环境带来的情感因素的影响。当然，这种影响往往在一些发展中国家会更明显。尤其在中国这样的发展中大国，有着很强的市场包容性，同时在历史与现实的综合作用下，居民容易产生"崇洋媚外"的消费心理。对于这种社会问题的解决，归根结底是要依靠国力的全面的增强，这种增强是经济、文化、社会的全面复兴，当然这需要一个漫长的过程。而在现阶段，需要的是消费者更加理性的消费态度，在今天的互联网时代，产品信息对于消费者而言更容易获得，市场变得更加开放，很多外国知名品牌产品对于国内企业和消费者而言也不是高不可攀，这在大的环境上让品牌产品更贴近普通消费者，产品的广泛适用也是一种被消费者了解的过程，在一定程度上削弱了原产地的光环作用，因此，民族品牌也应抓住机遇努力做大做强。

6.2.2　不同介入度产品中原产地形象的作用

本研究以介入度为标准划分产品，在原产地研究领域，从介入度的视角探索了不同类别产品中原产地形象作用的差异。在以往的研究中，鲜有建立在以某一标准划分的不同类别产品上的原产地研究，一般多为选取单一或多类产品进行实证研究。

从研究结果我们可以发现，原产地形象在高介入度产品中的影响更加明显，这与高介入度产品的特征是紧密相关的。在本书第2章已经明确了相关概念，这里为方便分析，我们再一次回顾高介入度产品：对于高介入度产品，主要是指在对产品的了解过程中，顾客所投入的精力较多的那一类产品。这类产品往往价格相对较高，购买或使用不当会带来风险，而且往往属于耐用产品，一般顾客不会经常购买，消费频率很低。这里需要特别指出的是，介入度这一概念强调的是顾客的投入，而不是对产品的了解程度，他强调的是一个过程，而不是这一活动所带来的结果。因为一些顾客对于一些商品即使很少花费精力来获取某商品的相关信息，但由于种种原因，却对该商品很熟悉，但并不能因此就称该类产品为高介入度产品。例如，一般家庭都会购买各类家电，对于顾客而言也不是陌生的产品，但是并不是因为顾客对这类产品较熟悉或不熟悉，就称为其为高介入度或低介入度产品。关键是看顾客对产品信息获取的投入行为和投入的精力多少。家电由于操作相对复杂，价格相对较高，顾客需提前了解产品的各类信息，以保证买到的产品在质量和性能上都能经得住长期使用，因此属于典型的高介入度产品。而通过本书的实证研究证实，原产地形象对产品属性信念和品牌态度的作用，以及产品属性信念对品牌态度的作用，在高介入度产品中确实比在低介入度产品中更加显著，这主要是由于高介入度产品往往能够得到顾客更多的关注。

　　另外，即使在低介入度产品中，也是在价格相对更高、更易彰显个性的产品中，原产地形象的作用更明显。例如，运动鞋和休闲装比洗发水和牙膏在很多变量关系的测量中，要更加显著一些。但是，其显著程度又明显比高介入度产品低一些。这也意味着，在低介入度产品中，也同样存在着相对来讲介入度更高一些的产品。这说明，原产地形象不仅高介入度产品中更加显著，而是，产品介入度越高，原产地形象的作用越突出。

　　从原产地营销的角度来看这一研究结果，由于消费者不太关注低介入度产品的原产地，很多消费者并不知道其原产地，这恰好给企业采取迷惑式品牌名称的策略提供了契机。很多本土产品使用欧美化的词语作为品牌名称，例如本研究涉及的：运动鞋品牌"乔丹"、休闲装品牌"美特斯·邦威"等等；而很多外国品牌也使用本土化的词语作为品牌名称。低介入度产品由于使用简单，购买频繁，顾客无须提前了解产品信息，就可以购买自己想要的产品。也正是由于技术含量低，使得低介入度产品的市场进入的技术门槛也很低，因此市场上的品牌繁多，一些企业利用顾客对这类产品了解较少的特点，在品牌命名上大做文章，起一些洋气的名字，从品牌名称上一般消费者很难判断品牌的原产地。而对于高介入度产品，由于顾客对高介入度产品的相关信息了解较多，对原产地的认知度也相应地提高很多。对于高介入度产品，尤其是知名品牌，原产地往往是一种历史上长期形成的市场认可标识，已经成为品牌文化的一部分，对于持有这类产品品牌的企业，往往不需要在原产地营销上做太多文章，而对于对手企业而言，又很难在这方面通过企业营销来撼动对方的原产地形象。所以，原产地营销在实际的消费市场中，往往在低介入度产品中，企业所表现出的需求更多一些。

6.2.3　产品介入度对原产地形象作用的影响

　　本书研究的产品介入度对原产地形象的影响主要表现为介入度的调节作用。本研究在拓展原产地形象研究视角的同时，也完善了产品介入的研究，在以往对介入度的研究中，对于低介入度产品和高介入度产品，并没有从顾客的角度进行进一步的探索。从顾客的角度而言，无论在低介入度产品中还是高介入度产品中，顾客的介入度都是不同的，介入度有高有低。在低介入度产品中，很可能有些顾客对产品的介入度会很高，虽然该类产品在绝大多数的测量中并且在实际市场中都被认为是低介入度产品。同样，在高介入度产品中，很可能有些顾客对产品的介入度会很低，虽然该类产品在绝大多数的测量中并且在实际市场中都被认为是高介入度产品。本研究正是从这样的视角，研究在不同介入度产品中，顾客介入度的差异对原产地作用的影响。

低介入度产品下介入度的正向调节作用经检验并不成立。在低介入度产品中，由于顾客对产品的介入程度较低，顾客对产品各方面的情况了解较少。消费者在低介入度产品方面拥有丰富的消费经验。因此，产品本身的特性信息和品牌原产地这样的产品外部特征信息对顾客的影响较小，顾客很少去考虑这些因素，而是主要依赖消费经验做出选择。在顾客普遍不关心原产地的背景下，产品介入度一旦提高带来对原产地了解的增加，但是产品本身的信息也同时得到了增加。在这种情形下，理性的顾客会更加关注产品本身的信息。只有在产品本身信息匮乏时，才会选择原产地信息作为判断依据。所以，在低介入度产品中，介入度的提升并不能给原产地形象与品牌态度带来更紧密的关系。

而高介入度产品下介入度的负向调节作用经检验，在情感性的变量关系中是成立的。含有消费结果层面要素（产品结果性价值和品牌购买意愿）的变量关系，本研究称之为结果性的变量关系。含有消费情感层面要素（产品情感性价值、认知性和情感性品牌态度）的变量关系，本研究称之为情感性的变量关系。在高介入度产品中，由于顾客对产品各方面的情况了解较多。如果顾客进一步提升对产品的介入程度，深入了解产品的信息，对于顾客对产品信息了解程度的提升，往往会更加集中于产品本身的各类信息，获取更详细的关于产品本身特性的信息。而对于原产地信息，由于其属于产品外在特征的信息，并不能反映产品具体的特性，因此顾客对于原产地往往不会再深入了解更多。正是由于顾客在高介入度产品选购时存在的这种特征，会使顾客在提升对产品介入程度以获取更多产品信息的同时，对原产地的关注会下降。因此，在高介入度产品中，介入度的提升能够降低原产地形象与品牌态度的关系强度。

真正对产品自信的企业会鼓励消费者了解自己的产品，对于受负面原产地形象影响的企业而言尤为重要。但在这一方面，这样的企业在市场中实际上非常少，因为负面的原产地形象本身是和企业产品紧密相关的，换句话说，企业糟糕的产品很可能是原产地形象呈现负面的根本原因，当然两者也存在相互影响。因此，企业要想摆脱负面的原产地形象的影响将是一个非常艰难的过程，不仅要踏实做好自己的产品，往往还需要一个漫长的被市场接受和认可的过程。中国的一些已经走出国门的民族品牌往往都面对着这样的问题，如何让外国消费者，尤其是发达国家的消费者认可一个来自中国品牌的产品，需要不断提升产品的性能质量。首先要让自己的产品有竞争力，这是让对方接受的前提，当对方开始使用自己的产品时，就是一个对产品增加了解的过程，也就是提升介入度的过程，了解得越多，受原产地形象影响就会越小。当一个品牌走出国门被接受认可，需要的是破除负面的原产地形象的影响，当千百个中国品牌走出国门被国际市场接受认可，就足可以塑造正面的原产地形象，后来的品牌则可以搭上正面原产地形象的便车进入国际市场，这是一个民族崛起的历史过程。

6.3 基于原产地形象和产品介入度的市场营销策略

6.3.1 不同介入度产品下的原产地营销策略

本书的研究结果显示原产地形象在高介入度产品中的作用更加显著。但是，这并不意味着在低介入度产品中我们不需考虑原产地形象的作用，而是需要在不同介入度产品下，选择不同的原产地营销策略。

对于低介入度产品，企业要想搭上原产地形象的"顺风车"，往往需要塑造产品与原产地的紧密关系来吸引顾客，关键在于能够吸引到顾客的注意力并提升好感度。企业可以充分利用一国或经济体在某一领域如工程、设计、技术等方面的声誉，将企业产品的特色与该国或经济体的形象紧密挂钩，以实现原产地形象与品牌形象的协同效应，强化顾客对企业品牌与产品认知。例如，在国际市场上，意大利在产品设计方面享誉全球，德国产品在工程制造方面声誉卓绝，而法国产品在时尚方面处于领先地位。因此，顾客很自然会认为意大利的企业可能擅长设计，法国企业会引领世界时尚潮流，德国企业长于工程制造。显然，顾客的这种习惯性认知，为企业开辟国际市场提供了机会。对于低介入度产品的生产企业来说，将品牌及产品特色与品牌联系地相契合，会大大增加顾客对原产地的关注度，某个具有较高市场好感度的原产地形象因素的加入，将会成为产品在市场竞争中的特色和加分项。

对于高介入度产品，由于顾客对产品信息了解得较多，这意味着，企业很难屏蔽掉原产地形象的不利因素对顾客品牌态度的影响，想要通过增加高知名度的原产地形象要素来掩盖原有的负面因素很难实现，因为顾客对产品的原产地信息了解较多。所以，如果高介入度产品拥有较低的原产地形象，则需要努力提升产品质量和性能；而如果拥有较高的原产地形象，则需要加倍维护。在原产地形象的维护方面，企业在开展离岸生产或生产外包时要特别慎重。一般而言，生产成本低的国家形象也较低，选择这类国家虽然可以在一定程度上降低生产成本，但消极的原产地形象会影响消费者对产品质量的评价，从而会影响到产品的价格与市场占有率，并可能侵蚀企业的品牌美誉度与影响力。尤其是以顾客的高信任度为基础的产品往往象征着富贵与财富，它传递的并非只是产品的功能特征，还与消费者的文化、情感等联系在一起。如果对这类产品进行离岸生产，所产生的后果可能会非常严重。因此，企业在追求低成本战略时，需要在成本与形象之间寻求一种平衡，确保企业国际竞争优势的最大化。而体现在营销上，如果高介入度产品拥有较好的原产地形象，企业则需要大力宣传，对于任何降低原产地形象价值的策略都需要谨慎对待，包括上文提及的低成本战略，因为原产地形象对于企业而言是无形的财富，是企业凭借自身的力量很难塑造的。

6.3.2 结合品牌形象的原产地营销策略

在我国国内市场，国内品牌面对着外国品牌巨大的市场竞争压力。从本研究对众多品牌的变量测量结果中可以看到，总体上，顾客对外国品牌的评价高于中国品牌。但是我们仍然看到，一些高知名度的中国品牌在品牌评价测量中拥有不俗的表现。另外，对研究结果的讨论中我们还发现，在高介入度产品中，介入度的提高会降低原产地形象的作用。而在今天的互联网环境下，顾客对于产品信息得掌握越来越容易，从总体上来说，顾客对产品的介入程度会越来越高。原产地形象的光环效应的发挥，对相应的品牌形象和产品品质的要求会越来越高。也就是说，未来企业想要依靠原产地形象掩盖品牌形象的不足会越来越难，品牌形象和原产地形象是相辅相成、互相促进的。因此，因此本研究认为有必要将原产地形象和品牌形象相结合来考虑营销策略。原产地营销最终服务于品牌营销，正如本书在理论分析阶段所指出的，原产地形象实际上是品牌形象的重要组成部分，两者都是在实际的市场竞争环境中企业在进入国际市场时，不可回避的营销策略选项。本书在这里依据顾客对原产地形象的认知，将原产地形象分为两个类型：强势和弱势。同样，也将企业的品牌形象分为强势与弱势两类。相应地，原产地形象和品牌形象会有四种组合，本书在不同组合下，分别提出了有针对性的营销策略。

（1）企业既拥有强势的原产地形象，又拥有强势的品牌形象。在这种情况下，企业开拓国际市场时，应该采取双管齐下的战略，既强调制造地或设计地形象，又强调品牌形象。当企业本身已经是一个著名的全球品牌时，更应该坚定不移地实施这种战略。在国际市场上，消费者倾向于将著名品牌与特定制造地联系起来。即使企业开展离岸生产，即企业的品牌联系地与制造地不是同一个国家，如果产品制造地也同样具有极佳的形象，企业也可以通过突出产品的原产地形象与品牌形象，来强化顾客对产品的认知。对于我国的民族企业而言，尚处于打造民族品牌的上升期，一些走出去的在国际化道路上走得比较远的民族品牌尚未达到为国家代言的高度，也就是说，我国的高知名度的原产地形象的形成任重道远。这一过程需要更多的民族品牌发展壮大为国际大品牌，才能奠定我国原产地形象的市场认知基础。

（2）企业拥有强势的品牌形象，但原产地形象处于弱势。这种现象在企业开展离岸生产时最有可能发生，即一个著名的品牌在一个比品牌联系地形象低的国家或经济体生产或组装。为了避免或减少不利的制造地形象对顾客的影响，企业营销的重点应该放在品牌形象上，而对产品制造地或组装地信息保持低调。此外，企业还可以突出对其有利的原产地形象，而回避不利的原产地形象。许多中国企业为了吸引顾客，在中国制造的产品中引入国外的元件或设计，在广告宣传中特别强调关键部件的生产地信息或产品设计地信息。我国的民族企业走出去往往会面对这样的问题，国外的消费者对中国的产品缺乏信任，认为中国是一个还处于比较落后状态的国家，质低价廉是中国品牌产品在国际市场的原产地形象。但是一个品牌要想发展壮大必然要迈向高端，高端品牌的附加值和市场影响力也更大，也就必然要摆脱质低价廉的这样的原产地形象的负面影响。因此，这一过程的中国企业必须突破自身的劣势：技术性的企业要加大研发投入掌握核心技术，而不能走向代工的低端道路；企业对外投资不仅要输出资本，还要输出文化，提升我国软实力的对外影响。这样才能有利于我国的正面原产地形象在国际市场的形成，从而使我国民族品牌更容易被国际市场所接受。

（3）企业原产地形象与品牌形象都处于弱势。即顾客对产品制造地与产品的品牌形象认知都是消极的。当一个新兴经济体刚刚开始经济全球化进程时，该地的企业经常会遇到这种局面。为了规避消极的原产地形象与品牌形象的影响，企业应该根据具体情况，在品牌名称上采取中性化的做法，选择一个不带有明显的母国印记的、中性化的品牌名称。20世纪60年代日本企业在进入北美市场时就广泛运用了这一战略，如日本的Sony、Canon、Sharp等企业，都纷纷选择一个不带有明显日本语言印记的品牌名称。可以说这是一种"曲线救国"的策略，在品牌形象和原产地形象都处于弱势时，意味着这个企业要想打入新市场，必须首先在文化上融入这个市场，不能让市场上的消费者对该品牌有抵触，因此最好的策略就是让自己看起来更像一个本地品牌。但是这种策略在不同文化背景下的应用是不同的。在中国市场，由于大量消费者更偏好发达国家的品牌，欧美日韩的品牌往往被认为代表着时尚高端和优秀的质量性能。因此，我国很多企业甚至在品牌名称和产品包装上让自己看起来更像是外国品牌，而真正来自欧美日韩的外国品牌往往会自信打出"来自欧洲""来自法国"等广告词，因为这是他们的原产地形象优势。现在一些在国外发展的比较好的民族品牌也要适当地从"回避来源地，融入当地"到"自信地说出我来自哪里"。因为只有后者的出现，才真正意味着民族品牌的振兴。

（4）产品具有强势的原产地形象，但企业的品牌形象处于弱势地位。在这种情况下，企业的母国在生产该类型产品上拥有较好的口碑或声誉，但该企业与本国相关产业的竞争对手相比，在品牌形象上处于劣势。当该企业与来自本国的竞争对手在国际市场上竞争时，往往就面临着强势的制造地形象与弱势的品牌形象的局面。该类企业应在确保产品质量的基础上，采取搭便车的战略，突出强调产品的制造地线索。如韩国的起亚汽车、LG 电子，日本的铃木汽车等就是这一战略的受益者，这些品牌本不是所在行业的优秀品牌，但是受益于韩日汽车、电子行业的高知名度，使国外消费者认为来自韩国或日本的汽车或电子产品品牌不会差，因此这些品牌很容易走入国际市场。当然，在强调制造地线索的同时，也必须提供高质量的产品。否则这一战略就不可能长久，并且还会损害该国该产业的整体利益。

6.4 本 章 小 结

本章是对第 4~5 章变量测量和假设检验结果的讨论。对于原产地形象对品牌态度影响的检验结果，本章针对结果体现的主要特征，分别就"原产地形象主要作用于情感性变量""原产地形象在高介入度产品中的影响更明显"这两个明显的结果特征进行了讨论分析，同时提出原产地效应需要更多针对单一类别产品的研究。对于产品介入度调节作用的检验结果，针对结果体现的主要特征，就"低介入度产品下介入度的正向调节作用"不成立和"高介入度产品下介入度的负向调节作用"有条件成立的结果进行了分析。最后根据研究结果和讨论分析，从不同介入度产品的角度、从原产地形象和品牌形象相结合的角度提出相应的营销策略。

第 7 章
结　　论

本研究通过对原产地效应和产品介入度的相关文献的回顾与梳理，结合产品介入度对原产地形象的影响这一研究问题，提出"介入度视角下原产地形象对品牌态度的影响机制"这一研究主题。运用品牌虚拟价值理论、产品属性理论诠释并发展了原产地形象及其作用机制的本质及其形成的内在机理；从原产地效应的弹性模型为基础，构建了原产地形象对品牌态度的影响机制模型；通过境内外品牌对比的方式，针对具体产品类别和具体品牌对变量开展测量；在不同介入度产品下检验了原产地形象对产品属性信念、原产地形象对品牌态度的影响，并检验了产品介入度的调节作用。考察了源自产品和源自情感的两种不同的原产地形象感知对产品属性信念和品牌态度的作用。本研究从产品介入度视角探索并检验了原产地形象对品牌态度的影响，进一步发展了原产地效应理论。本研究创新点归纳如下：

（1）对弹性模型的各变量进行维度界定，基于源自产品的原产地形象感知和源自情感的原产地形象感知，构建并检验了多维度的原产地形象对品牌态度影响的理论模型。在以往的研究中，往往对于原产地形象缺少进一步的划分，而本研究从顾客对于原产地形象的关注需求的角度进行划分。一些顾客对于原产地的关注，可能是由于原产地能够代表产品的质量和性能，而一些顾客对于原产地的关注，则可能是情感层面的需要，例如爱国情感或崇洋媚外的心理等。这两种类型的关注在消费市场是实际存在的，但在以往的研究中并没有因此足够地重视。本研究以原产地效应的弹性模型为基础构建理论模型。将顾客对原产地形象的感知划分为在产品层面和情感层面的感知，即"源自产品的原产地形象感知"和"源自情感的原产地形象感知"。并进一步将前者划分为顾客对原产地在社会形象上的感知和在个人偏好上的感知，将后者划分为在国家情感上的感知和在社交情感上的感知。形成了较为系统的原产地形象对品牌态度影响的理论模型，进一步发展了对原产地形象作用的研究。

（2）通过证实原产地形象在高介入度产品中以及情感性变量关系中的显著作用，揭示了原产地形象在不同介入度产品中对品牌态度的影响机理。本研究以介入度为标准划分产品，在原产地研究领域，从介入度的视角探索了不同类别产品中原产地形象作用的差异。在以往的研究中，鲜有建立在以某一标准划分的不同类别产品上的原产地研究，一般多为选取单一或多类产品进行实证研究。本研究引入产品介入度的差异，在不同介入度产品下，分别进行模型检验，探求原产地形象的作用在不同介入度产品下所表现出的不同特征与趋势，揭示了原产地形象在不同介入度产品中对品牌态度的影响机理。原产地形象对品牌态度的作用，在高介入度产品中比在低介入度产品中更加显著，并且主要发生在情感性的变量关系中。原产地形象虽然在以往的研究中被证明其对顾客的品牌偏好有影响，但是这种影响究竟处在一种什么样的程度和范围，一直没有更清晰的研究来关注这方面的问题。通过实证，我们发现原产地形象主要影响的是认知性与情感性的品牌态度，而对购买意愿的影响很弱。在一般情况下不足以对顾客产生能够左右消费决策这种程度的影响。

（3）提出并实证检验了产品介入度对原产地形象和品牌态度关系的调节作用，揭示了产品介入度对原产地形象与品牌态度关系的影响机理。在以往对介入度的研究中，对于低介入度产品和高介入度产品，并没有从顾客的角度进行进一步的探索。从顾客的角度而言，无论在低介入度产品中还是高介入度产品中，顾客的介入度都是有差异的。本研究正是从这样的视角，研究在不同介入度产品中，顾客介入度的差异对原产地作用的影响，揭示了产品介入度对原产地形象与品牌态度关系的影响机理。在低介入度产品中，产品介入度对原产地形象和品牌态度的关系并没有显著的调节作用。在低介入度产品中，在顾客普遍不关心原产地的背景下，产品介入度较高的顾客会更加关注产品本身的信息。所以，在低介入度产品中，介入度的提升并不能给原产地形象与品牌态度带来更紧密的关系。而在高介入度产品中，当品牌态度为认知性和情感性时，产品介入度具有显著的负向调节作用。在高介入度产品中，由于顾客对产品各方面的情况了解较多。顾客对产品信息了解程度的提升，往往会更加集中于产品本身的各类信息，对于原产地的了解往往不会再深入，致使顾客对原产地的关注会下降。因此，在高介入度产品中，介入度的提升会降低原产地形象与品牌态度的关系强度。

目前原产地研究缺乏对于具体产品和具体品牌的深入研究，没有具体产品和具体品牌的研究，很难揭示原产地在市场中的实际作用。本书选择以具体产品类别和具体品牌作为调研对象，由于各类产品和各个品牌都有自身的特征，从实证结果来看，包含的信息也较为复杂。在总结了以上创新点和研究成果的同时，也发现本书的研究依然存在如下不足，需要未来做更深入的研究。

首先，原产地效应是一种历史传承，是市场长时期日积月累形成的口碑，甚至更多地体现着民族兴衰留下来的深远的文化与意识痕迹。不同类别的产品在我国市场发展历史上走过的路也不尽相同。因此，具体的产品类别和具体品牌会有各自独特的原产地形象和特征，本书在这方面处理得比较粗糙。未来的研究需要深入挖掘一些品牌在原产地形象方面的独特性并研究市场对此的认知情况。

其次，对于受访者的特征考虑得不够全面，很多更为复杂消费者特征没有加以考虑和分析。例如，不同职业、不同社会阶层的消费者对原产地形象的感知如何，这些差异不能简单地用收入和学历代替。另外，今天市场层面存在大量对知名产地品牌的高仿产品、假名牌，很多消费者仍然会去购买，这也是一种消费者特征。而且一些企业也会利用品牌名称和包装迷惑消费者，这些因素对于原产地形象的影响是什么样的，也需要未来深入研究。

　　最后，对于原产地形象的分类，本研究虽然以产品感知和情感感知划分顾客对原产地形象的感知，但是这种划分仅代表一种角度，对于原产地形象的划分还存在其他的角度和层面值得未来深入研究，如从国家的层面来划分，从产品的类别层面来划分，不同类型的产品会有不同的原产地形象感知。另外，还有一些特殊情况也值得关注。例如，品牌收购使得消费者对品牌原产地的认知与实际的品牌所属国不相符，这样也就存在品牌联系地与品牌原产地的差异。尤其是品牌联系地与品牌原产地的市场形象差异较大时，对顾客的品牌态度会产生较大影响，因此品牌联系地也是原产地研究的重要角度，需要未来开展进一步的研究。

参考文献

［1］ Schooler R D. Product Bias in the Central American Common Market ［J］. Journal of Research in Marketing, 1965, 2: 394 – 397.

［2］ Touzanl M R, Fatma S A, Meriem M L. Coutry-of-Origin and Emergin Countries: Revisiting a Complex Relationship ［J］. Qualitative Market Research, 2015, 18 (1): 39 – 47.

［3］ Katsumata S T, Song J Y. The Reciprocal Effects of Country-of-Origin on Product Evaluation: An Empirical Examination of Four Countries ［J］. Asia Pacific Journal of Marketing and Logistics, 2015, 18 (1): 39 – 47.

［4］ Adina C, Gabriela C P, Denisa S R. Country-of-Origin Effects on Perceived Brand Positioning ［J］. Procedia Economics and Finance, 2015, 23: 422 – 427.

［5］ Lazzari F, Slongo L A. The Placebo Effect in Marketing: the Ability of Country of Origin to Modify Product Performance ［J］. Brazilian Business Review, 2015, 12 (5): 39 – 56.

［6］ Dobrenova F V, Kräuter S G, Terlutter R. Country-of-Origin Effects in the Promotion of Functional Ingredients and Functional Foods ［J］. European Management Journal, 2015, 33 (5): 314 – 321.

［7］ Bista A G, Krishna R H. The Influence of Country of Origin and Academic Level on Asian Students' Gains of Learning ［J］. Journal of International Students, 2015, 5 (3): 300 – 305.

［8］ Patnaik U S. The Origins and Continuation of First World Import Dependence on Developing Countries for Agricultural Products ［J］. Agrarian South: Journal of Political Economy,

2015, 4 (1): 1 – 21.

［9］Hashim F H, Mahadi N D, Amran A L. Corporate Governance and Sustainability Practices in Islamic Financial Institutions: The Role of Country of Origin ［J］. Procedia Economics and Finance, 2015, 31: 36 – 43.

［10］华晓红, 郑学党. 港澳台——中国对外开放的独特优势 ［J］. 经济学家, 2012 (7): 20 – 27.

［11］Thomas A H. Country-of-Origin Marketing: A List of Typical Strategies with Examples ［J］. Journal of Brand Management, 2014, 21 (1): 81 – 93.

［12］Zolfagharian M M, Roberto S D, Sun Q. Ethnocentrism and Country of Origin Effects among Immigrant Consumers ［J］. 2014, 14 (1): 68 – 84.

［13］Asif D J, Tanya H L, Margaret S P. Productivity in Medical Education Research: An Examination of Countries of Origin ［J］. 2014, 14: 243.

［14］Seweryn S K. The Influence of Country of Origin on Project Management: An International Empirical Study ［J］. 2014, 156: 4 – 7.

［15］陈建勋, 于姝. 消费者、顾客与客户的区分及其营销意义 ［J］. 兰州学刊, 2007, 170 (11): 60 – 61.

［16］Simmonds N W. Dry Matter Content of Potatoes in Relation to Country of Origin ［J］. Potato Research, 1974, 17 (2): 178 – 186.

［17］Daviesa D G, Harveya R W. Anthrax Infection in Bone Meal from Various Countries of Origin ［J］. The Journal of Hygiene, 1972, 70 (3): 455 – 457.

［18］Johansson J K, Susan P D, Ikujiro N K. Accessing the Impact of Country of Origin on Product Evaluations: A New Methodologival Perspective ［J］. Journal of Marketing Research, 1985, 22 (11): 388 – 396.

［19］Hong S T, Robert S W. Determinants of Product Evaluation: Effects of the Time Interval between Knowledge of a Product's Country of Origin and Information about Its Specific Attributes ［J］. Journal of Consumer Research, 1990, 17 (2): 277 – 288.

［20］Agarwal S J, Sameer S K. Country Image Consumer Evaluation of Product Catrgory Extensions ［J］. International Marketing Review, 1996, 13 (4): 23 – 39.

［21］Bilkey W J, Nes E I. Country-of-Origin Effects on Product Evaluation ［J］. Journal of International Business Studies, 1982, 13 (1): 89 – 99.

［22］Eroglu S A, Machleit K A. Effects of Individual and Product – Specific Variables on Utilizing Country of Origin as a Product Quality Cue［J］. International Marketing Review, 1989, 6（6）: 27 – 41.

［23］Han C M. Country Image: Halo or Summary Construct?［J］. Journal of Marketing Research, 1989, 26（2）: 222 – 229.

［24］Han C M, Terpstra V. Country-of-Origin Effects for Uni-national and Bi-national Products［J］. Journal of Advertising Research, 1988, 19（2）: 235 – 255.

［25］Roth M S, Romeo J B. Matching Product Category and Country Image Perceptions: A Framework for Managing Country-of-Origin Effects［J］. Journal of International Business Studies, 1992, 23（3）: 477 – 497.

［26］Tse D K, Lee W N. Removing Negative Country Images Effects of Decomposition, Branding, and Product Experience［J］. Journal of International Marketing, 1993, 1（4）: 25 – 48.

［27］White P D, Gundiff E W. Assessing the Quality of Industrial Products［J］. Journal of Marketing, 2001, 42（1）: 80 – 86.

［28］Srikatayoo N W, Gnoth J G. Country Image and International Tertiary Education［J］. Journal of Brand Management, 2002, 10（2）: 139 – 146.

［29］Yamoah F A. Impact of Product – Country Image on Rice Marketing: A Developing Country Perspective［J］. Journal of American Academy of Business, 2005, 7（2）: 265 – 276.

［30］Vishal L L, Allred A T, Goutam C B. A Multidimensional Scale for Measuring Country Image［J］. Journal of International Consumer Marketing, 2009, 21（1）: 51 – 66.

［31］Abhilash P N, Roy S P. Indian Consumer's Perception of Country of Origin on Organizational Capabilities［J］. Journal of Management Research, 2009, 8（10）: 63 – 72.

［32］Tan C T, Farley J U. The Impact of Cultural Patterns on Cognition and Intention in Singapore［J］. Journal of Consumer Research, 1987, 13（4）: 540 – 544.

［33］Cicia G N, Cembalo L I, Teresa D G, Scarpa Riccardo. Country-of-Origin Effects on Russian Wine Consumers［J］. Journal of Food Products Marketing, 2013, 19（4）: 247 – 260.

［34］Gwendolyn H D, Kathryn A C, John C B. Consumer Ethnocentricity and Preferences for Wool Products by Country of Origin and Manufacture［J］. International Journal of Consumer

Studies, 2013, 37 (5): 498 – 506.

［35］Miriam M L, Michael H V, David G F, Richey G E. The Impact of Country-of-Origin on the Acceptance of Foreign Subsidiaries in Host Countries: An Examination of the Liability-of-Foreignness ［J］. International Business Review, 2013, 22 (1): 89 – 99.

［36］李东进, 安钟石, 周荣海, 吴波. 基于 Fishbein 合理行为模型的国家形象对中国消费者购买意愿影响研究——以美、德、日、韩四国国家形象为例 ［J］. 南开管理评论, 2008 (5): 40 – 49.

［37］Kotler P L, David G T. Country as Brand, Products, and Beyond: A Place Marketing and Brand Management Perspective ［J］. Journal of Brand Management, 2002, 9 (4): 249 – 261.

［38］Colantonio S L, Jorge R B, Fuster V T, Zuluaga P L. Contribution of Immigration to Adolescent Fertility in Spain Considering the Reproductive Pattern in the Country of Origin ［J］. Biodemography and Social Biology, 2014, 60 (1): 87 – 100.

［39］Subhankar C B, Smith L T, Apar K G, Neelima B T, Tomohiro S M, Batra S K. Breast Cancer Survival of Hispanic Women in the USA Is Influenced by Country of Origin ［J］. Asia Pacific Journal of Clinical Oncology, 2014, 10 (2): 124 – 132.

［40］Marchi G L, Elisa M N, Bernardo B B. The Country of Origin Effect on Retailer Buying Behavior: A Cross – Country Analysis on Italian Footwear ［J］. Journal of Global Fashion Marketing, 2014, 5 (2): 122 – 134.

［41］Zatepilina M C, Olga L A. Communicating a Made-in-America Brand: Country-of-Origin Messaging Strategies in the US Home Furnishings Industry ［J］. Corporate Reputation Review, 2014, 17 (2): 157 – 168.

［42］王海忠, 赵平. 品牌原产地效应及其市场策略建议——基于欧美日中四地品牌形象调查分析 ［J］. 中国工业经济, 2004 (1): 78 – 86.

［43］Berta S K, Danilo R Z, Oriana S E. Importance of the Country of Origin in Food Consumption in a Developing Country ［J］. Food Quality and Preference, 2008, 19 (4): 372 – 382.

［44］Berta S K, Danilo R Z. The Importance of the Country of Origin When Purchasing Beef in Chile ［J］. Revista Científica, 2008, 18 (6): 67 – 75.

［45］Alexander J S, Assaf A D. Country-of-Origin Contingencies: Their Joint Influence on

Consumer Behavior [J]. Asia Pacific Journal of Marketing and Logistics, 2010, 22 (3): 294 – 313.

[46] Fonti F N, Realini C B, Montossi F D, Sañudo C T. Consumer's Purchasing Intention for Lamb Meat Affected by Country of Origin, Feeding System and Meat Price: A Conjoint Study in Spain, France and United Kingdom [J]. Food Quality and Preference, 2011, 22 (5): 443 – 351.

[47] Rashid A O, Barnes L Z, Gary W B. Management Perspectives on Country of Origin [J]. Journal of Fashion Marketing & Management, 2016, 20 (2): 230 – 244.

[48] Suh Y G, Hur J Y, Davies G R. Cultural Appropriation and the Country of Origin Effect [J]. Journal of Business Research, 2016, 69 (8): 2721 – 2730.

[49] Khan K H, Bamber D B. Country of Origin Effects, Brand Image, and Social Status in an Emerging Market [J]. Human Factors and Ergonomics in Manufacturing, 2008, 18 (5): 580.

[50] Gaetano A L, Raffaele D N, Bruno G D. An International Perspective on Luxury Brand and Country-of-Origin Effect [J]. Journal of Brand Management, 2009, 16 (5): 323 – 337.

[51] Roderick J B, Maureen B R. Country of Origin Branding: An Integrative Perspective [J]. Journal of Product & Brand Management, 2016, 25 (4): 322 – 336.

[52] Touzani M R, Fatma S M, Meriem L M. Country-of-Origin and Emerging Countries: Revisiting a Complex Relationship [J]. Qualitative Market Research, 2015, 18 (1): 219 – 235.

[53] Alfred R B, James E H. Country-of-Origin Effects and Global Brand Trust: A First Look [J]. Journal of Global Marketing, 2009, 22 (4): 267 – 278.

[54] Janaina D M Ana A I. Personal Values and the Country-of-Origin Effect: the Moderating Role of Consumers' Demographics [J]. International Journal of Consumer Studies, 2009, 33 (3): 309 – 315.

[55] Ferguson J L, Dadzie K Q, Johnston W J. Country-of-Origin Effects in Service Evaluation in Emerging Markets: Some Insights from Five West African Countries [J]. Journal of Business and Industrial Marketing, 2009, 23 (6): 429 – 437.

[56] Neben Z H, Jaffe L M. Comment: Further Considerations on the Relevance of Coun-

try-of-Origin Research [J]. European Management Review, 2008, 5 (4): 271 – 274.

[57] Gasior B D, Marcin C D. The Relation of Brand's Country of Origin with Selected Aspects of Brand's Perception [J]. Scientific Journal University of Szczecin, Problems of Management, Finance and Marketing, 2014, 35: 241 – 252.

[58] Johan B W, Buller C N. Country-of-Origin Brand Loyalty and Related Consumer Behaviour in the Japanese Wine Market [J]. International Journal of Wine Business Research, 2014, 26 (2): 97 – 119.

[59] Zbib I J, Wooldridge B R, Ahmed Z U, Benlian Y H. Purchase of Global Shampoo Brands and the Impact of Country of Origin on Lebanese Consumers [J]. Journal of Product and Brand Management, 2010, 19 (4): 261 – 275.

[60] Hustvedt G D, Kathryn A R, John C B. Consumer Ethnocentricity and Preferences for Wool Products by Country of Origin and Manufacture [J]. International Journal of Consumer Studies, 2013, 37 (5): 498 – 506.

[61] Sinrungtam W. Impact of Country of Origin Dimensions on Purchase Intention of Eco Car [J]. International Journal of Business and Management, 2013, 8 (11): 51 – 62.

[62] Aminea L S. Country-of-Origin, Animosity and Consumer Response: Marketing Implications of Anti – Americanism and Francophobia [J]. International Business Review, 2008, 16 (12): 195 – 214.

[63] Lee R, Lockshin L. Reverse Country-of-Origin Effects of Product Perceptions on Destination Image [J]. Journal of Travel Research, 2012, 51 (4): 502 – 511.

[64] Simone Guercini, Silvia Ranfagni. Integrating Country-of-Origin Image and Brand Image in Corporate Rebranding: The Case of China [J]. Marketing Intelligence and Planning, 2013, 31 (5): 179 – 188.

[65] Hong S T, Toner J F. Country of Origin, Ethnocentrism and Bicultural Consumers: the Case of Mexican Americans [J]. Journal of Consumer Marketing, 1989, 27 (4): 345 – 357.

[66] Chinen K C, Sun Y, Ito Y. The Effects of Country of Origin on Consumer Willingness to Purchase General Motor Automobiles in the United States [J]. International Journal of Marketing Studies, 2014, 6 (6): 1.

[67] Shimp T A, Sharma S. Consumer Ethnocentrism: Construction and Validation of the

CET scale [J]. Journal of Marketing Research, 1987, 24 (8): 280 – 289.

[68] 郭晓凌, 王永贵. 消费者的全球消费导向与全球品牌态度: 主效应、调节效应及中美差异 [J]. 南开管理评论, 2013 (6): 4 – 18.

[69] Klein J G, Ettenson R, Morris D M. The Animosity Model of Foreign Product Purchase: An Empirical Test in the People's Republic of China [J]. Journal of Marketing, 1998, 62 (1): 89 – 100.

[70] Batra R, Ramaswamy V, Alden D L. Effects of Brand Local and Nonlocal Origin on Consumer Attitudes Indeveloping Countries [J]. Journal of Consumer Psychology, 2000, 9 (2): 83 – 95.

[71] 刘建新, 刘建徽. 顾客消费涉入的形成机理与涉入营销 [J]. 北京工商大学学报: 社会科学版, 2010 (3): 69 – 73.

[72] Candace M H, Mary D F. The Influence of a Motivational Climate Intervention on Participants' Salivary Cortisol and Psychological Responses [J]. Sport Exerc Psychol, 2013, 35 (1): 85 – 97.

[73] 董晓松, 张继好. 消费者涉入度研究综述 [J]. 商业经济, 2009 (12): 18 – 19.

[74] Nathalie S, Richard M O. How Captive Is Your Audience? Defining Overall Advertising Involvement [J]. Journal of Business Research, 2013, 66 (4): 499 – 505.

[75] Kunnumkal S. Randomization Approaches for Network Revenue Management with Customer Choice Behavior [J]. Production and Operations Management, 2014, 23 (9): 1617 – 1633.

[76] Lamberti L, Noci G. Online Experience as a Lever of Customer Involvement in NPD: An Exploratory Analysis and A Research Agenda [J]. EuroMed Journal of Business, 2009, 4 (1): 69 – 87.

[77] Millissa F Y, Tob W M. Customer Involvement and Perceptions: The Moderating Role of Customer Co-production [J]. Journal of retailing and consumer services, 2011, 18 (4): 271 – 277.

[78] Shiue Y C, Li L S. Brand Involvement in Retaining Customers despite Dissatisfaction [J]. Social Behavior and Personality, 2013, 41 (4): 643 – 650.

[79] Jens L H, Frida L, Perna A. Customer Involvement in Product Development: An Industrial Network Perspective [J]. Journal of Business-to – Business Marketing, 2014, 21 (4):

257 –276.

［80］菲利普·科特勒，凯文·莱恩·凯勒．营销管理（12 版）［M］．上海：格致出版社，2008：216 –220，414.

［81］Sun H Y, Keung Y H, Kwok M S. The Simultaneous Impact of Supplier and Customer Involvement on New Product Performance ［J］. Journal of Technology Management and Innovation, 2010, 5 （4）: 70 –82.

［82］Dadfar H, Brege S, Semnani S E. Customer Involvement in Service Production, Delivery and Quality: The Challenges and Opportunities ［J］. International Journal of Quality and Service Sciences, 2013, 5 （1）: 46 –65.

［83］Sigala M. Customer Involvement in Sustainable Supply Chain Management: A Research Framework and Implications in Tourism ［J］. Cornell Hospitality Quarterly, 2014, 55 （1）: 76 –88.

［84］Somervuori1 O, Ravaja N. Purchase Behavior and Psychophysio-logical Responses to Different Price Levels ［J］. Psychology and Marketing, 2013, 30 （6）: 479 –489.

［85］Mullen B, Johnson C. 消费者行为心理学 ［M］. 游恒山，译. 台北：五南图书出版股份公司，1996：175 –176.

［86］李国庆，周庭锐，陈淑青．品牌知觉影响下消费者购买行为的分类研究 ［J］.商场现代化，2006 （5）：187 –188.

［87］Hellman J L, Lind F, Perna A. Customer Involvement in Product Development: An Industrial Network Perspective ［J］. Journal of Business-to –Business Marketing, 2014, 12 （4）: 257 –276.

［88］林左鸣．广义虚拟经济——二元价值容介态的经济导论 ［J］. 广义虚拟经济研究，2009 （1）：5 –25.

［89］黄劲松．品牌的虚拟价值及其影响 ［J］. 广义虚拟经济研究，2010，1 （3）：64 –72.

［90］崔楠，王长征．象征性品牌形象的维度与测量 ［J］. 商业经济与管理，2010，10 （10）：52 –60.

［91］Bhats B, Reddy S k. Symbolic and Functional Positioning of Brands ［J］. Journal of Consumer Marketing, 1998, 15 （1）: 32 –40.

［92］Vigneron C, Johnson F W. A Review and a Conceptual Framework of Prestige – Seeking Consumer Behavior [J]. Academy of Marketing Science Review, 1999 (1): 1-15.

[93] Vaquezr V, Rio A B, Iglestas V. The Effects of Brand Associations on Consumer Response [J]. Journal of Consumer Marketing, 2001, 18 (5): 410-425.

[94] Bauer H H, Klein B T, Murad Aga. Brand Equity Drivers Model [R]. BBDO Germany, Volume 3, 2004.

[95] Hazel M, Kitayama S. Culture and the Self: Implications for Cognition Emotion and Motivation [J]. Psychological Review, 1991, 98 (4): 224-253.

[96] Jalil N Ai, Fikry A, Zainuddin A. The Impact of Store Atmospherics, Perceived Value, and Customer Satisfaction on Behavioural Intention [J]. Procedia Economics and Finance, 2016, 37: 538-544.

[97] Sheth J N, Newman B I, Gross B L. Why We Buy What We Buy: A Theory of Consumption Values [J]. Journal of Business Research, 1991, 22 (2): 159-170.

[98] Pinker S. How the Mind Works [M]. New York: Norton, 1997: 69-72.

[99] Robert P J, Runyan R C. Brand Experience and Brand Implications in a Multi-channel Setting [J]. International Review of Retail, Distribution and Consumer Research, 2013, 23 (3): 265-290.

[100] Mathwick C, Malhotra N, Rigdon E. Experiential Value: Conceptualization, Measurement and Application in the Catalog and Internet Shopping Environment [J]. Journal of Retailing, 2001, 77 (1): 39-56.

[101] Bennett R, Hartel C E, Coll-Kennedy J R. Experience as a Moderator of Involvement and Satisfaction on Brand Loyalty in A Business-to-Business Setting [J]. Industrial Marketing Management, 2005, 34 (1): 97-107.

[102] Mascarenhas O A, Kesavan R, Bernacchi M. Lasting Customer Loyalty: A Total Customer Experience Approach [J]. Journal of Consumer Marketing, 2006, 23 (7): 397-405.

[103] Terblanche N S, Boshoff C. The Relationship between A Satisfactory In-store Shopping Experience and Retailer Loyalty [J]. South African Journal of Business Management, 2006, 37 (2): 33-43.

[104] 吴水龙, 刘长琳, 卢泰宏. 品牌体验对品牌忠诚的影响: 品牌社区的中介作用 [J]. 商业经济与管理, 2009 (7): 80-90.

[105] 张振兴, 边雅静. 品牌体验概念维度与量表构建 [J]. 统计与决策, 2011

(10)：177 – 180.

［106］张红明. 品牌体验类别及其营销启示［J］. 商业经济与管理，2013（12）：22 – 25.

［107］Jounga H W，Choib E K，Eugene Wangc. Effects of Perceived Quality and Perceived Value of Campus Foodservice on Customer Satisfaction：Moderating Role of Gender［J］. Journal of Quality Assurance in Hospitality & Tourism，2016，17（2）：101 – 113.

［108］马克·E. 佩里. 战略营销管理［M］. 北京：机械工业出版社，2008：8.

［109］Dowling G R. Perceived Risk：The Concept and Its Measurement［J］. Psychology & Marketing，1986，6（3）：193 – 210.

［110］Babin B J，Darden W R，Griffin M. Work and Fun：Measuring Hedonic and Utilitarian Shopping Value［J］. Journal of Consumer Research，1994，20（4）：644 – 656.

［111］Holbrook M B. Customer Value：A Framework for Analysis and Research［J］. Advances in Consumer Research，1996，23（1）：138 – 142.

［112］Holbrook M B. Customer Value：A Framework for Analysis and Research［M］. New York：Routledge，1999：103 – 105.

［113］Pine B J，Gilmore J H. Welcome to the Experience Economy［J］. Harvard Business Review，2003，76（7）：97 – 105.

［114］Parasuraman A，Grewal D. The Impact of Technology on the Quality – Value – Loyalty Chain：A Research Agenda［J］. Journal of the Academy of Marketing Science，2006，28（1）：168 – 174.

［115］Sweeney J G，Soutar G N. Consumer Perceived Value：The Development of a Multiple Item Scale［J］. Journal of Retailing，2008，77（2）：203 – 220.

［116］Eighmey J. Profiling User Responses to Commercial Web Sites［J］. Journal of Advertising Research，2010，37（2）：59 – 66.

［117］Han J，Han D. A Framework for Analyzing Customer Value of Internet Business［J］. Journal of Information Techology Theory and Application，2013，5（3）：25 – 38.

［118］Mathwick C，Malhotra N K，Rigdon E. The Effect of Dynamic Retail Experience on Experiential Perceptions of Value：An Internet and Catalog Comparison［J］. Journal of Retailing，2014，78（1）：51 – 60.

［119］Keränen J，Jalkala A. Towards A Framework of Customer Value Assessment in B2B

Markets: An Exploratory Study [J]. Industrial Marketing Management, 2013, 42 (8): 1307 – 1317.

[120] Piyathasanan B, Mathies C, Wetzels M, Patterson P G, Ruyter K D. A Hierarchical Model of Virtual Experience and Its Influences on the Perceived Value and Loyalty of Customers [J]. International Journal of Electronic Commerce, 2015, 19 (2): 126 – 158.

[121] Eid R. Integrating Muslim Customer Perceived Value, Satisfaction, Loyalty and Retention in the Tourism Industry: An empirical study [J]. International Journal of Tourism Research, 2015, 17 (3): 249 – 260.

[122] 郭国庆, 杨学成, 张杨. 口碑传播对消费者态度的影响: 一个理论模型 [J]. 管理评论, 2007, 19 (3): 20 – 26.

[123] 吴江霖, 戴健林, 陈卫旗. 社会心理学 [M]. 广州: 广东高等教育出版社, 2004: 82.

[124] 胡晓红. 家庭沟通模式对青少年品牌态度的影响研究 [J]. 南开管理评论, 2009, 12 (4): 36 – 43.

[125] 柴俊武. 品牌信任对品牌态度、契合感知与延伸评价关系的影响 [J]. 管理学报, 2007, 4 (4): 425 – 430.

[126] 袁兵, 黄静, 曾一帆. 网络评论语言的抽象性对消费者品牌态度与购买意愿的影响: 一项基于语言类别模型 (LCM) 的实证研究 [J]. 营销科学学报, 2013 (3): 17 – 30.

[127] 田虹, 袁海霞. 企业社会责任匹配性何时对消费者品牌态度更重要: 影响消费者归因的边界条件研究 [J]. 南开管理评论, 2013 (3): 101 – 108.

[128] 苏淞, 黄劲松. 品牌延伸还是子品牌? ——基于品牌态度、广告说服和购买意愿的比较 [J]. 管理评论, 2013 (2): 98 – 107.

[129] Paul H, Clementine T. The Mere Exposure Effect for Consumer Products as a Consequence of Existing Familiarity and Controlled Exposure [J]. Acta Psychologica, 2013, 144 (1): 411 – 417.

[130] Isabel S, Luisa A. The Impact of Event Sponsorship on Portuguese Children's Brand Image and Purchase Intentions: The Moderator Effects of Product Involvement and Brand Familiarity [J]. International Journal of Advertising: The Review of Marketing Communications, 2014, 33 (3): 533 – 556.

［131］Kim H S, Shin E Y, Cheng A, Lennon S J, Liu W S. Influence of Design, Workmanship, and Familiarity on Perceptions of Country-of-Origin Apparel Brands: A Study of Consumers in the US, China and Japan ［J］. Journal of Global Fashion Marketing: Bridging Fashion and Marketing, 2015, 6 (4): 265 – 277.

［132］朱凌，王盛，陆雄文. 中国城市消费者的中外品牌偏好研究 ［J］. 管理世界，2003 (9): 122 – 128.

［133］刘玉静. 跨文化交际中的绊脚石——民族中心主义 ［J］. 边疆经济与文化，2010 (3): 65 – 66.

［134］Haque M, Maheshwari N. Consumer Ethnocentrism and Influence of Role Model on Generational Cohorts' Purchase Intentions towards Herbal Products ［J］. Asia – Pacific Journal of Management Research and Innovation, 2015, 11 (4): 305 – 312.

［135］Wanninayake W M, Miloslava C. Consumer Ethnocentrism and Attitudes towards Foreign Beer Brands: With Evidence from Zlin Region in the Czech Republic ［J］. Journal of Competitiveness, 2012, 4 (2): 3 – 19.

［136］Ilghelich N, Shaheen M, Mohd I Z. Global Replication of CETSCALE: A Study of the Iranian Market ［J］. Journal of Targeting, Measurement and Analysis for Marketing, 2012, 20 (3): 261 – 268.

［137］Javed A, Mukhtiyar B. County-of-Origin and Purchase Intensions of Ethnocentric Customers ［J］. International Journal of Information, Business and Management, 2013, 5 (2): 110 – 138.

［138］Sharma P. Consumer ethnocentrism: Reconceptualization and Cross – Cultural Validation ［J］. Journal of International Business Studies, 2015, 46 (3): 381 – 389.

［139］Supphellen M, Rittenburg T. Consumer Ethnocentrism When Foreign Products Are Better ［J］. Psychology & Marketing, 2001, 18: 907 – 927.

［140］Supphellen M, Grønhaug K. Building Foreign Brand Personalities in Russia: the Moderating Effect of Consumer Ethnocentrism ［J］. International Journal of Advertising, 2003, 22: 203 – 226.

［141］Renganathan R, Sukumaran A K, Balachandran S. Customers'Attitude and Perception about Ethnocentrism – Application of Consumer Ethnocentrism Scale (CETSCALE) ［J］. Research Journal of Applied Sciences, Engineering and Technology, 2015, 9 (10): 807 – 812.

［142］Cleveland M, Laroche M, Papadopoulos N. Cosmopolitanism, Consumer Ethnocentrism, and Materialism: An Eight – Country Study of Antecedents and Outcomes ［J］. Journal of International Marketing, 2009, 17 (1): 116 – 146.

［143］冉宁. 消费者民族中心主义的实证研究——基于中学生和大学生的比较 ［J］. 中国青年研究, 2010 (2): 5 – 9.

［144］孙丽辉, 郑瑜. 西方原产国效应理论研究回顾及其评价 ［J］. 财贸经济, 2009 (5): 79 – 84.

［145］Eroglu S A, Machleit K A. Effects of Individual and Product Specific Variables on Utilizing Country of Origin as a Product Quality Cue ［J］. International Marketing Review, 1989, 6 (6): 27 – 41.

［146］Samiee S, Shimp T A, Sharma S. Brand Origin Recognition Accuracy: Its Antecedents and Consumers' Cognitive Limitations ［J］. Journal of International Business Studies, 2005, 36: 379 – 397.

［147］Arora A S, McIntyre J R, Wu J, Arora A. Consumer Response to Diffusion Brands and Luxury Brands: The Role of Country of Origin and Country of Manufacture ［J］. Journal of International Consumer Marketing, 2015, 27 (1): 3 – 26.

［148］Guina F T, Giraldi J M. The Country of Origin Effect on Brazilian Beef Trade in Europe: The Moderating Role of Gender, Age, and Product Involvement ［J］. Journal of Food Products Marketing, 2015, 21 (2): 123 – 140.

［149］Sihem D, Mohamed A. The Influence of the Country-of-Origin Ecological Image on Ecolabelled Product Evaluation: An Experimental Approach to the Case of the European Ecolabel ［J］. Journal of Business Ethics, 2015, 131 (1): 89 – 106.

［150］庄贵军, 周南, 周连喜. 国货意识、品牌特性与消费者本土品牌偏好——一个跨行业产品的实证检验 ［J］. 管理世界, 2006 (7): 85 – 94, 114.

［151］庄贵军, 周南, 周连喜. 品牌原产地困惑对于消费者喜爱与购买本土品牌和境外品牌的影响 ［J］. 财贸经济, 2007 (2): 98 – 104.

［152］Kean E F, Chadwick E A, Müller C T. Scent Signals Individual Identity and Country of Origin in Otters ［J］. Mammalian Biology, 2015, 80 (2): 99 – 105.

［153］Roy S, Bagdare S. The Role of Country of Origin in Celebrity Endorsements: Integrating Effects of Brand Familiarity ［J］. Journal of Global Marketing, 2015, 28 (3): 133 – 151.

[154] Lazzari F, Slongo L A. The Placebo Effect in Marketing: the Ability of Country of Origin to Modify Product Performance [J]. Brazilian Business Review, 2015, 12 (5): 39 – 56.

[155] Bista A D, Krishna B D. The Influence of Country of Origin and Academic Level on Asian Students' Gains of Learning [J]. Journal of International Students, 2015, 5 (3): 300 – 305.

[156] Joly M P, Wheaton B. The Impact of Armed Conflict in the Country of Origin on Mental Health after Migration to Canada [J]. Society and Mental Health, 2015, 5 (2): 86 – 105.

[157] Bienenfeld J M, Botkins E R, Roe B E, Batte M T. Country of Origin Labeling for Complex Supply Chains: The Case for Labeling the Location of Different Supply Chain Links [J]. Agricultural Economics, 2016, 47 (2): 205 – 213.

[158] Cabrera J, Dante F, Herfried W. The Administrative Contract, Non-arbitrability, and the Recognition and Execution of Awards Annulled in the Country of origin: The Case of Commisa v Pemex [J]. Arbitration International 2016, 32 (1): 125 – 148.

[159] Minero L P, Espinoza R K. The Influence of Defendant Immigration Status, Country of Origin, and Ethnicity on Juror Decisions: An Aversive Racism Explanation for Juror Bias [J]. Hispanic Journal of Behavioral Sciences, 2016, 38 (1): 55 – 74.

[160] Stern M C, Zhang J J, Lee E, Deapen D, Liu L H. Disparities in Colorectal Cancer Incidence among Latino Subpopulations in California Defined by Country of Origin [J]. Cancer Causes & Control, 2016, 27 (2): 147 – 155.

[161] Miranda M J. Marriages Don't Need to be Made in Heaven—Effectively Dovetailing Profiles of Denizens with Marriage Hopefuls in Their Countries of Origin on Matrimonial Internet Sites [J]. International Review on Public and Nonprofit Marketing, 2016, 13 (1): 37 – 47.

[162] Zaichkowsky C, Lynne J. Research Notes: The Personal Involvement Inventory: Reduction, Revision, and Application to Advertising [J]. Journal of Advertising, 1994, 23 (4): 59 – 70.

[163] 银成钺, 于洪彦. 品牌形象对品牌延伸评价的影响: 消费者产品涉入的调节 [J]. 软科学, 2008 (2): 26 – 32.

[164] Brakus C D, Schmitt B H, Zarantonello L. Brand Experience: What is It? How is It Measured? Does It Affect Loyalty? [J]. Journal of Marketing, 2009, 73 (3): 52 – 68.

[165] Mathwick C, Malhotra N, Rigdon E. Experiential Value: Conceptualization, Measurement and Application in the Catalog and Internet Shopping Environment [J]. Journal of Retailing, 2001, 77 (1): 39 – 56.

[166] Lapierre J, Filiatrault P, Chebat J C. Value Strategy Rather than Quality Strategy: A Case of Business-to – Business Professional Services [J]. Journal of Business Research, 1999, 45 (2): 235 – 246.

[167] Cronin J, Joseph J, Brady M K, Hult G T. Assessing the Effects of Quality, Value and Customer Satisfaction on Consumer Behavioral Intentions in Service Environments [J]. Journal of the Academy of Marketing Science, 1994, 22 (1): 16 – 27.

[168] Haemoon O. Diner's Perceptions of Quality, Value, and Satisfaction [J]. Cornell Hotel&Restaurant Administration Quarterly, 2000, 41 (3): 58 – 67.

[169] Yang Z, Jun M, Peterson R T. Measuring Customer Perceived Online Service Quality: Scale Development and Managerial Implications [J]. International Journal of Operations and Production Management, 2004, 24 (11): 1149 – 1174.

[170] Harris L C, Goode M M. The Four Levels of Loyalty and the Pivotal Role of Trust: A Study of Online Service Dynamics [J]. Journal of the Retailing, 2004, 80 (2): 139 – 158.

[171] 王永贵, 韩顺平, 邢金刚, 于斌. 基于顾客权益的价值导向型顾客关系管理—理论框架与实证分析 [J]. 管理科学学报, 2005, 8 (6): 27 – 36.

[172] 王高. 顾客价值与企业竞争优势——以手机行业为例 [J]. 管理世界, 2004 (10): 97 – 113.

[173] 董大海, 金玉芳. 作为竞争优势重要前因的顾客价值: 一个实证研究 [J]. 管理科学学报, 2004, 7 (5): 84 – 90.

[174] 于春玲, 王海忠, 赵平, 林冉. 品牌忠诚驱动因素的区域差异分析 [J]. 中国工业经济, 2005 (12): 115 – 121.

[175] Pantoja F, Rossi P, Borges A. How Product – Plot Integration and Cognitive Load Affect Brand Attitude: A Replication [J]. Journal of Advertising, 2016, 45 (1): 113 – 119.

[176] Jalilvanda M R, Poolb A K, Vostac S N, Kazemid R V. Antecedents and Consequence of Consumers' Attitude towards Brand Preference: Evidence from the Restaurant Industry [J]. Anatolia: An International Journal of Tourism and Hospitality Research, 2016, 27 (2): 167 – 176.

［177］Kim A, Yongjae D, Ross A C, Stephen D S. The Effect of Sport Video Gaming on Sport Brand Attitude, Attitude Strength, and the Attitude – Behavior Relationship［J］. Journal of Sport Management, 2015, 29（6）: 657 – 671.

［178］Cox D S. Product Novelty: Dose it Moderate the Relationship between Ad Attitudes and Brand Attitudes?［J］. Journal of Advertising, 1987, 16（3）: 39 – 44.

［179］Mittal B. The Relative Roles of Brand Beliefs and Attitude toward the Ad as Mediators of Brand Attitude: A Second Look［J］. Journal of Marketing Research, 1990, 27（2）: 209 – 219.

［180］Low G S, Lamb C. The Measurement and Dimensionality of Brand Associations［J］. Journal of Product & Brand Management, 2000, 9（6）: 350 – 368.

［181］Jee Y C, Maria J L. Public Relations Aspects of Brand Attitudes and Customer Activity［J］. Public Relations Review, 2013, 39（5）: 432 – 439.

［182］Pagla M, Brennan R. The Development of Brand Attitudes among Young Consumers［J］. Marketing Intelligence and Planning, 2014, 32（6）: 687 – 705.

［183］Hyun H P, Jeon J O, Sullivan P. How Does Visual Merchandising in Fashion Retail Stores Affect Consumers' Brand Attitude and Purchase Intention?［J］. International Review of Retail, Distribution and Consumer Research, 2015, 25（1）: 87 – 104.

［184］柴俊武. 品牌信任对品牌态度、契合感知与延伸评价关系的影响［J］. 管理学报, 2007, 4（4）: 425 – 430.

［185］姚杰. 幽默诉求广告对品牌态度产生的影响——基于 OTC 药品的探讨［J］. 南京社会科学, 2009（11）: 54 – 58.

［186］Sook E, Kim E, Yongjun Sung, Chan Yun Yoo. Consumer Motivation and Attitude towards Brand Communications on Twitter［J］. International Journal of Advertising: The Review of Marketing Communications, 2014, 33（4）: 657 – 680.

［187］Myers B W. Cresting Successful Cause – Brand Alliances: The Role of Cause Involvement, Perceived Brand Motivations and Cause – Brand Alliance Attitude［J］. Journal of Brand Management, 2013, 20（3）: 205 – 217.

［188］Lafferty B A. The Relevance of Fit in a Cause – Brand Alliance When Consumers Evaluate Corporate Credibility［J］. Journal of Business Research, 2007, 60（5）: 447 – 453.

［189］Winterich K P. When does Recognition Increase Charitable Behavior? Toward A Moral Identity – Based Model［J］. Journal of Marketing, 2013, 77（3）: 121 – 134.

附录

附录1 第四章预调研原产地识别度调查问卷

尊敬的先生/女士：

您好！

为了解消费者对品牌原产地的识别程度，我们希望您挤出一点时间，恳请您以自身经验填写以下内容，您的宝贵意见将为本研究带来关键性的影响，希望您耐心作答，避免遗漏。本问卷仅做学术研究之用，您的任何个人信息绝对保密，敬请安心作答。

填写说明：表1中1～10为牙膏品牌，11～20为运动鞋品牌；表2中1～10为电视品牌，11～20为洗衣机品牌。对不熟悉的品牌在0上打√，对熟悉的品牌在1上打√，在您认为的正确的品牌所属国下面对应的数字上打√。

表1　　　　　　　　　低介入度产品原产地识别问卷

品牌	商标	不熟悉	熟悉	德国	韩国	美国	英国	中国	不知道
1. 高露洁	高露洁 Colgate	0	1	1	2	3	4	5	6
2. 佳洁士	佳洁士 Crest	0	1	1	2	3	4	5	6
3. 黑人	Meigoo.cn 黑人牙膏	0	1	1	2	3	4	5	6
4. 云南白药	云南白药	0	1	1	2	3	4	5	6

续表

品牌	商标	不熟悉	熟悉	德国	韩国	美国	英国	中国	不知道
5. 三笑		0	1	1	2	3	4	5	6
6. 中华		0	1	1	2	3	4	5	6
7. 丽齿健		0	1	1	2	3	4	5	6
8. 舒客		0	1	1	2	3	4	5	6
9. 舒适达		0	1	1	2	3	4	5	6
10. 竹盐		0	1	1	2	3	4	5	6
11. 耐克		0	1	1	2	3	4	5	6
12. 阿迪达斯		0	1	1	2	3	4	5	6
13. 安踏		0	1	1	2	3	4	5	6
14. 李宁		0	1	1	2	3	4	5	6
15. 特步		0	1	1	2	3	4	5	6
16. 361度		0	1	1	2	3	4	5	6
17. 匹克		0	1	1	2	3	4	5	6
18. 新百伦		0	1	1	2	3	4	5	6

品牌	商标	不熟悉	熟悉	德国	韩国	美国	英国	中国	不知道
19. 彪马	PUMA	0	1	1	2	3	4	5	6
20. 乔丹	乔丹	0	1	1	2	3	4	5	6

表2　　　　　　　　　高介入度产品原产地识别问卷

品牌	商标	不熟悉	熟悉	德国	韩国	日本	英国	中国	不知道
1. 海信	Hisense	0	1	1	2	3	4	5	6
2. 创维	Skyworth 创维	0	1	1	2	3	4	5	6
3. 三星	SAMSUNG	0	1	1	2	3	4	5	6
4. TCL	TCL	0	1	1	2	3	4	5	6
5. 索尼	SONY make.believe	0	1	1	2	3	4	5	6
6. 乐视	乐视	0	1	1	2	3	4	5	6
7. LG	LG Life's Good	0	1	1	2	3	4	5	6
8. 夏普	SHARP 夏普	0	1	1	2	3	4	5	6
9. 长虹	长虹 CHANGHONG	0	1	1	2	3	4	5	6
10. 康佳	KONKA 康佳	0	1	1	2	3	4	5	6

续表

品牌	商标	不熟悉	熟悉	德国	韩国	日本	英国	中国	不知道
11. 海尔	Haier	0	1	1	2	3	4	5	6
12. 西门子	SIEMENS	0	1	1	2	3	4	5	6
13. 小天鹅	小天鹅	0	1	1	2	3	4	5	6
14. 松下	Panasonic 松下电器	0	1	1	2	3	4	5	6
15. 三洋	SANYO 三洋	0	1	1	2	3	4	5	6
16. LG	LG Life's Good	0	1	1	2	3	4	5	6
17. 三星	SAMSUNG	0	1	1	2	3	4	5	6
18. 惠而浦	Whirlpool 惠而浦	0	1	1	2	3	4	5	6
19. 美的	美的 Midea	0	1	1	2	3	4	5	6
20. 博世	BOSCH	0	1	1	2	3	4	5	6

表3　　　　　　　　　　　　　　基本信息

项目	级别	选择
性别	男	（　　）
	女	（　　）

项目	级别	选择
年龄	20~24 岁	（　　）
	25~34 岁	（　　）
	35~44 岁	（　　）
	45~54 岁	（　　）
	55~64 岁	（　　）
教育水平	初中及以下	（　　）
	高中	（　　）
	大专	（　　）
	大学	（　　）
	硕士及以上	（　　）
家庭月均收入	5000 元及以下	（　　）
	5001~10000 元	（　　）
	10001~15000 元	（　　）
	15001~20000 元	（　　）
	20001~25000 元	（　　）
	25000 元以上	（　　）

附录2　第四章选择产品使用的 CNPP 商品分类目录

表4　　　　　　　　　　CNPP 商品分类目录摘要

一级分类	二级分类摘要	本研究选择的三级分类
装修材料五金	地板／瓷砖、照明／灯饰、吊顶／板材、电线等	
家饰家纺房产	沙发／家具／床垫、装修／空间改造、房产家居等	

续表

一级分类	二级分类摘要	本研究选择的三级分类
电器数码办公	厨卫 / 厨卫电器、大家电 / 视听、电脑等	冰箱、洗衣机、电视、电脑
美妆打扮护理	面部护理 / 护肤、彩妆美妆 / 美甲、个人护理等	牙膏、洗发水
女士女装内衣	女装 / 上装、内衣 / 文胸、下装 / 女裤、裙装等	运动鞋、休闲装
男士运动户外	男装 / 上装、男鞋 / 下装、户外用品 / 旅游装备等	运动鞋、休闲装
鞋帽服装箱包	鞋袜、包包 / 皮具、帽 / 搭配 / 配饰等	运动鞋、休闲装
名牌时尚奢侈	珠宝首饰饰品、名车豪宅、酒类、时尚潮流等	
人群医药保健	保健按摩器材、保健品营养品、滋补食材药材等	
母婴文教图书	文具学习用品、婴幼儿用品 / 设施、孕产妇等	
食品茶水特产	零食 / 休闲食品、饮料 / 冲饮、蔬菜 / 果品等	饮用水
日用百货居家	生活居家日用品、餐具锅具 / 厨房用具等	牙膏、洗发水
车 / 建工 / 农具	车 / 出行工具、车用品 / 车配件、农用 / 农具等	小型车（轿车、SUV、商务）
日常生活服务	商务服务 / 家政服务、旅游 / 酒店、金融 / 保险等	

附录3　第四章变量测量与筛选环节的调查问卷

尊敬的先生/女士：

您好！

为了解消费者对品牌与原产地的态度，我们希望您挤出一点时间，恳请您以自身经验填写以下内容，您的宝贵意见将为本研究带来关键性的影响，希望您耐心作答，避免遗漏。本问卷仅做学术研究之用，您的任何个人信息绝对保密，敬请安心作答。1～7代表程度由低到高，在能代表您态度的数字上打√。

表 5　　　　　　　源自产品的原产地形象感知的测量与问项选择

量表	条目	曾有某个品牌让我感觉到		我是否认可原产地有这些作用		
				0 反对	1 支持	2 不清楚
关系形象	可以被用来表达友谊	1　2　3　4　5　6　7		0	1	2
	可以被用来表达爱情	1　2　3　4　5　6　7		0	1	2
	可以被用来表达亲情	1　2　3　4　5　6　7		0	1	2
	该品牌可以增进与他人的亲密关系	1　2　3　4　5　6　7		0	1	2
社会形象	有较高的社会知名度	1　2　3　4　5　6　7		0	1	2
	会被追求生活品质的人群使用	1　2　3　4　5　6　7		0	1	2
	是高品质产品的象征	1　2　3　4　5　6　7		0	1	2
集体形象	常用来表现消费者是某群体的一员	1　2　3　4　5　6　7		0	1	2
	可以表达对某个群体的认同	1　2　3　4　5　6　7		0	1	2
	可以被看作是某个群体的象征	1　2　3　4　5　6　7		0	1	2
个人形象	常常反映了它的消费者的个性	1　2　3　4　5　6　7		0	1	2
	有自身的特色	1　2　3　4　5　6　7		0	1	2
	产品特色能与顾客需求相契合	1　2　3　4　5　6　7		0	1	2

表 6　　　　　　　源自情感的原产地形象感知的测量与问项选择

量表	条目	曾有某个品牌我对其产品的使用会		我是否认可原产地有这些作用		
				0 反对	1 支持	2 不清楚
感官体验	给我深刻的感官印象	1　2　3　4　5　6　7		0	1	2
	具有有趣的感官方式	1　2　3　4　5　6　7		0	1	2
	感官具有吸引力	1　2　3　4　5　6　7		0	1	2
情感体验	能够诱发某种情感	1　2　3　4　5　6　7		0	1	2
	具有某种强烈的情感	1　2　3　4　5　6　7		0	1	2
	代表着有情感的品牌	1　2　3　4　5　6　7		0	1	2
认知体验	能够使我进行大量的思考	1　2　3　4　5　6　7		0	1	2
	使我思考	1　2　3　4　5　6　7		0	1	2
	能激发好奇心提高解决问题的能力	1　2　3　4　5　6　7		0	1	2

续表

量表	条目	曾有某个品牌 我对其产品的使用会	我是否认可原产地有这些作用		
			0 反对	1 支持	2 不清楚
关系 体验	使我有实现自我的感觉	1 2 3 4 5 6 7	0	1	2
	使我受到良好的社会尊重	1 2 3 4 5 6 7	0	1	2
	给我一种成就感	1 2 3 4 5 6 7	0	1	2
行动 体验	使用该产地的品牌投入了亲身活动	1 2 3 4 5 6 7	0	1	2
	给予亲身的体验	1 2 3 4 5 6 7	0	1	2
	让我亲身体验新活动	1 2 3 4 5 6 7	0	1	2

表7　　　　　　　　　　产品属性顾客感知价值的测量与问项选择

量表	条目	网购或从网上获取 商品信息会使我感到	产地会对我的产品评价带来哪些影响		
			0 反对	1 支持	2 不清楚
结果性 价值	掌握信息和知识	1 2 3 4 5 6 7	0	1	2
	产品质量性能有保证	1 2 3 4 5 6 7	0	1	2
	购买到需要的商品	1 2 3 4 5 6 7	0	1	2
	产品价有所值	1 2 3 4 5 6 7	0	1	2
	交易经济划算	1 2 3 4 5 6 7	0	1	2
程序性 价值	购物过程简单	1 2 3 4 5 6 7	0	1	2
	购物便利	1 2 3 4 5 6 7	0	1	2
	掌控购买行为	1 2 3 4 5 6 7	0	1	2
	高效率的购买方式	1 2 3 4 5 6 7	0	1	2
情感性 价值	有趣	1 2 3 4 5 6 7	0	1	2
	愉快	1 2 3 4 5 6 7	0	1	2
	享受	1 2 3 4 5 6 7	0	1	2
	没有压力，放松	1 2 3 4 5 6 7	0	1	2
	被他人或社会认可	1 2 3 4 5 6 7	0	1	2

表 8 品牌态度的测量与问项选择

量表	条目	我对某个喜爱品牌的产品评价一般是	商品产地会对我的品牌态度带来哪些影响		
			0 反对	1 支持	2 不清楚
认知性	该产品很好	1 2 3 4 5 6 7	0	1	2
	该产品物有所值	1 2 3 4 5 6 7	0	1	2
	该产品令人满意	1 2 3 4 5 6 7	0	1	2
情感性	喜欢该产品	1 2 3 4 5 6 7	0	1	2
	信赖该产品	1 2 3 4 5 6 7	0	1	2
	在同类产品中对其有强烈的兴趣	1 2 3 4 5 6 7	0	1	2
购买意愿	购买该产品的可能性极大	1 2 3 4 5 6 7	0	1	2
	购买此类产品时，会优先考虑该产品	1 2 3 4 5 6 7	0	1	2
	愿意以高一些的价格来购买该产品	1 2 3 4 5 6 7	0	1	2

附录4 假设检验的调查问卷

尊敬的先生/女士：

您好！

为了解消费者对品牌与原产地的态度，我们希望您挤出一点时间，恳请您以自身经验填写以下内容，您的宝贵意见将为本研究带来关键性的影响，希望您耐心作答，避免遗漏。本问卷仅做学术研究之用，您的任何个人信息绝对保密，敬请安心作答。

1～7 代表程度由低到高，在能代表您态度的数字上打√。

（此问卷的实际发放版本中，每个问题后面均附有表9和表10）

具体问项如下：

问项 1～2 是测量源自产品的原产地形象感知——社会形象与个人偏好：

1. 该品牌原产地能够代表高品质产品，有较高的社会知名度
2. 该品牌原产地所代表的产品特色能满足顾客需求

问项 3～4 是测量源自情感的原产地形象感知——国家情感与社交情感：
3. 我对这个国家或地区的喜爱使我对该产地的品牌有特别的好感
4. 该品牌原产地会使我受到良好的社会尊重，有实现自我的感觉

问项 5～6 是测量产品结果性价值——性价比和质量：
5. 我认为该品牌产品的性价比非常高
6. 我认为该品牌产品的质量非常高

问项 7～8 是测量产品情感性价值——内在情感和外在情感：
7. 该品牌产品的购买与使用会让我感到愉快
8. 该品牌产品的购买与使用会提升被他人或社会认可的感受

问项 9～11 是测量品牌态度——认知性、情感性和购买意愿：
9. 总体上我认为该品牌产品很好
10. 总体上我很喜欢该品牌产品，对其有很高的信任度
11. 购买此类产品时，我会优先考虑该品牌

表 9　　　　　　　　　　　　　　低介入度产品品牌测量

品牌	商标	品牌原产地	选择	品牌	商标	品牌原产地	选择
饮用水				洗发水			
西藏冰川		中国	1 2 3 4 5 6 7	海飞丝		美国	1 2 3 4 5 6 7
昆仑山		中国	1 2 3 4 5 6 7	潘婷		美国	1 2 3 4 5 6 7

续表

品牌	商标	品牌原产地	选择							品牌	商标	品牌原产地	选择						
饮用水										洗发水									
恒大冰泉		中国	1	2	3	4	5	6	7	清扬		英国	1	2	3	4	5	6	7
农夫山泉		中国	1	2	3	4	5	6	7	沙宣		英国	1	2	3	4	5	6	7
益力		法国	1	2	3	4	5	6	7	欧莱雅		法国	1	2	3	4	5	6	7
百岁山		中国	1	2	3	4	5	6	7	多芬		美国	1	2	3	4	5	6	7
怡宝		中国	1	2	3	4	5	6	7	飘柔		美国	1	2	3	4	5	6	7
雀巢		法国	1	2	3	4	5	6	7	施华蔻		德国	1	2	3	4	5	6	7
屈臣氏		中国香港	1	2	3	4	5	6	7	力士		美国	1	2	3	4	5	6	7
康师傅		中国台湾	1	2	3	4	5	6	7	水之密语		日本	1	2	3	4	5	6	7
娃哈哈		中国	1	2	3	4	5	6	7	霸王		中国	1	2	3	4	5	6	7
统一		中国台湾	1	2	3	4	5	6	7	拉芳		中国	1	2	3	4	5	6	7
冰露		美国	1	2	3	4	5	6	7	迪彩		中国	1	2	3	4	5	6	7
乐百氏		中国	1	2	3	4	5	6	7	蒂花之秀		中国	1	2	3	4	5	6	7

续表

品牌	商标	品牌原产地	选择	品牌	商标	品牌原产地	选择
牙膏				好迪		中国	1 2 3 4 5 6 7
高露洁	Colgate	美国	1 2 3 4 5 6 7	舒蕾	SLEK	中国	1 2 3 4 5 6 7
佳洁士	Crest	美国	1 2 3 4 5 6 7	索芙特	Softto	中国	1 2 3 4 5 6 7
黑人	黑人牙膏	中国	1 2 3 4 5 6 7	休闲装			
云南白药	云南白药	中国	1 2 3 4 5 6 7	美特斯·邦威	Meters/bonwe	中国	1 2 3 4 5 6 7
三笑	三笑	美国	1 2 3 4 5 6 7	森马	Semir 森马	中国	1 2 3 4 5 6 7
中华	中華 ZHONG HUA	中国	1 2 3 4 5 6 7	以纯	YISHION 以纯	中国	1 2 3 4 5 6 7
丽齿健	Glister 丽齿健	美国	1 2 3 4 5 6 7	真维斯	JEANSWEST	中国香港	1 2 3 4 5 6 7
舒客	舒客	中国	1 2 3 4 5 6 7	杰克琼斯	JACK&JONES	丹麦	1 2 3 4 5 6 7
舒适达	舒适达	英国	1 2 3 4 5 6 7	优衣库	UNI QLO	日本	1 2 3 4 5 6 7
竹盐	竹盐	韩国	1 2 3 4 5 6 7	班尼路	Baleno	中国香港	1 2 3 4 5 6 7
狮王	LION 狮王	日本	1 2 3 4 5 6 7	唐狮	tonlion 唐狮	中国	1 2 3 4 5 6 7
冷酸灵	冷酸灵	中国	1 2 3 4 5 6 7	佐丹奴	GIORDANO 佐丹奴	中国香港	1 2 3 4 5 6 7

品牌	商标	品牌原产地	选择	品牌	商标	品牌原产地	选择
两面针		中国	1 2 3 4 5 6 7	卡宾	Cabbeen	中国	1 2 3 4 5 6 7
运动鞋				爱登堡	ederbo	中国香港	1 2 3 4 5 6
耐克	NIKE	美国	1 2 3 4 5 6 7	太平鸟	PEACEBIRD	中国	1 2 3 4 5 6 7
阿迪达斯	adidas	德国	1 2 3 4 5 6 7	八哥	BAGE	中国	1 2 3 4 5 6 7
安踏	ANTA	中国	1 2 3 4 5 6 7	江南布衣	JNBY	中国	1 2 3 4 5 6 7
李宁	LI-NING	中国	1 2 3 4 5 6 7	虎豹	HU BAO	中国	1 2 3 4 5 6 7
特步	X特步	中国	1 2 3 4 5 6 7				
361度	361°	中国	1 2 3 4 5 6 7				
匹克	PEAK	中国	1 2 3 4 5 6 7				
新百伦	new balance	美国	1 2 3 4 5 6 7				
彪马	PUMA	德国	1 2 3 4 5 6 7				
乔丹	乔丹	中国	1 2 3 4 5 6 7				

表 10 　　　　　　　　　　　　高介入度产品品牌测量

品牌	商标	品牌原产地	选择	品牌	商标	品牌原产地	选择
		平板电视				冰箱	
海信	Hisense	中国	1 2 3 4 5 6 7	海尔	Haier	中国	1 2 3 4 5 6 7
创维	Skyworth 创维	中国	1 2 3 4 5 6 7	西门子	SIEMENS	德国	1 2 3 4 5 6 7
三星	SAMSUNG	韩国	1 2 3 4 5 6 7	三星	SAMSUNG	韩国	1 2 3 4 5 6 7
TCL	TCL	中国	1 2 3 4 5 6 7	美菱	MELING 美菱	中国	1 2 3 4 5 6 7
索尼	SONY make.believe	日本	1 2 3 4 5 6 7	容声	Ronshen 容声	中国	1 2 3 4 5 6 7
乐视	LE 乐视	中国	1 2 3 4 5 6 7	美的	美的 Midea	中国	1 2 3 4 5 6 7
LG	LG Life's Good	韩国	1 2 3 4 5 6 7	松下	Panasonic 松下电器	日本	1 2 3 4 5 6 7
夏普	SHARP 夏普	日本	1 2 3 4 5 6 7	海信	Hisense	中国	1 2 3 4 5 6 7
长虹	长虹 CHANGHONG	中国	1 2 3 4 5 6 7	LG	LG Life's Good	韩国	1 2 3 4 5 6 7
康佳	KONKA 康佳	中国	1 2 3 4 5 6 7	卡萨帝	Casarte 卡萨帝	中国	1 2 3 4 5 6 7
	台式电脑			新飞	Frestec 新飞电器	中国	1 2 3 4 5 6 7
联想	Lenovo.	中国	1 2 3 4 5 6 7	博世	BOSCH	德国	1 2 3 4 5 6 7

续表

品牌	商标	品牌原产地	选择	品牌	商标	品牌原产地	选择
台式电脑				冰箱			
戴尔	DELL	美国	1 2 3 4 5 6 7	惠而浦	Whirlpool 惠而浦	日本	1 2 3 4 5 6 7
惠普	hp	美国	1 2 3 4 5 6 7	伊莱克斯	Electrolux 伊莱克斯	瑞典	1 2 3 4 5 6 7
华硕	ASUS	中国台湾	1 2 3 4 5 6 7	日立	HITACHI Inspire the Next	日本	1 2 3 4 5 6 7
苹果	Apple	美国	1 2 3 4 5 6 7	澳柯玛	AUCMA 澳柯玛	中国	1 2 3 4 5 6 7
宏基	acer	中国台湾	1 2 3 4 5 6 7	小型车			
神舟	Hasee 神舟	中国	1 2 3 4 5 6 7	丰田		日本	1 2 3 4 5 6 7
清华同方	清华同方	中国	1 2 3 4 5 6 7	大众	VW	德国	1 2 3 4 5 6 7
海尔	Haier	中国	1 2 3 4 5 6 7	现代		韩国	1 2 3 4 5 6 7
ThinkCentre	ThinkCentre	中国	1 2 3 4 5 6 7	日产		日本	1 2 3 4 5 6 7
明基	BenQ	中国台湾	1 2 3 4 5 6 7	别克		美国	1 2 3 4 5 6 7
方正	方正集团 FOUNDER	中国	1 2 3 4 5 6 7	本田		日本	1 2 3 4 5 6 7
长城	Great Wall	中国	1 2 3 4 5 6 7	福特	Ford	美国	1 2 3 4 5 6 7

续表

品牌	商标	品牌原产地	选择	品牌	商标	品牌原产地	选择
洗衣机				雪弗兰		美国	1 2 3 4 5 6 7
海尔	Haier	中国	1 2 3 4 5 6 7	起亚	KIA	韩国	1 2 3 4 5 6 7
西门子	SIEMENS	德国	1 2 3 4 5 6 7	长城		中国	1 2 3 4 5 6 7
小天鹅	小天鹅	中国	1 2 3 4 5 6 7	奇瑞		中国	1 2 3 4 5 6 7
松下	Panasonic 松下电器	日本	1 2 3 4 5 6 7	吉利		中国	1 2 3 4 5 6 7
三洋	SANYO 三洋	日本	1 2 3 4 5 6 7	比亚迪	BYD	中国	1 2 3 4 5 6 7
LG	LG Life's Good	韩国	1 2 3 4 5 6 7	奥迪		德国	1 2 3 4 5 6 7
三星	SAMSUNG	韩国	1 2 3 4 5 6 7	马自达		日本	1 2 3 4 5 6 7
惠而浦	Whirlpool 惠而浦	日本	1 2 3 4 5 6 7	标致		法国	1 2 3 4 5 6 7
美的	美的 Midea	中国	1 2 3 4 5 6 7	雪铁龙		法国	1 2 3 4 5 6 7
博世	BOSCH	德国	1 2 3 4 5 6 7	中华		中国	1 2 3 4 5 6 7
荣事达	Royalstar 荣事达	中国	1 2 3 4 5 6 7	斯柯达		德国	1 2 3 4 5 6 7
威力	威力 WEILI	中国	1 2 3 4 5 6 7				
小鸭	Little Duck 小鸭家电	中国	1 2 3 4 5 6 7				

表 11   基本信息

项目	级别			选择
性别	男			（ ）
	女			（ ）
年龄	20～24 岁			（ ）
	25～34 岁			（ ）
	35～44 岁			（ ）
	45～54 岁			（ ）
	55～64 岁			（ ）
教育水平	初中及以下			（ ）
	高中			（ ）
	大专			（ ）
	大学			（ ）
	硕士及以上			（ ）
家庭月均收入	（哈尔滨版）	（沈阳版）	（北京版）	
	5000 元及以下	7000 元及以下	10000 元及以下	（ ）
	5001～8000 元	7001～12000 元	10001～15000 元	（ ）
	8001～10000 元	12001～15000 元	15001～20000 元	（ ）
	10001～15000 元	15001～20000 元	20001～25000 元	（ ）
	15001～20000 元	20001～25000 元	25001～30000 元	（ ）
	20000 元以上	25000 元以上	30000 元以上	（ ）

后　记

　　本书的基础是我的博士学位论文与 2017 年度黑龙江省省属高等学校基本科研业务费基础研究项目的课题成果。本书既是对我过去几年研究成果的总结，也是我未来学术生涯的新起点。在本书即将出版之际，我仿佛又回到了在哈尔滨工业大学攻读博士学位时的点滴生活之中，想到了教育我、培养我的师长，想到了相互鼓励与学习的师兄师弟与师姐师妹，想到了默默支持我的家人与朋友。

　　感谢我的恩师李东教授一直给予我悉心的指导和鼓励，在我最艰辛的研究阶段给予了我最关键的帮助。李东教授既是我的博士导师，也是我的硕士导师，从硕士到博士的六年来，李老师不论在学业还是生活上都对我关爱有加，老师和蔼可亲的待人性情、开阔的胸怀对我今后的工作和生活都将起着深刻的影响。在此，谨向李老师致以最诚挚的感谢！另外，衷心感谢在研究过程中给予我指导的胡运权教授、胡珑瑛教授、孙华梅教授、李国鑫教授、邵景波教授、吴伟伟教授、田也壮教授和邹鹏教授，他们的学术思想扩大了我的视野，渊博的学识和一丝不苟的严谨态度使研究的思路更加清晰，疏漏之处得以减少。还要感谢程巧莲老师对我的悉心帮助与辛勤工作。同门之谊，永生难忘，感谢师姐唐桂、师姐高阳、师兄赵毅、师妹王梦迪，我将永远珍藏与怀念我们共处的求学时光。

　　本书的出版得到了黑龙江省省属高等学校基本科研业务费基础研究项目（编号：HDYJW 201701）和黑龙江大学工商管理学科经费的资助。衷心感谢黑龙江大学经济与工商管理学院、黑龙江大学社会科学处、重点建设与发展工作处对我的支持。我将用加倍的努力致力于教学与科研工作，回报学校和学院领导对我的关怀和帮助。

　　当然，本书顺利出版，也离不开经济科学出版社的大力支持。在此，一并致谢！